Cae Lopes

UM PONTO DE UMBANDA, O PONTO DE PARTIDA

CIP-BRASIL. CATALOGAÇÃO NA PUBLICAÇÃO
SINDICATO NACIONAL DOS EDITORES DE LIVROS, RJ

L851p

Lopes, Cae
Um ponto de umbanda, o ponto de partida / Cae Lopes. - 1. ed. - São Paulo : Ícone, 2023.
248 p. ; 23 cm.

Inclui índice
ISBN 9786586179262

1. Umbanda. 2. Religiosidade. I. Título.

23-84806 CDD: 299.672
CDU: 259.4

Gabriela Faray Ferreira Lopes - Bibliotecária - CRB-7/6643

30/06/2023 06/07/2023

Cae Lopes

UM PONTO DE UMBANDA, O PONTO DE PARTIDA

1ª edição

2023

Revisão
Tânia Lins

Diagramação e capa
Patricia Gomiero

Autor e intérprete
Cae Lopes

Ícone editora

ÍCONE EDITORA
Rua Javaés, 589
Bom Retiro - cep: 01130-010
São Paulo - SP. Tel./Fax.: (11) 3392-7771
www.iconeeditora.com.br
iconevendas@iconeeditora.com.br

Prefácio

Um caminho espiritual ocorre a partir do momento que a missão — já definida no astral — acontece na vida de um irmão, de um médium, de um escolhido. Receber do Alto uma mensagem é a Luz de Deus, que brilha através das almas para nós, meros mortais. Porém, ser um canal aberto para várias mensagens, que se multiplicam para o mundo inteiro como cânticos de louvor, é uma dádiva sagrada. Há muito já escutava cânticos de louvor de um dos maiores canais espirituais que já conheci. E, com muita surpresa, por meio de um grande amigo e irmão que se tornou filho de minha casa, Pai Marcio Bodnar, conheci Cae Lopes.

Nasci dentro da religião umbanda, acompanhei por muitos anos acontecimentos valiosos, e ter essa aproximação, que foi com certeza espiritual para mim, mostra que a umbanda se expande por uma voz que fala junto aos tambores.

Os cânticos curam, elevam e trazem mensagens de luz vindas de Aruanda, fixando uma ordem direcionada por almas, por guias espirituais que atuam constantemente fortalecendo os milhares de terreiros existentes no mundo. Como é colocado no dito popular, "quem canta seus males espanta". Assim são as canções, os pontos cantados que chegam para iluminar a mente dos verdadeiros. A relação da espiritualidade com os médiuns é sempre feita por tarefas escolhidas antes de nossa encarnação. Chegamos ao plano físico, crescemos e evoluímos, muitas vezes com planos diferentes, porém, no momento certo, surge o brilhante acontecimento em que o escolhido passa a saber qual é o real sentido de estar encarnado. Como bem relatado nas linhas que se seguem, foram vivências extraordinárias que direcionaram o médium. Muitas coisas em nossa vida não acontecem como pensamos, mas de acordo com a cúpula astral superior. Assim ocorre com aqueles que são escolhidos. E não pensem que chegar até aqui foi fácil, pois a entrega é diária; e, como relatado pelo autor, as mensagens ocorrem diariamente. Somos filhos de um poder muito maior do que possamos imaginar; a missão nos direciona para encontrarmos as pessoas certas, lembrando que a tarefa de compor não é apenas saber sobre musicalidade. Nesse caso, foi e está sendo uma mensagem viva para a humanidade. A umbanda é paz, amor, evolução, dedicação, fraternidade, humildade — que são transcritos, canalizados e cantados quando se está pronto!

Creio que os leitores terão a oportunidade de aprender, se elevar e evoluírem diante dos relatos, que, com certeza, acenderão e ativarão uma conexão com as forças espirituais que atuam na sustentação da evolução humana. A constante busca pelo aperfeiçoamento é nata no ser humano. Aqui está parte da vida deste que, para mim, tem o contato direto, não porque simplesmente quis, mas porque foi escolhido como um médium que atua na missão de elevar os padrões de outros médiuns, de terreiros, que ajudarão milhares de pessoas que buscam na umbanda um suporte divino em suas vidas.

Um Ponto de Umbanda, o Ponto de Partida é uma obra que valoriza a religião, mostrando que os caminhos dados por Deus mudam vidas e podem mudar a sua também!

Pai Ortiz Belo de Souza Vulcano

O começo do fim

Meu mundo ficou vazio, a música havia partido de mim junto com toda a minha inspiração. Inexplicavelmente, senti meu peito entristecer e perder todo o sentido, minha voz se calou. Aquele era o fim dos meus sonhos.

Minhas canções românticas não seriam mais cantadas nas fogueiras e nos luaus; meus sonhos de ser um astro da música caíram em um profundo vazio, assim como as estrelas cadentes que se perdem pelo Universo.

Estava sem chão assistindo à morte de tudo que um dia sonhei para mim; foi muito triste carregar o caixão de minha própria inspiração durante o cortejo até o sepultamento de meus próprios ideais.

Não havia ninguém lá além de mim, e, sentado ao lado da minha sepultura, eu chorava em minha solitária despedida, dizendo adeus a todos os meus sonhos musicais.

Um sonho que se iniciou nos meus 12 anos de idade, quando comecei a escrever minhas primeiras canções em um papel de pão sobre a mesa. As cantigas vinham com muita facilidade em minha mente, pois cresci vendo meu pai tocar sua velha sanfona com seus amigos, nos fins de semana, em casa. Aquilo me influenciou demais, e, aos 13 anos, eu já estava tocando violão, dando melodia às minhas letras. Nascia naquele momento um sonho que iria me acompanhar por toda a minha vida.

Aos 15 anos, eu me reunia com alguns amigos. Então, os primeiros ensaios, as primeiras bandas começaram a surgir; eu escrevia e cantava. Assim, o sonho de ser um astro da música crescia cada vez mais dentro de mim.

Não conseguia pensar em outra coisa além da música e já fazia muitos planos para quando a fama batesse à minha porta. Eu recebia muitos elogios o tempo todo, e isso me deixava cada vez maior dentro de mim.

Aos 19 anos, a primeira banda foi formada, e eu era o vocalista. Fizemos algumas apresentações nas quais eu já me destacava por conta da minha *performance* eloquente no palco; eu queria ser um astro e tinha certeza de que isso iria acontecer mais cedo ou mais tarde. Eu sempre dizia que nada me impediria de chegar lá. Nessa mesma época, conheci um amigo que se chamava Luís; eu tinha 19 anos, e ele, 21. Luís era um homem muito grande, media quase dois metros de altura. Logo de cara, tivemos uma grande conexão espiritual e nos tornamos grandes amigos e irmãos. Éramos uma dupla e tanto. Parecia até que nos conhecíamos de outras vidas, nos divertíamos demais; realmente éramos irmãos de alma, e, como ele sempre me dizia, "nós somos carne e unha".

Sonhávamos em desbravar o mundo, viajar por aí sem destino. Certa vez, estávamos conversando e decidimos ir para o Canadá, para sermos lenhadores. Olhamos um para o outro, sorrimos e falamos:

— Vamos, então!

Fomos até o porto de Santos e combinamos com o pessoal do navio que iríamos embarcar de forma clandestina, com destino ao Canadá. E, assim, ficaram acertadas a data e a hora do embarque. Naquela mesma semana, nos preparamos para nossa viagem. Vendemos alguns pertences pessoais para termos algum dinheiro para nos mantermos, quando chegássemos ao nosso destino. Logo chegou o dia da viagem. Nós estávamos eufóricos demais.

Avisamos nossos pais, e, na sexta-feira, viajamos até Santos, para iniciar a viagem ao Canadá. Embarcaríamos às dezessete horas no navio; faltando uma hora para o embarque, já estávamos no porto. Chegando lá, eu e Luís notamos algo diferente: havia muitas pessoas ali, no cais do porto, conversando. Eu perguntei o que estava acontecendo para uma daquelas pessoas, que logo me disse que o porto estava em greve. Quaisquer navios estavam proibidos de atracar ou desatracar durante aqueles dias. Então, olhei para meu amigo e perguntei:

— E, agora, o que vamos fazer?

Nesse momento, vi andando entre as pessoas o marinheiro com quem havíamos combinado o embarque. Então, fui até ele, que me confirmou que tudo estava fechado por conta da greve. Ele nos orientou que ficássemos acampados na Prainha Branca de Bertioga até a paralisação terminar. E, assim, quando terminasse, nós voltaríamos e já embarcaríamos para o Canadá.

Bem, já eram quase cinco horas da tarde, e estávamos um pouco distantes daquela praia. Então, pegamos um ônibus e fomos até lá. Ao descermos do veículo, vimos uma enorme montanha à nossa frente, porém não havia nenhuma praia ali. Então, perguntamos para uma pessoa, que passava por lá, onde ficava a Prainha Branca, e ela nos respondeu que ficava a alguns quilômetros e que deveríamos seguir uma trilha pelo meio da montanha, e que dali a uma hora estaríamos lá, mas deveríamos nos apressar, pois já estava anoitecendo e não havia nenhum tipo de iluminação no caminho.

Realmente estava anoitecendo, já passava das dezoito horas. Olhei para meu amigo e disse que estava muito escuro e, por isso, não achava uma boa ideia irmos para aquela praia. Ele olhou para mim, sorriu e disse:

— Meu irmão, não tenha medo. Eu não estou sozinho, meus amigos estarão com a gente nesta caminhada. Vamos agora!

Ao ouvir aquelas palavras, eu fiquei ainda mais apavorado e repeti que aquela não era uma boa ideia. Ele sorriu novamente, me segurou pela mão e disse:

— Vamos agora!

Começamos a andar pela trilha e avançar em direção à montanha, havia uma linda lua no céu, em meio às nuvens, e isso iluminou um pouco o estreito caminho por onde passávamos.

Algum tempo depois, comecei a escutar Luís, que fazia uma espécie de mantra, um canto celestial. Eu nunca havia escutado nada assim, era muito bonito e fascinante; aquele canto ressoava pelas matas, enquanto subíamos aquela enorme montanha.

Repentinamente, comecei a notar e escutar passos ao nosso lado, como se pessoas caminhassem na mata nos acompanhando naquele momento. Então, eu disse a ele que estava com muito medo, pois escutava nitidamente passos nos acompanhando, mas ele apenas sorriu e falou que eram seus amigos e que eu não deveria ter medo.

— Eles sempre me acompanham e sabem que logo irei partir para minha estrela, por isso estão aqui, para que a missão seja cumprida.

Eu perguntei qual era a missão, e ele me respondeu:

— Você saberá, meu irmão.

Eu estava cada vez mais assustado com as coisas que Luís falava e não via a hora de chegar até a praia e fazer uma fogueira, para iluminar o ambiente e me aquecer. Enfim chegamos. Eu vislumbrei toda aquela linda praia iluminada pela lua, que se refletia em suas águas em meio às montanhas. Não havia ninguém mais ali, apenas nos dois em meio àquela imensidão. Olhei para o lado e vi que meu amigo se despia sem dizer uma palavra sequer. Então, perguntei o que estava acontecendo, mas ele não respondeu.

Logo, Luís estava totalmente nu e começou a correr em direção ao mar. Eu assistia a tudo sem entender. Vi quando, correndo, ele entrou nas águas até a altura dos ombros e, de repente, Luís parou e ficou em silêncio por algum tempo. Depois, ele ergueu os braços em direção ao céu, eu via luz em volta dele, aquilo era incrível, eu estava em choque, não sabia o que fazer, tentei chamar por ele, mas minha voz não saía, pois eu estava totalmente paralisado. Um grito rompeu aquele silêncio.

— Deus, Meu Pai, eu estou aqui. Deus, Meu Pai, me ilumine com sua luz e seu amor, logo estarei de volta à minha estrela, meu Pai.

Ele gritava para o Criador do Universo, eu jamais escutei alguém falar com Deus daquela forma, aqueles gritos ecoavam pelas montanhas, por toda a praia. Seus gritos eram absurdamente altos e incorporados de muita magia, eu via um círculo de luz em volta dele, enquanto o observava da praia.

Depois de algum tempo, Luís parou de gritar e saiu da água, andando em minha direção. Logo, ele estava ao meu lado e me disse que tirasse minhas roupas, para encontrar a luz de Deus. Eu sorri dizendo:

— Não acho que seja preciso fazer isso, meu irmão.

Novamente, ele pediu que eu tirasse minhas roupas e confiasse nele. Então, timidamente, eu me despi e fui andando com ele até a praia, em direção ao mar, ele me segurava pelas mãos, e logo eu estava com água até os ombros. Luís me disse:

— Grite agora com toda a sua força.

Eu nunca havia feito nada assim, então, disse ao meu amigo que não conseguia gritar para Deus como ele havia feito; minhas palavras estavam travadas em minha boca; eu nunca imaginei fazer isso, eu não estava preparado. Ele ergueu minhas mãos para o céu e, mais uma vez, disse:

— Grite, meu irmão.

Respirei fundo e senti algo muito grande dentro do peito querendo sair. Então, gritei com toda a minha força:

— Deus, Meu Pai, eu estou aqui. Cubra-me com sua luz.

Naquele momento, algo maravilhoso aconteceu, eu realmente senti a luz de Deus cair sobre mim, minha voz ecoava pelas montanhas e por toda aquela praia.

Saímos da água e começamos a nos vestir. Enquanto me vestia, disse a ele:

— Eu agradeço muito por tudo o que aconteceu aqui, nunca vivi algo tão especial, meu irmão.

Luís sorriu dizendo:

— Nosso Pai Maior é maravilhoso, e, em breve, estarei com ele, mas antes você será preparado para seguir a missão.

Então, eu perguntei:

— Missão, que missão?

Ele sorriu novamente, dizendo:

— Em breve, você saberá.

Andamos em direção à ponta da praia onde havia uma bifurcação entre outras duas praias com uma pequena ilha ao fundo. Lá, Luís começou a rezar novamente, não sei ao certo, era um canto quase gregoriano. Então, sentei-me na areia e fiquei assistindo àquela cerimônia. A verdade é que eu ainda estava sob o transe de tudo o que acontecera havia pouco; senti minhas vistas turvas e perdi meu equilíbrio, mesmo estando sentado na areia. Queria dizer algo, mas não sabia exatamente o quê; as sensações cresciam, enquanto Luís aumentava a intensidade dos cantos. Então, de repente, senti-me tomado por uma força maior e comecei a falar em línguas desconhecidas, risquei um círculo no chão em volta de mim e, sob forte influência, permaneci assim por algum tempo. A única lembrança nítida que tenho é de ver uma pequena onda se formar e escutar Luís declamar uma reza, que dizia assim: "Meu irmão das estrelas, alma de luz, quando esta onda tocá-lo, você partirá e deixará sua energia em seu destino". Assim se fez. Quando a onda me tocou, voltei à consciência e não entendi exatamente o que havia se passado. Logo, Luís me contou tudo o que havia acontecido e choramos juntos a emoção de poder viver coisas tão maravilhosas.

Ficamos lá por mais de uma semana, acampados, e gastamos todo o dinheiro que tínhamos para nossa viagem; vendemos nossos relógios e outros pertences, para poder ficar um pouco mais até embarcarmos. Por fim, a greve no porto não terminava, e nós simplesmente desistimos de ir para o Canadá.

Na realidade, o motivo de nossa ida para aquele lugar foi outro. A espiritualidade começava a me dar sinais de um destino que aconteceria apenas dali a trinta anos.

***

Eu e Luís sempre nos encontrávamos aos fins de semana, nas baladas da época, dávamos muitas risadas e nos divertíamos demais. Naqueles encontros, sempre nos lembrávamos daquela noite na Prainha Branca e ficávamos emocionados com tudo o que acontecera. Porém, às vezes, no meio dessas conversas, quase oito meses depois que havíamos nos conhecido, ele ainda repetia aquelas palavras para mim:

— Meu irmão, logo irei embora para minha estrela. Você tem que continuar a missão.

Eu dizia:

— Que missão, meu irmão? Quem sou eu para carregar uma missão assim?

Ele respondia:

— Você é o irmão que escolhi pela sua essência espiritual e por tudo o que passamos juntos nessa e em outras vidas. Você não vai entender agora, mas essa missão terá de ser cumprida por você um dia. Fale de amor e de Deus, diga as coisas que viu e ouviu, fortaleça a fé das pessoas na espiritualidade, esse será seu destino.

Assim, seguimos com nossos encontros, nos quais sempre falávamos muito sobre espiritualidade. Cada dia que passava, Luís falava mais sobre a estrela onde ele morava e que em breve voltaria para lá. No fundo, eu nunca acreditei nisso, pois imaginar que meu amigo iria embora não fazia sentido para mim. Ele era iluminado, dono de uma enorme bondade e humildade; eu aprendia muitas coisas com ele.

Certa vez, Luís me disse que precisava ir até Promissão, uma cidade do interior de São Paulo, para rever alguns amigos e perguntou se eu gostaria de ir junto. Respondi que sim. Então, em uma sexta-feira, embarcamos em um ônibus e fomos para lá passar o fim de semana.

Chegando ao destino, fomos muito bem-recebidos e ficamos hospedados na casa de um de seus amigos. Todos nos trataram muito bem. Por fim, o tempo passou rápido e já era domingo, quando teríamos que partir. Assim, nos despedimos e seguimos para a rodoviária; já passava das vinte horas. Quando chegamos lá para comprar nossas passagens, tivemos uma grande surpresa: não havia mais passagens para o nosso destino.

— E agora? — perguntei para Luís. — Como iremos embora?

Ele simplesmente me disse:

— Nós vamos de trem, meu irmão. Embarcaremos às duas horas da manhã.

Então, eu perguntei a ele como sabia sobre o trem. Ele sorriu e disse:

— Eu perguntei para uma pessoa que passava, enquanto você falava com a moça do guichê.

A estação de trem ficava a mais de catorze quilômetros de onde estávamos. Assim, começamos a caminhar em direção ao nosso destino; a estrada estava bem escura e nos guiávamos pela luz da lua. No caminho, Luís me contou muitas coisas, principalmente como era sua vida antes de vir a este mundo, disse que de sua estrela enxergava todo o Universo, que tudo era muito bonito e perfeito, ele sorria para mim e reiterava a todo momento que em breve iria embora deste mundo. Eu sempre ria de suas palavras e dizia que não, que ele não iria para lugar nenhum, que ficaria comigo para sempre, porque éramos irmãos e tínhamos muitas coisas para fazer, sem falar que ainda tínhamos que ir para o Canadá, para sermos lenhadores.

Assim passamos aqueles longos quilômetros conversando e olhando para as lindas estrelas que nos acompanhavam. Luís apontava o dedo para uma delas e dizia para mim:

— É lá, meu irmão, minha casa. — Então, sorria como uma criança de quase dois metros de altura.

Chegamos à estação perto das onze horas da noite; uma pequena escada dava acesso a uma plataforma de embarque, que ficava no meio do nada. Então, subimos e nos sentamos em um único banco que havia no local; não havia telhado; não havia ninguém lá; apenas eu e ele.

A noite estava muito fria e ventava muito. Ali, sentados naquele banco, ele me falava sobre a natureza e as almas que nela habitavam, sobre o respeito por todas as formas de vida do mundo espiritual que havia na floresta; eu nunca havia escutado nada assim e fiquei muito impressionado com as revelações que Luís me fazia.

De repente, Luís parou de falar e fixou seu olhar na floresta que havia do outro lado da plataforma do trem. Vi meu amigo sorrir sozinho, sem razão aparente, e perguntei qual o motivo. Então, ele me disse:

— Estou sorrindo para meu amigo lá do outro lado, que está sorrindo para a gente.

Eu disse a ele:

— Não entendi. Quem está sorrindo para nós, meu irmão?

Ele se levantou, me pegou pelas mãos, foi até a beirada da plataforma e falou:

— Olhe lá! Você está vendo aquela palmeira do outro lado?

A luz da lua era branda, mas ainda assim era possível ver muitas coisas. Eu olhei e realmente vi uma palmeira do outro lado.

— Sim, estou vendo — respondi para ele.

Então, Luís me disse:

— Olhe para o caule e veja um rosto sorrindo para nós, olhe com a alma, olhe com a sua maior verdade.

Então, eu olhei e vi aquele rosto sorrindo para mim, era nítido e real. Nessa hora, comecei a chorar, pois aquilo era simplesmente um contato celestial, que eu jamais havia sentido ou visto.

Nós nos abraçamos e choramos demais, enquanto acenávamos para nosso amigo, um espírito da floresta que havia se materializado para nós. Eu estava extasiado de emoção e não conseguia processar mentalmente o que estava acontecendo. Estava muito eufórico naquele momento, então me sentei no banco e procurei meu maço de cigarros no bolso, mas notei que o havia perdido pelo caminho. Assim, me levantei e disse a ele:

— Perdi meus cigarros, vou caminhar por aí para ver se acho uma bituca, que alguém tenha deixado pelo chão.

Eu andei pelos arredores da estação até a estrada de terra, mas não achei nenhuma ponta de cigarro. Logo voltei e vi que Luís estava sentado no banco ainda chorando. Então, me sentei ao seu lado, coloquei o braço sobre seus ombros e disse:

— Obrigado, meu irmão, por me proporcionar tantas coisas maravilhosas.

Ele sorriu e disse:

— Esta será sua missão, meu irmão, proporcione também coisas maravilhosas aos seus irmãos, quando eu não estiver mais por aqui. — Ele continuou: — Você não percebeu nada, meu irmão?

Eu respondi:

— Claro que sim. Vi o rosto daquele espírito da floresta no caule, do outro lado da estação.

— Não é disso que estou falando agora. Lembra quando chegamos? Estava muito frio e ventava muito.

— Lembro, é verdade.

Então, ele continuou:

— Você não percebeu que o vento parou e já não está mais frio por aqui?

Eu parei e realmente percebi que não estava mais frio, o vento havia parado do nada, apenas um silêncio absoluto prevalecia naquela estação.

— É verdade — eu disse a ele. — Como isso pôde ter acontecido?

— A espiritualidade da natureza nos aceitou e se conectou a nós por nossa pureza, por isso se mostraram dessa forma — ele respondeu.

Fiquei pensativo com aquelas palavras, não sabia se chorava ou se sorria, eu jamais havia me sentido assim. Com todas essas emoções e tudo o que aconteceu na Prainha Branca, comecei a pensar que realmente meu amigo não era deste mundo.

Ficamos quietos, sentados naquele banco por algum tempo, quando notei um enorme gafanhoto andando bem perto da gente, ali no chão. Luís se levantou e foi até lá, perto do inseto, e, incrivelmente, começou a acariciar as costas do gafanhoto dizendo:

— Eu agradeço muito a toda a espiritualidade, em todos os seus níveis, que nesta noite veio nos abençoar com sua graça. — Ele sorria e chorava ao mesmo tempo, era algo muito bonito de ver. Luís me chamou e continuou: — Venha aqui, meu irmão, acaricie este gafanhoto, ele também é um irmão.

Então, eu acariciei o enorme gafanhoto, assim como ele havia feito. O inseto não voou, ficou ali, parecia não ter medo e confiar na gente.

Em seguida, algo maravilhoso aconteceu. Centenas e centenas de insetos começaram a pousar no chão da estação — eram muitas espécies diferentes. Alguns pousaram na barra de nossas calças, em nossos braços; outros voavam sobre nós. Era impressionante o que estava acontecendo.

Luís olhou para mim e disse:

— Meu irmão, eles se revelaram a nós. — Ele gritava aos quatro ventos. — Quanta honra, meu Pai, eu agradeço a todas as almas, eu agradeço a todos os espíritos desta floresta.

Novamente, nesse momento, ele gritou como fizera na praia:

— Deus, eu estou aqui, Meu Pai.

Aquele grito ecoou por todos os lados, foi muito lindo ver aquilo. Eu estava muito emocionado e, ao mesmo tempo, em estado de êxtase espiritual. Não conseguia falar sequer uma palavra; aos poucos, todos os insetos começaram a ir embora até que não restasse mais nenhum naquela estação.

Ali sozinhos, sentados no banco, chorávamos como duas crianças. Com os olhos marejados, Luís me encarou e disse:

— Meu irmão, prossiga nessa missão. Fale de amor, fale de Deus, fale das almas das florestas, porque logo eu irei embora.

De repente, alguém subiu as escadas. Era baixo e usava roupas de pano cru; em sua cabeça havia um grande chapéu de palha que cobria seu rosto por inteiro. Ele se aproximou de nós dois, mas dirigiu-se a mim.

— Você quer fumar? — perguntou.

— Sim, gostaria muito de fumar — respondi.

Então ele pegou um maço de cigarros fechado da mesma marca que eu fumava e colocou nas minhas mãos, e, em seguida, foi embora rapidamente, sem nada dizer.

— Você não vai agradecer a ele por isso? — perguntou-me Luís.

— Já vou atrás dele para agradecer — respondi.

O estranho havia saído há apenas alguns segundos e desceu a pequena escada que dava acesso à estação em direção à estrada de terra. Quando cheguei lá embaixo, olhei para ambos os lados, mas ele já não estava. O homem simplesmente havia sumiu do nada!

Eu voltei e disse ao meu amigo que o estranho havia desaparecido. Luís sorriu e falou:

— Meu irmão, quem esteve aqui foi uma alma de luz, que veio nos trazer a mais pura energia. Acenda seu cigarro, meu irmão, pois esta noite será inesquecível para você.

Então, eu perguntei a ele:

— Para você, não será inesquecível também?

Luís me disse:

— Meu irmão, você será inesquecível para mim. Com relação a tudo o que aconteceu aqui e na Prainha Branca, eu já sabia.

Às duas horas da manhã, em ponto, o trem chegou, embarcamos e voltamos para nossas casas em paz.

Logo tudo voltou à rotina. Como sempre, eu estava cantando e envolvido com as bandas de pop rock. Afinal de contas, eu queria ser um astro da música pop romântica, então ensaiava duas ou três vezes por semana com minha banda. Eu sabia que era questão de tempo até alcançar meus sonhos musicais.

Meu amigo das estrelas era modelo fotográfico e também instrutor em uma academia de musculação. Ele fazia muitos trabalhos na TV e fotos também. Luís tinha uma aparência muito impactante para aqueles que o viam de perto, pois era muito grande e forte. Também, com dois metros de altura e quase 130 quilos, não podia ser diferente. Onde ele chegava, tudo parava ao seu redor, as pessoas se aproximavam dele e o abraçavam. Eu vi isso acontecer muitas vezes. A sua bondade e luz irradiavam por todos os lados, pois ele era um anjo de luz passando por este planeta.

A gente se via todos os fins de semana. Nós éramos carne e unha, como ele mesmo costumava dizer. Fazíamos uma dupla formidável, um tipo de amizade rara vinda de outras vidas.

Dois anos se passaram desde que havíamos nos conhecido. Quantas coisas maravilhosas vivemos juntos, momentos de muita fé e alegria, fizemos contatos com seres e espíritos de muitas linhas. Entretanto, ele continuava me dizendo aquela frase que eu não gostava de escutar: "Meu irmão, está quase na hora de eu partir. Você deve continuar a missão". E, em seguida, Luís me abraçava.

Eu sabia que ele era especial demais e realmente não pertencia a este mundo, era muito evoluído, um espírito de muita luz e sabedoria. Eu acreditava quando ele me dizia isso e sentia que realmente um dia Luís iria partir, mas no fundo nunca quis aceitar.

Aos 21 anos, eu me preparava para gravar meu primeiro disco de vinil, meus sonhos estavam cada vez mais próximos de acontecer. Por isso, estava muito feliz e não vi a hora de ficar famoso, conhecido em todo o país.

Eu fazia músicas o tempo todo em meu violão, pensava nisso dia e noite. Meu sonho de ser um astro falava muito alto dentro de mim, jamais imaginei outra coisa, pois era isso que eu sempre quis.

Em um fim de semana como qualquer outro, fui viajar com minha família para a praia, estava com meus pais e meus irmãos. À noite, em frente ao mar, eu me lembrava das coisas que vivi junto com meu amigo das estrelas, eu até ensaiei um grito, como aquele que ele dirigiu a Deus, mas sozinho eu não consegui.

Logo voltamos para casa, e a vida seguia normalmente entre os ensaios da minha banda e as gravações do disco em estúdio. Uma semana depois, sexta-feira, fui ao local onde nos encontrávamos habitualmente com os amigos. Naquela época, não tínhamos telefone em casa, não havia celular, e-mails ou WhatsApp; não havia meio de comunicação a não ser por cartas. Assim, sempre marcávamos às sextas no mesmo local para nos encontrarmos.

Quando cheguei, notei que as pessoas estavam diferentes, tristes; elas choravam e se abraçavam intensamente. Ao ver aquilo, eu tive uma forte sensação no peito, parecia saber o que estava acontecendo, mesmo sem escutar nenhuma palavra.

Quando eu perguntei o que havia acontecido, no fundo, eu não queria escutar a resposta.

— Nosso amigo morreu a semana passada, no domingo, enquanto você estava com sua família na praia. Não tínhamos como avisá-lo, só ele sabia onde você morava — alguém me respondeu.

Por alguns minutos, fiquei em silêncio e minha mente foi inundada por muitos sentimentos. Num flash vieram todas as lembranças dos acontecimentos na Prainha Branca e na estação de trem, e todas aquelas nossas conversas em que ele sempre dizia que não era deste mundo.

Luís foi para sua estrela, ele voltou para sua casa. Eu fiquei sem chão, sem meu amigo das estrelas — como eu costumava chamá-lo. Uma frase ecoava em minha mente o tempo todo: "Você tem de cumprir a sua missão".

Nessa mesma noite, fui até a casa da mãe de Luís, que ficava bem perto de onde estávamos. Chegando lá, bati na porta, e uma voz me disse que estava aberta, que eu podia entrar. Quando entrei no local, de cara vi a mãe dele, sentada no sofá, chorando ao lado da filha. Então, eu as abracei e chorei muito, porém havia uma terceira pessoa na sala, uma mulher, que estava sentada bem ao meu lado. Eu percebi que ela havia mudado de comportamento depois que eu cheguei, pensei até que estivesse passando mal por conta do que havia acontecido.

Eu me enganei. Aquela mulher era uma médium que estava ali transmitindo mensagens psicografadas de Luís para sua mãe e irmã. No entanto, quando me viu, ela sentiu o iluminado espírito do meu amigo se aproximar trazendo consigo toda a sua energia. De repente, ela fechou os olhos e começou a perder a consciência; por alguns minutos, houve um enorme silêncio naquela sala. Em seguida, ela levantou a cabeça, ainda com os olhos fechados, e ergueu os braços em minha direção. Foi quando, naquele momento, eu senti que era ele quem estava incorporado naquela mulher. Eu estendi meus braços, e nós nos abraçamos; eu chorava muito quando disse:

— Meu irmão, me perdoe, não pude me despedir de você.

Nessa hora, eu senti seu abraço ficar ainda mais apertado e, em meus ouvidos, ele me disse:

— Meu irmão, eu voltarei para a minha estrela e quero que você siga a missão. Fale de amor, conte nossas histórias para todos, eu te amarei para sempre, meu grande amigo.

E, assim, choramos juntos naquela despedida. Em seguida, a mulher o desincorporou e pude ver nitidamente uma luz passando pela sala e subindo aos céus. Ele se foi. Meu amigo voltou para sua estrela.

Foram semanas de tristeza, eu sentia muita falta de meu amigo, porém sempre me lembrava de suas palavras: "Siga a missão".

Então, eu fiz uma canção em sua homenagem.

* O cavaleiro das estrelas*

Um cavaleiro que cavalgava quase sempre só

Em seu animal voando livre nos céus como um albatroz

Ele via quem precisava de sua energia

Voando pelos céus ele permanecia

Foi quando viu alguém que precisava do seu amor

O pacto trilhado há milênios acontecia

A bela amizade que nascia

Um cavaleiro e um homem

uma missão sobraria.

Eu tinha 21 anos quando escrevi essa canção para meu amigo, que hoje mora nas estrelas.

Ao meu primeiro filho, dei-lhe um nome em nossa homenagem — a junção de nossos nomes. Ele se chamava Luís; e eu, Carlos. Por isso, meu filho chama-se Lucca.

Eu tinha que seguir em frente. Afinal de contas, eu tinha um sonho a cumprir; a música estava dentro da minha alma, eu pensava nisso dia e noite.

Eu gostava demais de tocar e cantar. Por onde eu andava, sempre trazia um violão ao meu lado. Certa vez, estava sozinho, de madrugada, sentado na calçada e encostado a um muro, tocando uma linda canção romântica. Já passava das três da manhã, e eu ali, sozinho, cantando e sonhando na esquina. Quando terminei de tocar a canção, encostei meu violão no muro ao meu lado e fiquei ali fumando um cigarro, pensando em um dia ter sucesso; a rua estava muito silenciosa, não havia ninguém, apenas eu. De repente, do nada e sozinho, meu violão começou a tocar.

Eu vi as seis cordas vibrarem em um som harmônico, até parecia uma harpa ou algo assim; eu fiquei impressionado e assustado, mas, mesmo assim, me aproximei do violão tentando fazer contato, perguntando quem estava ali; eu estava maravilhado, aquilo era fenomenal. Entretanto, o evento durou uns trinta segundos e, gradualmente, foi parando até silenciar totalmente.

O muro no qual meu violão estava encostado guardava um terreno escuro. Quando tudo passou, fui me levantando ainda muito emocionado com o que acabara de acontecer. Então, ao passar pelo muro, do outro lado vi uma luz flutuando a poucos metros de mim, era uma luz verde fosforescente, que pairava no ar bem na minha direção. Esse contato durou apenas poucos segundos, pois assim que a luz notou minha presença diante dela, se foi repentinamente, passando por meus olhos em uma altíssima velocidade.

Foi uma noite incrível, um contato raro de acontecer, mas aconteceu por alguma razão que até então eu não entendia.

Logo voltei aos meus sonhos. Meu disco estava quase pronto, havia muita expectativa em mim, pois eu precisava provar para todas as pessoas que eu era um astro, e foi aí que tudo começou, ou seja, o começo do fim.

Minha mente estava tão tomada por meus desejos que eu não percebia como as coisas estavam acontecendo ao meu redor, as palavras do meu amigo ficavam cada vez mais esquecidas dentro de mim, minha vaidade cobriu toda a minha essência e eu não enxergava mais nada além dos meus desejos.

Quantas e quantas vezes, nas madrugadas, eu escutava as pessoas cantarem minhas canções em luaus, em volta das fogueiras; aquilo me fortalecia cada vez mais e me dava a certeza de que eu chegaria ao topo, assim como eu tanto desejava.

A questão é que eu não via aquilo como um ensinamento, eu via como um palco onde minha soberba crescia cada vez mais e me separava dos pobres mortais que não possuíam meus talentos. Àquela altura, com quase 26 anos, eu já havia escrito centenas de músicas pop românticas, mas também eu estava centenas de vezes menos humilde e mais prepotente.

Já não mais me lembrava das palavras do meu amigo das estrelas, quanto mais da missão que ele havia me dito para seguir. Eu me sentia diferente e imortal, eu tinha certeza de que nada neste mundo iria me impedir de me tornar um astro.

Eu me gabava da minha aparência, de meus cabelos louros e olhos verdes-azulados. Dizia aos meus amigos que eu seria o maior de todos e que muitos um dia iriam me amar. Porém, apesar de todo o meu talento, as coisas ainda não haviam davam certo, eu chegava muito perto de assinar um grande contrato com as gravadoras, mas, por alguma razão, isso não acontecia.

Com quase 30 anos, eu estava ainda bem longe dos meus sonhos, mas ainda eu era muito orgulhoso para admitir que me faltava humildade. Enfim, entrei novamente em um estúdio para gravar um CD pop romântico com doze faixas de minha autoria.

O novo CD me deu muita esperança, pois as músicas eram ótimas, além do que eu estava no auge da minha aparência e capacidade vocal. Esse CD foi amplamente divulgado por aí, mas, inexplicavelmente, não aconteceu nada. Depois de quatro anos de trabalho intenso, fazendo muitas divulgações sem nenhum resultado, eu desisti daquele CD; eu já tinha quase 35 anos e vivia me perguntando por que as coisas não haviam acontecido. Começava ali uma pequena revolta dentro de mim, eu dizia: "Meu Deus, por que me deste este talento e me fizeste sofrer por não o realizar?".

Ainda gravei outros CDs, cantei em muitos rodeios, Festa do Peão de Barretos, participei de programas de TV e Rádio. Mas o final era sempre o mesmo, tudo isso não dava em nada, era sempre assim. Já não tinha tanta certeza se eu era tão bom como imaginava; minha aparência não era mais a mesma; eu não era mais o mesmo.

Assim como a música nasceu um dia dentro de mim, eu comecei a sentir que ela estava igualmente morrendo, pois não tinha mais vontade de compor músicas ou tocar meu violão; eu já estava com 40 anos. Àquela altura, a vida havia passado tão rápido, e eu nem percebera, pois estava distraído com minha vaidade.

A grande verdade é que a música começou a partir de mim logo quando meu amigo das estrelas partiu. Enquanto ele esteve aqui comigo, me ensinava as coisas da espiritualidade e do mundo. Porém, quando ele se foi, eu fiquei sozinho, perdido em um mundo de maldades e orgulho.

Eu não consegui seguir a missão que ele havia me dito para cumprir. Vinte anos se passaram num instante, e, enquanto eu estava distraído com minhas vaidades, minha inspiração estava desaparecendo pouco a pouco dentro de mim sem que eu percebesse, por isso peço perdão ao meu amigo das estrelas.

Fiquei triste demais. Aos 40 anos, meus sonhos se acabaram. Eu olhava para o meu violão e não sentia nada, as inspirações não vinham, não havia mais nenhuma conexão entre nós, assim se desenhou o fim da minha carreira e dos meus sonhos.

Do casulo à ressurreição

Nunca mais escrevi uma canção, meu violão estava encostado na parede do meu quarto havia pelo menos um ano, sem nem sequer tocá-lo. Agora, aos 41 anos, eu trabalhava com um amigo, que me ofereceu emprego em uma oficina mecânica, como atendente e também entregador de panfletos para divulgação nos semáforos.

Para quem sonhou em ser um astro a vida inteira, fazer aquilo era extremamente triste. A verdade é que eu não sabia fazer absolutamente nada além de cantar e compor. Contudo, minha experiência como cantor fazia de mim uma pessoa agradável, pois me comunicava muito bem com as pessoas que iam até a loja.

Meses depois eu já ocupava um cargo de vendedor devido à minha persuasão com os clientes da loja. Comecei até a gostar do que fazia e ganhava algum dinheiro para poder seguir. Porém, quando chegava a noite, era muito difícil para mim. Deitado em minha cama, muitas imagens de shows vinham à minha mente, então, eu perdia o sono completamente, quando isso acontecia. Foram muitas e muitas noites sem dormir; eu era uma pessoa totalmente infeliz e sem fé.

Quase dois anos depois que entrei nessa empresa, eu já ocupava um cargo de gerente, e isso deveria ser um bom motivo para que eu ficasse feliz. Contudo, isso não acontecia comigo; ao passo que eu ficava maior dentro da empresa, eu ficava menor e mais triste dentro de mim; quanto mais eu crescia, mais distante me sentia de meus sonhos e planos.

Conformar-se que algo que desejamos muito não vai acontecer sempre é muito difícil, eu não conseguia lidar com isso e, por mais que me destacasse na empresa, me sentia triste o tempo todo.

Eu não dormia direito, e, à noite, acordava assustado o tempo todo. O que foi meu sonho um dia, tornou-se um pesadelo sem fim; dormia e acordava o tempo todo, parecia que algo me atormentava a alma. Em meio a tantos pesadelos, certa noite, sonhei que estava em uma cachoeira, eu me via sobre uma ponte de madeira onde uma grande correnteza passava abaixo; vi também alguém que passou montado em um cavalo, a galope, perto de onde eu estava. Logo acordei e, como todos os sonhos, acabei esquecendo.

Mais um ano havia se passado. Agora, com 42 anos, era gerente da loja, mas confesso que esse jamais foi meu sonho. Entretanto, aquele trabalho era tudo que eu possuía.

De repente, um carro entrou na loja e logo a motorista foi atendida pelos mecânicos. Eu notei que aquele veículo tinha guias de todas as cores penduradas no retrovisor interno; vi também um adesivo de um tridente na lateral externa, algo que me pareceu demoníaco. Na hora, eu disse a todos os meus subordinados:

— Eu não vou atender essa macumbeira! Resolvam esta questão sem falar comigo.

De longe e meio escondido, eu acompanhava o atendimento à moça. Enquanto os mecânicos faziam o checklist do carro, eles conversavam muito entre si, porém vi que um deles apontou o dedo para mim e disse:

— Aquele é o gerente. Portanto, desconto só com ele.

Eu vi a mulher avançando em minha direção e não havia como eu escapar daquela situação. Pedi para que ela se sentasse, para atendê-la. Ela falou comigo por algum tempo, vi que era uma boa pessoa e muito educada, então me senti mal por tê-la julgado de forma preconceituosa e acabei concedendo o desconto que ela me pedira.

Na hora de ir embora, ela me disse:

— Preciso lhe dizer algo, meu irmão.

— Pode dizer — respondi.

— Eles estão me dizendo que você tem de ir para a umbanda pois tem uma grande obra a realizar.

Eu sorri.

— Quem são eles? — perguntei.

— Você não vai entender — ela respondeu. — Apenas vá, pois este é seu destino. — Ela se levantou e foi embora.

Eu fiquei pensando muito naquilo que ela disse, mas a umbanda seria o último lugar que eu iria, pois nunca acreditei nela e nem sequer um dia fui a um terreiro, nos meus 42 anos de vida.

Uma semana depois, em meio à minha rotina e aos meus devaneios, eu já havia me esquecido de tudo que a mulher dissera. Vida que seguia. Então, recebi um telefonema do meu filho pedindo para que eu fosse buscá-lo na casa de um amigo. Ao chegar ao local, parei em frente ao prédio, mas logo fui convidado a sair, pois estava atrapalhando o fluxo de carros. Em seguida, entrei em uma rua para manobrar e voltar à portaria do prédio, mas a via estava bem cheia, com carros dos dois lados; não havia como manobrar. Assim, continuei seguindo na rua até surgir uma pequena brecha entre os veículos, para que eu conseguisse fazer o retorno. Foi como aconteceu. Eu vi um espaço entre os carros e fiz a manobra, porém, quando imbiquei o veículo, vi uma pequena porta aberta e muitas pessoas vestidas de branco lá dentro. Uma pessoa estava entrando naquele local, então perguntei-lhe:

— Ei, meu amigo, o que é este local?

Ele parou e me respondeu:

— É um terreiro de umbanda, meu irmão.

Quando escutei aquela palavra, senti um calafrio atrás do meu pescoço, uma sensação extremamente forte, até cheguei a me assustar.

Ele ainda me disse:

— Temos duas giras por semana. Hoje, segunda-feira, e às quintas-feiras também. — O homem se despediu e entrou no local.

Fiquei muito pensativo, porque tive aquela sensação que há muito tempo não sentia; a última vez que ocorreu algo assim tinha sido há vinte anos, junto com meu amigo das estrelas.

Pois bem. Quinta-feira fui até o local recém-descoberto e entrei na fila da assistência. Havia centenas de pessoas que conversavam entre si sobre passes que haviam recebido anteriormente, bem como sobre entidades também. Eu não entendia absolutamente nada sobre o que elas falavam, mas logo comecei a perguntar o que acontecia lá dentro, o que eram umbanda e entidades. Assim, elas foram me dizendo o que iria acontecer: quando eu entrasse, receberia uma senha; em seguida, me sentaria e assistiria à abertura dos trabalhos. E foi o que aconteceu. Recebi minha senha e me sentei junto a tantos outros irmãos que lá estavam. Eu estava muito curioso, afinal de contas, estava na umbanda, o último lugar que um dia imaginei ir.

Na abertura dos trabalhos, todos cantavam o hino da umbanda, algo que achei muito bonito. Eram centenas de pessoas vestidas de branco e entoando aquela canção com as mãos sobre o peito. Nunca tinha visto nada assim. Quanto amor havia naquele ato. Eu fiquei muito impressionado.

Os sons dos tambores invadiram a minha alma de uma maneira muito forte, as lágrimas vieram, e não consegui me conter, pois aquilo era maior do que eu, que era um homem sem fé e despedaçado pelo meu destino. Não entendia o que estava sentindo naquela hora.

Eu chorava demais, sem nenhuma explicação. Era minha primeira vez em uma gira de umbanda, e eu ainda estava sentado na assistência. Fazia poucos minutos que a gira havia começado, e eu já estava muito emocionado.

Os cantos começaram primeiramente para Oxum e, em seguida, para Iemanjá. Àquela hora, eu já estava aos prantos, não conseguia segurar as lágrimas, contudo não sabia se chorava por dor ou por amor; chorava demais, sem nenhum controle.

"Seu pai é Ogum, vencedor de demandas". Quando escutei aquilo, foi o ápice das minhas sensações, era algo vindo de dentro de mim, sem nenhuma explicação. Sorrindo, eu chorava enquanto assistia àquelas pessoas saudarem Pai Ogum com um gesto que parecia o empunhar de uma espada.

Aquilo era muito lindo. Apenas com meu amigo das estrelas pude sentir algo parecido. Essas semelhanças de sentimentos me fizeram gostar do que estava sentindo, e, de alguma forma, isso me conectou com meu amigo. Logo fui chamado para receber um passe com a entidade; eu não entendia direito o que acontecera comigo naquela noite, mas decidi voltar a outra gira.

Assim aconteceu. Na segunda-feira, eu voltei para aquele terreiro, pois queria sentir mais, saber sobre a umbanda. Então, igualmente, me sentei na assistência e assisti à abertura dos trabalhos. Tudo era tão mágico. O cheiro, o som dos tambores, os cantos, tudo me encantava.

Ali sentado eu experimentava sensações maravilhosas, e, em meio aos cânticos de abertura dos trabalhos, fechava os olhos involuntariamente e sentia meu corpo flutuar. Era uma sensação gostosa, parecia que planava no céu, escutando as batidas do tambor. Logo fui chamado para receber um passe e conduzido por um cambono até a entidade. Eu me sentia muito bem recebendo aquele passe e olhava nos olhos da entidade, pois queria saber mais sobre a umbanda.

Mesmo após receber o passe, eu continuava ali até o final dos trabalhos, pois gostava de escutar a chamada das entidades para irem embora, a reza, os abraços, tudo me fascinava.

Na outra semana, lá estava eu na fila da assistência novamente, me sentia bem melhor. De alguma forma, aqueles passes junto às entidades me fizeram muito bem; sentia que aquele era meu caminho, como se eu encontrasse um grande amor. Sentei-me e assisti à abertura dos trabalhos, porém, naquela noite, foi distinto. Ali na assistência comecei a me sentir diferente. À medida que os cânticos começaram a evoluir, me senti estranho, como se meu corpo tivesse se desprendendo de mim, meus olhos fechavam e me sentia fora da realidade presente. Até cheguei a pensar que estava tendo algum problema naquela hora, fiquei muito assustado, pois era só fechar os olhos que tudo acontecia. Eu não sabia absolutamente nada sobre o que estava sentindo e cheguei a cair sobre os irmãos, que estavam sentados ao meu lado.

Minha senha foi chamada, mas, assim que fiquei de pé, me senti mal e achei que fosse cair. Gentilmente, o cambono me conduziu até a entidade que estava em trabalho, Vovó Catarina, esse era seu nome. Sentei-me em frente a ela, que me disse:

— Filho, quantas coisas você carrega! Suas costas são muito largas, você tem uma grande missão na umbanda.

Eu sorri. Não entendi muito bem o que ela disse, mas, quando falou de missão, lembrei-me imediatamente do meu amigo das estrelas. Vovó Catarina me benzeu de muitas formas e havia muita mironga no ar. Ali, ao seu lado, comecei a sentir algo muito diferente, meus braços estavam pesados e meus olhos não conseguiam ficar abertos; meu corpo parecia estar tomado por alguma coisa, eu fiquei apavorado e só queria sair correndo daquela cadeira. “Por que estou aqui? Não devia estar mexendo com essas forças, isso não para mim”, pensava.

Foram trinta minutos naquele passe. E, para mim, foi uma tortura, pois estava com muito medo, não via a hora de acabar. Quando, por fim, terminou, eu saí daquela cadeira cambaleando no meio da gira, e, ao chegar à assistência, sentei-me, sentindo-me muito mal e com muita tontura.

Perguntei a uma das coordenadoras, que se encontrava ali, o que estava acontecendo comigo.

— Meu irmão, está se sentindo assim devido à vibração das entidades que estão sobre a sua coroa. Muitas delas estão sobre você agora, entidades que irão trabalhar com você em sua caminhada. Reze uma ave-maria, que tudo ficará bem — respondeu a trabalhadora.

Fui embora pensando naquilo. Eu realmente estava muito assustado, afinal de contas, aquela era a terceira vez que eu participava de uma gira de umbanda em 42 anos de vida, tudo era muito recente para mim, e eu não estava preparado para aquilo.

Pensei em não voltar mais àquele lugar. Mas, por alguma razão, na outra semana, lá estava eu na fila da assistência. Apesar de sentir muito medo, no fundo, eu queria estar no terreiro de umbanda. Entretanto, na fila, me senti muito desestabilizado, eufórico, meu coração batia muito forte.

Algo estava diferente dentro de mim. Eu não sabia explicar, mas sentia nitidamente meu corpo quente demais. Então, me sentei e assisti à abertura dos trabalhos, minhas pernas tremiam sem controle, enquanto me sentia extremamente ofegante; eu estava com muito medo aquela noite.

Minha senha foi chamada, e, ao me levantar, quase caí sobre meus irmãos. Era tarde demais, eu já estava segurando a mão do cambono que me conduzia até o médium incorporado. Assim que parei à sua frente, aquela entidade me perguntou:

— Você foi aquele que veio sozinho?

— Sim — eu respondi.

— Seu Pai mandou que eu lhe desse um presente. De meu pescoço retire esta guia vermelha de cristais e coloque em minhas mãos — ela me disse.

Em seguida, retirei com muito respeito aquela guia e coloquei em suas mãos, assim como pedira. Então, ela colocou o colar em meu pescoço e disse:

— Teu pai Ogum lhe abençoa esta noite.

Fiquei muito emocionado. Aquela era a primeira guia de umbanda que eu recebia na vida. Aquela entidade conversou comigo por muito tempo até que eu me acalmasse. Então, ela fez uma pergunta:

— Posso trabalhar com você?

— Sim, claro — eu disse, mas não sabia o que aquilo significava.

Aquela entidade se aproximou do meu ouvido e falou algumas palavras. Imediatamente, comecei a notar diversas sensações. Meus pés adormeceram e meu corpo passou a tremer sem controle. Dentro da minha mente, novamente, pensei em sair correndo daquele lugar, pois, desta vez, as sensações eram muito assustadoras. Meu corpo estava extremante quente, eu fechei os olhos e senti toda aquela força à minha volta, eu estava com muito medo e resistia perante aquela energia. Depois de algum tempo dentro desse transe, eu decidi dentro de mim que iria me entregar, e, ainda com os olhos fechados, eu falei: “Seja o que Deus quiser”.

Eu estava presente, porém não estava consciente. Algo havia acontecido comigo naquela hora. Eu cruzei o terreiro em meio a mais de 350 pessoas bradando como um caboclo de Oxóssi. Ainda me lembro vagamente de cair no chão do outro lado e os braços de alguns irmãos me seguraram. Eles perguntavam-me se estava tudo bem, eu dizia que sim. Quando perguntei o que aconteceu, um deles me respondeu:

— Você incorporou um caboclo e cruzou este terreiro em um lindo brado.

A verdade é que naquele momento eu não entendi o que havia acontecido comigo. Fiquei sentado em um dos banquinhos que havia lá dentro, pois não tinha condição de andar devido à tontura que sentia. Então, alguém se sentou ao meu lado, era o pai de santo daquele terreiro, que me disse:

— Amado filho, há um mês venho te observando e quero lhe fazer um convite muito especial. A partir de segunda-feira, se aceitar, venha de roupas brancas, pois você tem um caminho muito grande na religião.

Eu fiquei muito emocionado e aceitei o convite. Comprei minhas roupas brancas e segunda-feira estava lá; eu passei pela fila da assistência e entrei pelo portão dos médiuns, mas sentia-me envergonhado diante de tantos irmãos coroados na umbanda, mas eles me receberam com muito carinho e com muitos abraços, fiz minha entrada com pipocas até a bênção no congá, tudo foi muito lindo, e eu chorei demais.

Assim começou minha caminhada dentro da umbanda, com duas giras por semana. Eu estava lá e aprendia muitas coisas, eram tantas entidades que eu ajudava como cambono. No final de cada trabalho, eu dava passagem para minhas entidades e me desenvolvia cada vez mais como um médium de incorporação.

Um ano depois, fui batizado na umbanda passando pelo amaci, entre outros rituais. Eu realizava meu trabalho como cambono com muito amor, pois amava ajudar as pessoas, muitas vezes oferecendo um abraço. Meu pai de santo sempre destinava os cambonos e médiuns no início de cada trabalho.

Na hora da destinação de cambonos e médiuns, com pouco mais de um ano desde que eu havia entrado para os trabalhos, o pai de santo não disse meu nome. Então, fiquei quieto, esperando-o me destinar. Já estava quase na hora de começar os trabalhos, quando ele me chamou e disse:

— Meu filho, a partir desta noite, você estará em vibração com seu preto-velho durante os trabalhos da casa.

Eu não era mais um cambono, agora estava em vibração junto à minha entidade. E, assim, fiquei por mais de três meses. Quase um ano e pouco depois que entrei na casa de caridade, me sentia muito feliz em todos os trabalhos, eu pegava minha bengala de preto-velho, me sentava em meu banquinho, acendia minha vela e dava passagem às almas de luz.

Porém, em uma noite, seria diferente. Eu escutava a destinação de cambonos e médiuns sentado em meu cantinho onde incorporava meu preto-velho. Então, os tambores começaram a tocar, e eu fechei meus olhos para dar passagem à entidade, já estava concentrado, apenas aguardando o tocar do sino para dar passagem ao meu preto-velho. De repente, minha concentração foi quebrada por um som de algum objeto tocando o chão bem na minha frente. Ao abrir os olhos, vi que alguém colocou uma cadeira à minha frente, havia um irmão, que me disse:

— Cae Lopes, nesta noite, eu serei seu cambono.

Naquela hora, perdi toda a minha concentração, afinal, eu iria oferecer um passe para aquelas pessoas que necessitavam de ajuda, então fiquei muito nervoso. Como eu poderia realizar aquilo? Logo, dentro de mim, escutei uma voz que dizia: "Não fique assim. Quem vai realizar o trabalho sou eu, meu filho, João das Almas".

Eu fechei os olhos e fiz minhas orações, e, em meio aos tambores, João das Almas chegou e tomou conta de mim. Foi uma noite maravilhosa, eu jamais vi tanto amor sendo oferecido. As pessoas o abraçavam e agradeciam, palavras lindas saíam de minha boca e havia muita magia no ar.

Ao final do trabalho, eu chorei como nunca havia chorando, pois estava muito emocionado; alguma coisa muito linda aconteceu dentro de mim naquela noite.

Dessa forma comecei a seguir meu destino dentro da espiritualidade. A cada passe que oferecia às pessoas, eu me curava de minhas próprias dores sem perceber. E, assim, quase cinco anos se passaram desde que eu entrei para a religião. Já havia participado de muitas atividades ritualísticas e, também, recebido algumas coroas — de Ogum, de Oxum, de ciganos, entre outras. Foram experiências maravilhosas.

Eu passei a incorporar em todas as linhas de trabalho dentro da gira de umbanda, pois gostava muito de ajudar as pessoas assim como eu fui acolhido, quando cheguei àquele terreiro. A Umbanda me mostrava sua beleza, e por muitos anos me esqueci de minhas próprias dores.

Aos 50 anos de idade, quase oito anos depois de ter iniciado minha caminhada na umbanda percebi que minhas frustrações musicais já não mais existiam. Eu não havia notado quando isso aconteceu, só sei que simplesmente não sofria mais por isso, as mágoas desapareceram do meu peito inexplicavelmente.

Eu seguia realizando meu trabalho de caridade naquele terreiro, agora já era um médium com alguma experiência, exercia minhas incorporações de forma intensa, sempre ajudando os meus irmãos. Aquele era meu mundo, meu caminho e meu destino. Talvez fosse disso que falasse meu amigo das estrelas. Eu ainda não tinha certeza, contudo, era preciso seguir em frente. E foi isso que fiz. Recebi outras coroas e passei por muitos outros rituais de iniciação nas linhas. Porém, certa vez, algo me veio à cabeça do nada. Eu gostava muito de escutar os pontos de umbanda que tocavam no terreiro, escutava também no rádio do meu carro.

De repente, do nada, senti vontade de tentar compor um ponto de umbanda; eu nunca havia escrito um ponto e nem sabia como ficaria. Durante minha carreira, escrevi mais de 450 músicas pop românticas, mas jamais havia imaginado escrever um ponto de umbanda. Um sentimento estranho me tomou; eu nunca mais havia tocado meu violão naqueles últimos oito anos, muito menos pensei em tocar algum tipo de tambor.

Com um pequeno balde, improvisei um tambor; e, com minha musicalidade, desenvolvi um ritmo totalmente mediúnico. Eu nunca havia tocado um instrumento de percussão na minha vida, mas, incrivelmente, poucos minutos depois de ter começado a tocar com o pequeno balde, uma melodia surgiu na minha mente, era um canto de Ogum que pairava nos meus pensamentos. E, então, minutos depois eu havia terminado o primeiro ponto de umbanda que escrevi.

Em seguida, gravei no meu celular e publiquei no YouTube, entre outras redes sociais. De fato, aquele ponto teve alguma repercussão, me senti feliz em escrever e cantar, e isso me deixou pensativo.

Há muito tempo havia perdido a vontade de cantar e compor, mas por alguma razão me senti bem em fazer aquela canção para Ogum. Dias depois, escrevi para Exu Tranca-Rua e também para Exu Tiriri. Em seguida, sem nenhuma razão aparente, fiquei alguns meses sem nada escrever ou cantar. Eu até havia gostado de ter escrito aquelas canções, porém perdi a vontade de compor repentinamente.

Assim seguia minha caminhada na Umbanda entre as giras e os passes com minhas entidades. Meses depois, novamente senti vontade de tocar e compor, mas desta vez decidi comprar um tambor, e foi o que fiz. Comprei um tambor de verdade e deixei ao lado da minha mesa de trabalho coberto por um pano. Quando terminava o expediente e todos iam embora, eu descobria o tambor e praticava, tocando e tentando compor um novo ponto de umbanda.

Os pontos vinham em minha mente com muita facilidade e, àquela altura, eu já havia composto uns trinta pontos de umbanda. Certa vez, contudo, ao descobrir o tambor, notei que o couro havia escapado do aro, tentei encaixar de todas as formas, mas não consegui. “Amanhã farei o reparo com mais tempo”, pensei. No dia seguinte, ao final da tarde, tentei consertá-lo novamente, mas não consegui. Fiquei sabendo que havia uma fábrica de tambores bem perto de onde eu estava, assim decidi levá-lo até lá. Quando deixei o tambor para o conserto, peguei meu carro para retornar ao meu trabalho e, ao contornar a rua, passei em frente a uma loja de antiguidades. Lá havia portas antigas, janelas e diversos objetos. Tudo foi muito rápido, apenas olhei de relance enquanto passava de carro, porém, entre aqueles objetos, eu vi um tambor de cor escura virado de cabeça para baixo, e, no mesmo instante, escutei no meu ouvido uma voz que dizia: “Volte lá e pegue aquele tambor”.

Parei o carro imediatamente e voltei lá. Ao chegar à loja, perguntei ao senhor se aquele tambor estava à venda, ele me disse que não, que se tratava de um objeto muito antigo e não podia vendê-lo. No entanto, ao mesmo tempo, em minha cabeça, a voz repetia incessantemente aquelas palavras: "Eu quero este tambor, meu filho".

Olhei para o instrumento e senti uma forte energia, ele era realmente muito antigo, talvez tivesse mais de trinta anos. Intuí uma grande história por trás daquele couro e fiz uma oferta irrecusável para o senhor.

Ele ficou em silêncio por alguns instantes e, por fim, aceitou minha oferta. Então, eu peguei aquele tambor nos braços e carreguei até o meu carro. Chegando à empresa onde trabalhava, coloquei o instrumento em minha sala junto aos meus violões e às sanfonas de meu falecido pai, que também tocava alguns instrumentos.

O ponto de partida

Aquele tambor era diferente, ele trazia um axé muito grande, era possível sentir apenas olhando para ele, havia uma força, uma magia, naquele instrumento. Quantas e quantas mãos já estiveram sobre ele, quantas chamadas de entidades, de quantos milhares de giras ele havia participado? Eu podia sentir nitidamente tudo isso. Na noite seguinte, sentei-me ao seu lado e coloquei a mão sobre o couro, então, misteriosamente, um ponto completo veio à minha mente — melodia e letra tudo junto. Talvez eu tenha demorado uns cinco minutos para materializar aquele ponto, foi muito rápido, a impressão que tive é que ele já estava pronto, e eu apenas o captei no ar.

No outro dia, à noite, algo parecido aconteceu. Ao me sentar ao lado do tambor, antes mesmo de colocar minhas mãos sobre ele, algo aconteceu: uma outra melodia me veio à cabeça juntamente com a letra. Foi algo maravilhoso, e, em poucos minutos, escrevi outro ponto muito bonito e cheio de sentimentos.

Eu estava vivendo uma espécie de êxtase como compositor. Há muito tempo eu não sentia isso, essa facilidade de compor novamente me lembrava o passado, quando eu escrevia muitas músicas ao violão; o que mais me intrigava era aquela felicidade de escrever de novo, a música estava morta dentro de mim, eu não entendia por que ela havia voltado de forma tão intensa dez anos depois de ter parado de tocar ou compor qualquer coisa. Então, comecei a me questionar porque isso estava acontecendo, a verdade é que eu não tinha nenhuma resposta e achei que aquilo acontecia por meu talento e minha capacidade artística.

Todas as noites eu escrevia um novo ponto de umbanda, eu precisava estar ali e escrever, pois simplesmente queria fazer aquilo e não havia explicação plausível para isso. Todas as noites surgia uma nova canção, muitas vezes para entidades que eu nunca ouvira falar.

Mesmo sem entender direito o que estava acontecendo comigo, continuei compondo o tempo todo, e, meses depois, eu já havia escrito uns 150 pontos de umbanda para diversas entidades da nossa religião.

Eu sempre amei a lua, e, todas as vezes que podia, tirava uma foto me colocando ao seu lado; por duas vezes entidades espirituais apareceram ao meu lado, coincidentemente no mesmo período que comecei a compor para nossa umbanda. Os sinais foram muito fortes para mim, mas, ainda assim, naquele momento, não tive uma interpretação correta desse evento magnífico.

Uma imagem maravilhosa que trazia o prenúncio do que estava por vir, eu fiquei realmente maravilhado com duas fotos tiradas no mesmo período junto à lua. Assim, continuei a escrever meus pontos sob essa influência todas as noites.

Tempos depois já eram mais de 200 pontos de umbanda escritos, algo inimaginável, pois demorei mais de 40 anos para escrever 400 músicas pop românticas. Mas agora, em pouco mais de um ano e meio, já havia escrito todos esses pontos.

Eu senti que estava acontecendo algo diferente comigo, não se tratava apenas de compor e cantar, havia mais coisas envolvidas, eu não sabia ao certo, talvez aquelas entidades que apareceram ao meu lado, na foto com a lua, quisessem dizer algo mais.

Eu apenas sabia que precisava continuar a escrever cada vez mais. Então, todos os dias, quando anoitecia e eu ficava sozinho em minha sala, a mágica acontecia — uma inspiração vinda de outras dimensões chegava sempre trazendo uma nova canção.

Eu não procurava entender muito o que estava acontecendo, pois já era muito complexo saber o porquê de ter voltado a cantar e escrever. Eu imaginava que uma hora tudo iria acabar, que as inspirações iriam desaparecer.

Mas não foi isso que aconteceu. Dia após dia, minha cabeça era tomada por novas canções e batidas, pontos para diversas almas e entidades — entre exus, pombagiras e orixás.

Certa vez, quando acordei pela manhã, me senti angustiado e até pensei que não iria escrever nada aquele dia, me sentia triste e carregado, como se tivesse um grande peso nos meus ombros. A sensação permaneceu durante aquele dia inteiro, e, ao anoitecer, fui até minha sala para relaxar um pouco, pois não tinha nenhuma intenção de tocar, muito menos de compor algo.

Ali, com os olhos fechados, eu fumava meu cachimbo pensando em quase nada, apenas uma pergunta pairava na minha mente: “Por que eu havia escrito tantos pontos de umbanda, que a essa altura já somavam mais de 250 canções de fé?”.

Eu sempre me fazia essa mesma pergunta e não encontrava uma resposta. Naquela noite, seria diferente, aquelas sensações intensas, que persistiram o dia inteiro, cessaram repentinamente a partir do momento que sentei ali ao lado daquele tambor. Então, senti vontade de chorar, mas não era de tristeza. Em seguida, senti uma vibração muito forte, quase uma incorporação, e, com minha mão sobre o couro, escutei uma voz que me dizia:

— Meu filho, estive ao seu lado o dia inteiro e queria lhe dizer algo.

— Sim — respondi à alma que falava baixo em meus ouvidos.

— Quero que escreva e cante a minha história em seu tambor, sou um preto-velho trabalhador da cura, da linha de Obaluaê, e gostaria que escrevesse este ponto para mim. Porém, nesta noite, ainda tenho mais coisas para lhe dizer, meu filho. Nós sabemos de toda a sua caminhada e de todos os seus sonhos. Nós sempre estivemos perto de você em todos os momentos da sua vida. Seu amigo realmente mora nas estrelas e é um de nós, ele lhe agradece por ter dado os vossos nomes ao seu filho Lucca. A missão que ele dizia para você seguir, naquela noite na praia e, também, na estação de trem, onde tudo aconteceu, é real. Nós estávamos lá com vocês, nós sempre estivemos com vocês, e, mesmo depois que ele partiu para o Universo, continuamos ao seu lado, o inspirando e preparando para este momento. — E continuou: — Sempre o perdoamos, assim como Oxalá sempre disse: "Perdoai-vos, eles não sabem o que fazem". Você também não sabia o que fazia, nós não permitimos que muitos dos seus sonhos acontecessem para que você pudesse cumprir trinta anos depois esta missão de cantar para as almas.

"Entristecidos, assistimos por muitas vezes às suas lágrimas e aos seus murmúrios nas madrugadas, com seu violão, cantando para uma plateia imaginária. Você se lembra daquela noite, quando seu violão tocou sozinho encostado no muro no seu lado? Éramos nós lhe dizendo para cantar para as almas. Quando você se levantou e viu aquela luz verde flutuante à sua frente, naquele terreno escuro, era a sua plateia espiritual que estava ali o escutando. Você realmente tem uma missão — cantar para as almas da espiritualidade e transmitir suas mensagens através de seus cantos.

"Muitos já vieram ao seu lado, mas você não percebeu. Todos os pontos que você escreveu foram inspirados por outras entidades que, assim como eu, estiveram ao seu lado."

Naquela hora, eu fiquei muito emocionado e comecei a chorar, e, ainda com as mãos sobre o tambor, uma melodia me veio à mente, um lindo canto cheio de emoções, era a história daquele preto-velho que invadia meus pensamentos e fluía em minhas mãos no toque daquele tambor. Minutos depois, o ponto estava pronto, eu não conseguia me conter de tanta emoção enquanto cantava aquela canção.

A psicografia do ponto:

Esse preto tá velho, pendura no pau e deixa morrer

Já era noitinha, quando ele falou

Pendurado no pau pedi ao senhor

Zambi, meu Pai, vem, socorre, desta noite não passo

No pau vou morrer

Já era de madrugada, eu vi um clarão

Dois pretos desceram do céu

E outro preto veio da escuridão

Se apresentou como um exu

Dos dois pretos beijou a mão

E me tiraram do tronco e me deram a missão.

Novamente escutei aquele preto-velho falar comigo. Assim ele me disse:

— Meu filho, eu também estou muito emocionado com essa canção, agora muitos irmãos de fé poderão escutar minha história por todo o sempre nos terreiros de umbanda. Eu lhe agradeço demais pelo que fez por mim nesta noite. Mas, antes de ir, quero lhe fazer mais um pedido, meu filho.

— Pode dizer — falei a ele.

— Outros virão, assim como eu. Terás que cantar todas as entidades existentes no astral, essa é a sua missão, a missão que seu amigo das estrelas lhe falava. Cante o amor, ele dizia, lembra-se disso? Espalhe o amor, conte a todos o que viu.

— Essas eram as palavras que ele costumava me dizer — falei. — Conte a todos o que você viu, era isso que ele me dizia.

— É isso, meu filho, essa será sua missão na umbanda. Porém, cada ponto que as almas lhe inspirarem, irá carregar muitos sentidos e muitas mensagens ocultas. Caberá a você interpretar todas essas mensagens através de merecimentos, divida essa sabedoria com seus irmãos, engrandecendo a nossa umbanda e a espiritualidade como um todo.

"Agora eu já vou embora, meu filho, fiquei muito feliz de ter recebido esta missão das esferas superiores da espiritualidade para comunicá-lo de seu destino; conhecê-lo, para mim, foi um imenso prazer, eu voltarei outras vezes trazendo outros encantados comigo."

E, assim, ele se foi. Eu estava perplexo e extasiado com tudo que havia acontecido comigo naquela noite, quantas perguntas sem respostas foram esclarecidas por aquele espírito de luz. Agora eu tinha certeza de que escrever para almas da umbanda era uma missão, não apenas uma coincidência devido aos meus dons; todos aqueles anos dedicados à música entre bandas e CDs, todas aquelas decepções, as perguntas que eu sempre fazia a Deus, questionando por que Ele havia me dado um dom, se me fez sofrer por não o realizar.

Ali, naquela sala, eu voltei no tempo, no início de tudo, como se um filme estivesse passando em minha mente. Eu enxerguei tudo com clareza e entendi o porquê de as coisas não terem acontecido como eu imaginava, a espiritualidade tinha outro plano para mim trinta anos depois.

Meu amigo, o anjo das estrelas, já tinha me avisado sobre isso. Agora sei que meu tambor é um portal onde as almas vão canalizar suas mensagens em forma de canções, pontos e cantigas de umbanda.

No dia seguinte, ao anoitecer, fui até minha sala e sentei-me diante do mágico tambor. Incrivelmente, naquela noite, eu não sentia inspiração para escrever um novo ponto como de hábito, então peguei meu caderno de composições e fui folheando, vendo todos os pontos que eu havia escrito, assim como aquele espírito me disse para interpretar. Acendi meu cachimbo e com muita calma comecei a ler cada ponto que escrevi, eu não conseguia ver o que aquele espírito havia me dito que estaria entre as linhas dos pontos, porém, minutos depois de ter lido alguns cânticos, eu tive uma forte sensação, quando passei meus olhos em um ponto em especial, que se chamava *A justiça de Exu*. Realmente aquele era um ponto muito forte em suas afirmações, porém eu nunca havia compreendido além do que havia escrito naquele ponto. Misteriosamente, ao reler aquelas palavras, tive outras interpretações de cada linha que eu havia escrito.

A JUSTIÇA DE EXU

Se tu fez a maldade, a justiça de Exu não tem pressa nem hora

Quem andou neste mundo enganando os irmãos uma hora vai embora

E, no fim da sua vida, Exu vem te ver e acaba a ilusão

Quem te vela não reza

O povo de Exu lhe carrega o caixão

O laroyê mojubá, Exu e tem justiça no Reino de Exu

Quem fez a maldade vai receber

O laroyê mojubá, Exu e não tem reza que salva quem mente

A cova tá quente esperando você

Por Cae Lopes

O que Exu quis dizer com essas palavras:

Se tu fez a maldade, a justiça de Exu não tem pressa nem hora

Ele diz que o tempo da espiritualidade é diferente do tempo dos seres humanos. Uma longa vida para nós pode significar apenas minutos para ela. Ele diz que não há pressa, pois sabe que cada semente que plantarmos iremos colher em algum momento. Ele vai esperar pacientemente para entregar os merecimentos de cada um, pois sabe a hora certa de entregar e, geralmente, entrega quando o merecedor não espera.

Quem andou neste mundo enganando os irmãos uma hora vai embora

Nessa frase, Exu ainda fala sobre o tempo e mostra que realmente não tem pressa. Ele diz "quem andou neste mundo enganando os irmãos uma hora vai embora", ou seja, significa que ele pode esperar por muito tempo o desencarne do merecedor para ir visitá-lo em sua cova; Exu diz que não interfere nas escolhas de ninguém, porém é ele quem escolhe as sepulturas para levar a justiça e os merecimentos.

Quem te vela não reza

Ele diz que não reza, não é essa a sua função na espiritualidade. Exu traz a verdade e a justiça para aqueles que trilharam o caminho da mentira e do engano;

ele te deixa andar, mas, no fim de seus caminhos, seu último encontro será com ele; este será o fim da ilusão, como ele mesmo diz.

Tem justiça no Reino de Exu, quem fez a maldade vai receber

Ele diz que nós seres humanos nos confundimos achando que somos eternos; diz que existem forças que vão muito além de nossas cegas ilusões; diz que a justiça prevalece acima de tudo e de todos, pois quem fez a maldade irá recebê-la em algum momento da vida ou da morte, dependendo da gravidade dos merecimentos de cada um. Alguns ele pessoalmente irá encontrar na cova; outros ele irá encontrar em vida, na forma de acontecimentos, aprendizados, sofrimentos e compreensões.

Não tem reza que salva quem mente, a cova tá quente esperando você

Ele sabe quem é do bem ou do mal, reconhece a reza do falso, assim como a reza do verdadeiro, e, mesmo que o merecedor engane a todos ao seu redor, Exu não poderá ser enganado, pois nada passa sem que ele não veja. Por fim, para aqueles que semearam o mal, a cova estará em chamas à sua espera.

Quando terminei de fazer a interpretação desse ponto, finalmente entendi o que aquele espírito me disse quando falou "conte a todos o que vê e engrandeça a umbanda". Naquela hora, eu fiquei muito emocionado; quantas e quantas mensagens eles me enviaram em todos aqueles pontos que escrevi, eu percebi que minha missão não se restringia apenas a escrever e cantar os pontos para as entidades da umbanda, havia uma outra missão, que era interpretar as palavras para todos os meus irmãos.

No dia seguinte, como de costume, escrevi outro ponto de umbanda sob forte influência dos espíritos que, àquela altura, era infinitamente mais nítida e sensitiva. Ao terminar de compor o ponto, eu parti para a tradução dos subsentidos de cada palavra. Assim dizia o ponto:

PARA ACENDER VELA PARA EXU

Para acender vela para Exu, tu tem que saber o que vai pedir, o que vai falar, o que vai pensar

Se tiver justiça no teu pedido, Exu vai te ajudar

Para acender vela para Exu, tu tens que saber onde ela andou e as estradas que tu passou

Deixou rastro de mágoa por onde andou, ó meu nego, as portas Exu fechou

Para acender vela para Exu, ó meu filho, tu tens que entender

Para Exu, tu pede só o bem, mas não vê a maldade em você

Esse Exu laroyê quer te ajudar, mas para isso tu tem que merecer

Essa vela que tu acendeste para mim, essa luz eu devolvo para você

Por Cae Lopes

Para acender vela para Exu, o que ele quer dizer com essa frase:

Para acender uma vela para Exu, você tem que saber o que realmente está fazendo, você deve trazer conhecimento em suas ações e palavras, tem que haver merecimento de sua parte para dirigir a palavra para Exu; ninguém pode se referir a ele sem antes conhecê-lo.

A justiça no teu pedido

Não se pede nada a Exu sem merecimento. Quando ele fala que tem que haver justiça, significa que deve haver verdade em suas palavras; e havendo verdade, ele irá ajudar quem pede, porém, ele não tolera mentiras e, certamente, não irá atender o pedido daquele que não merece.

O rastro de mágoa

Mais uma vez ele deixa um recado, cuidado com o que você diz, a palavra tem seus próprios sentidos e suas consequências; nunca magoe o próximo, pois cada gota de mágoa que você oferecer será a mesma água que lhe servirão para lhe saciar a sede em tempos de sofrimentos.

Para você tu pede só o bem

Ele diz que precisamos entender a verdade da vida. Como alguém poderia receber o bem se não é capaz de desejar o bem ao próximo, se é incapaz de perdoar a quem lhe ofendeu ou mesmo pedir perdão para aqueles que tem ofendido?

Essa luz eu devolvo para você

Qualquer vela que você acender para Exu será em vão, ele não escutará pedidos muito menos receberá oferendas daqueles que não respeitam a lei. Quando ele diz "eu devolvo esta luz para você", significa: mude enquanto é tempo, pois se o tempo passar demais, ele mesmo apagará sua vela.

A verdade é que depois de ter vivido tudo isso, minha forma de ver a umbanda mudou, tudo aquilo que eu já havia passado dentro do terreiro não se comparava à abertura espiritual que estava vivendo naquele momento, a impressão que eu sentia era que os espíritos me deram um outro sentido de percepção sensorial e mediúnica, sentidos que eu não conhecia e nem sequer imaginava que existiam.

Fiquei muito eufórico com esses sentimentos e sentia como se estivesse começando de novo, como se fosse um iniciado, e talvez eu realmente estivesse sendo, para poder cumprir a missão de compor e cantar para as almas.

Foi preciso viver cada momento que a espiritualidade ofereceu, mesmo sofrendo demais em cada um deles. Eu não poderia compreender muito menos perceber, se não tivesse passado por isso, pois a espiritualidade nos prepara por anos, talvez até décadas, antes de nos oferecer o nosso destino.

Nunca entenderemos isso enquanto estivermos no traslado evolutivo de nossa espiritualidade, pois, para compreender a vida e os seus destinos, teremos que passar pelo caminho da incompreensão por muitas vezes, nada será dado a nenhum de nós se não estivermos preparados para receber.

Em meu passado, eu não estava preparado para receber e entender o que acontecia ao meu redor, foi preciso passar pelo mar do esquecimento e me perder na imensidão do meu próprio eu, precisei vagar entre os espíritos baixos e vaidosos, que nada tinham a ensinar, o gosto salgado de cada lágrima que eu chorei por não realizar meus planos me fez entender as verdadeiras compreensões em seus diversos sentidos.

Foram quarenta anos andando por um deserto à procura de água para saciar minha sede de glória. Porém, a espiritualidade em sua perfeição deixou tudo acontecer desse modo, para forjar a minha compreensão do que ainda viria pela frente.

Em meio a tudo isso, outras interpretações chegavam à minha mente. Toda minha vivência na umbanda, cada passe que ofereci aos meus irmãos, toda a minha jornada como um cambono, tudo veio à minha mente, milhares de introspecções em minutos, parecia escutar vozes e mensagens vindas de todos os lados, minha cabeça estava povoada de palavras e esclarecimentos.

Assim comecei a desmembrar as mensagens contidas nos pontos que escrevi, entretanto, em meio a tudo isso, algo maior aconteceu, eu comecei a incorporar essas compreensões nos novos pontos que eu escrevia, uma mistura de várias mensagens interpretativas unidas em um só pensamento, em um só sentido.

Agora, os pontos de umbanda diziam muito mais entre as suas linhas, não eram apenas cantos citando nomes de entidades ou orixás, eles carregavam mediunidades e mensagens que tocariam o coração das pessoas que os escutassem.

Eu mesmo me emocionava quando estava escrevendo, pois era surpreendido constantemente pelas palavras que as almas colocavam nos pontos, então, comecei a entender exatamente o que estava acontecendo e o que deveria levar para meus irmãos.

Cantar a umbanda é diferente de cantar pontos de umbanda. Eu notei que meus próprios pontos eram diferentes, pois estavam enaltecendo a umbanda como um todo, as inspirações me levavam a escrever dessa forma, cantar a umbanda e seus sentimentos e, assim, eu poderia tocar meus irmãos com a essência da religião.

Em meio a tudo isso, as mensagens não paravam de vir, pontos e mais pontos chegando na minha cabeça o tempo todo, as interpretações mediúnicas vinham em muitos formatos — em pensamentos, sonhos, melodias —, que surgiam do nada, até frases e textos prontos.

Foram centenas de noites compondo, escrevendo e cantando tudo aquilo que eu podia sentir; e, quase dois anos depois que eu havia começado a compor, me dei conta que havia escrito mais de 300 pontos de umbanda.

A umbanda mandou me buscar, mas antes teve que curar minhas chagas espirituais e mentais. Foi um longo processo de compreensão para chegar até aqui. Mais do que cantar para as almas da umbanda, eu também preciso contar para todos os meus irmãos os detalhes deste lindo caminho que percorri dentro da religião.

A chegada da grande compreensão da umbanda

Quando chegamos à umbanda, geralmente estamos muito feridos, trazendo as marcas de cada batalha que travamos nos caminhos da vida; chegamos amputados mentalmente, espiritualmente e sentimentalmente; chegamos sem fé e muitas vezes sem sentido.

No começo, passamos por um encantamento com a religião e, de alguma forma, nos esquecemos de nossas dores nesse processo; talvez uma distração diferente de tudo que já vivemos em nosso cotidiano, pois aquelas pessoas de branco são tão lindas e ao mesmo tempo tão misteriosas.

Por algumas semanas ou meses, ficamos impressionados, mas ainda é muito pouco tempo para entender o que acontece naquele solo sagrado, e, nesse período, muitas pessoas vão desistir sem nunca terem entendido o que é a umbanda.

Aqueles que passarem por esse ciclo serão recompensados pelo conhecimento, esclarecimento, pela vivência e mediunidade. A maioria das pessoas que chegam à umbanda estão incorporadas, mesmo sem nunca terem sido médiuns, pois a incorporação pode ser consciente ou inconsciente, perceptível ou não, e pode ocorrer em diversos sentidos, não apenas no espiritual. Quantas são as pessoas que assim como eu chegaram à umbanda incorporadas por diversos sentimentos encravados em suas almas e mentes sem nunca terem notado isso? Quantos irmãos chegam incorporados de inveja, egoísmo e orgulho? Quantos estão incorporados de vingança, raiva e rancor? As pessoas chegam assim à umbanda, e, muitas vezes, estão vazias e feridas por vivências e sofrimentos.

E a primeira coisa que pensam quando chegam à umbanda é justamente isto: incorporar as almas, saber quem são seus orixás, pombagiras e exus. Talvez esse seja um dos grandes erros de um filho que busca a evolução, pois como poderemos incorporar almas e entidades se ainda não desincorporamos nossas mágoas e tristezas, se ainda não recebemos o perdão ou mesmo perdoamos quem nos tem ofendido, como disse o Rei Oxalá? Precisamos entender isso, pois nenhuma incorporação será verdadeira se o médium carregar esses sentimentos dentro dele.

Naquela noite, eu consegui enxergar tudo claramente. Todos os anos que passei na umbanda, cada ritualística que eu vivi, tudo faz sentido agora, eu precisei passar por tudo isso para poder compreender e decifrar as mensagens que viriam. Cada passe que eu ofereci incorporado com minhas entidades ampliaram minha mente e meus sentimentos. Quantas coisas aprendi com as almas de luz, entidades de todas as linhas bem como a sabedoria dos orixás, aprendi sobre coragem e fé, eles nos ensinam que devemos sempre ir em frente e lutar por nossos ideais, pois, armados com nosso axé buscaremos nosso sustento em qualquer tipo de situação, eles nos ensinam a sermos guerreiros e nunca desistir.

Quantos são os portais que passamos a partir do momento que pisamos no solo sagrado de um terreiro de umbanda, portais invisíveis que atravessamos enquanto perdoamos aqueles que nos ofenderam, Portais que transpomos de forma inconsciente quando também somos perdoamos, jamais sairemos da umbanda do mesmo modo que entramos, cada gira oferece um aprendizado trilhando um caminho de evolução progressiva sem possibilidade de volta, cada gira que você participa lhe transforma em uma pessoa melhor.

A umbanda não nos torna perfeitos, mas, sim, conscientes. A perfeição pertence à espiritualidade e não a nós, meros mortais. Ninguém foi perfeito além de Oxalá, filho de Zambi. Porém, a umbanda pode nos transformar em pessoas melhores, mais amáveis e compressivas com o próximo. Chamamos de umbanda, mas poderia ser qualquer outra palavra ou abreviação, a força da umbanda não está no seu nome, também não está nos inúmeros nomes que deram às entidades que trabalham na linha, pois a espiritualidade não tem nome, ela possui espíritos de vários níveis e várias funções, muitos são os espíritos que já viveram neste mundo, assim como também muitos são aqueles que foram criados de forma celestial por nosso Pai Zambi, sem nunca terem vindo a este planeta na forma de humanos.

Só existe um caminho para a espiritualidade — a humildade e a fé. Não há outra forma de se aproximar de Oxalá, Nosso Pai, sem carregar essas características.

Será preciso se despir mentalmente e espiritualmente, teremos que reiniciar nossos valores para poder adentrar nesta senda; nossos sentimentos não poderão carregar mágoas e rancores, só assim poderemos caminhar de forma sólida dentro da umbanda, pois qualquer outro caminho que não seja este o levará para fora da religião.

Eu vi muitas coisas desde que cheguei à umbanda e também tive que compreender muitas outras para permanecer na fé. Nem tudo que você vê é verdade, mesmo estando dentro de um terreiro de umbanda. Estar vestido de branco não quer dizer muita coisa, pois sua alma pode estar vestida com uma roupa escura sem que você saiba; as pessoas não apontam o dedo para si mesmas, pois, caso apontassem, veriam os próprios defeitos.

Eu apontei o dedo para mim desde que cheguei à umbanda, pois sabia que era impuro na mente e na alma, que não era merecedor das coisas que almejei em minha vida. Cheguei com a cabeça baixa, sem saber o que esperava por mim, e simplesmente me deixei levar pelas almas.

Chegamos à umbanda sem chão e sem rumo. Mas, ainda assim, temos o péssimo hábito de pedir bênçãos à espiritualidade sem nem sequer perguntar se merecemos aquilo que pedimos, sem olhar para nós mesmos e enxergar os próprios defeitos. Essa é uma entre tantas razões que fazem as pessoas desistirem no meio do caminho. Para aqueles que ficam, a melhor parte da espiritualidade reserva a transformação que ela oferece a cada um de nós, e, à medida que nos transformamos, vamos tendo a noção exata dos princípios básicos da espiritualidade.

Nossa visão aumentará cada vez mais para as coisas que nunca enxergamos, pois quanto mais evoluirmos, enxergaremos de forma mais profunda as ações da espiritualidade, e, simultaneamente, desenvolveremos uma espécie de cegueira para as coisas fúteis do mundo, uma aversão às coisas que você gostava de fazer e, de repente, não gosta mais.

As mudanças acontecem lentamente, pois, de outra forma, as almas não conseguiriam nos ensinar as verdades da vida. Foram anos e anos errando e magoando pessoas; as almas precisam igualmente de tempo para que nós possamos compreender o que elas querem nos dizer, os reconhecimentos de nossas ações vão nos ajudar a percorrer esse caminho até a nossa libertação mental e espiritual.

Assim como enxergar nossos erros do passado, reconhecê-los também faz parte da evolução dentro do caminho da umbanda. Eu vi centenas de pessoas entrando e saindo da umbanda simplesmente porque não reconheceram seus erros; eu tive que reconhecer todos os meus para nascer de novo dentro de mim, e você terá que fazer o mesmo.

A partir daí minhas dores e meus sofrimentos começaram a ir embora de dentro de mim; foi um processo muito lento e também imperceptível. Nesse longo processo, tudo que as almas esperam de nós é apenas a nossa fé e nada mais. Ali, nos primeiros anos de umbanda, eu só pensava em ajudar as pessoas; em momento nenhum pensei em mim mesmo, tampouco em minha carreira, que não havia dado certo. As coisas foram se apagando da minha mente de forma muito sutil, pois é isso que as almas fazem para aqueles que são verdadeiros dentro da umbanda, elas atendem os pedidos que ecoam em nossos corações, não é preciso pedir, elas sabem de tudo, apenas é preciso merecer; e, quando somos verdadeiros, somos merecedores.

Embora almejasse tantas coisas, eu nunca fiz um pedido exclusivo para as entidades, eu apenas estava lá, gira após gira, com minha roupa branca, servindo à espiritualidade.

Existe apenas um caminho para encontrar e evoluir dentro da verdadeira umbanda, entretanto existem muitos outros para também se perder. Quem procura andar dentro da verdade e do respeito, certamente encontrava sua própria evolução; do contrário, desistirá pelo caminho.

Muitas pessoas desistiram sem nem sequer entender o porquê estavam ali. É uma pena, pois perderam a oportunidade de encontrar suas próprias essências. É preciso permanecer e vivenciar todas as situações espirituais que a umbanda oferece, pois você precisará disso lá na frente para evoluir e identificar os futuros sinais que virão em seu caminho, esse é o preço a pagar por sua libertação mental e espiritual.

O conhecimento e as incorporações serão importantíssimos para você alcançar a paz de espírito, pois só assim terá humildade suficiente para olhar para si mesmo e reconhecer seus defeitos.

Eu sou a maior prova de que precisamos reconhecer nossos defeitos, eu vi e vivi toda essa transformação dentro da umbanda, eu percorri o caminho, e é deste caminho que estamos falando. As almas nos enxergam de forma igual, independentemente do tempo que estamos na religião. Elas não se importam por quantas ritualísticas passamos, mesmo que você tenha muitas coroas recebidas nas cachoeiras e nas matas, pois, para elas, isso não será relevante, uma vez que conhecem e escutam nossos pensamentos, que, muitas vezes, podem ser contrários aos nossos atos.

O merecimento de cada um de nós transcende a compreensão do tempo; assim como as almas podem oferecer grandes ensinamentos mediúnicos para alguém que está há pouco tempo na religião, elas também podem não se conectar a uma pessoa que está há décadas dentro do terreiro, mas não segue os princípios das almas.

O melhor caminho para sua evolução é o da verdade, mas não apenas com as almas ou com a umbanda, a verdade tem que se estender em todos os sentidos da vida, as verdades devem fazer parte de seu cotidiano sentimental, material e espiritual, e, assim, as almas irão se conectar com você de forma mais intensa; e, quando essa conexão acontecer, você sentirá uma grande mudança em seu axé, suas incorporações serão maravilhosas e mágicas, sua cabeça será povoada de palavras lindas vindas de todas entidades, sua experiência como médium, cambono ou mesmo um assistido será magnífica.

Realmente o tempo não quer dizer nada para a espiritualidade. Nós iremos atrair tudo aquilo que vibrarmos; por outro lado, as almas precisam de espaço dentro de nós para se manifestarem de forma intensa e positiva, do contrário, elas não conseguem estar em um ambiente hostil onde existem sentimentos de amor por uns e ódio por outros.

Temos que agradecer antes de pedir simplesmente, pois, se não houver merecimento da nossa parte, nada acontecerá. Como um exu ou qualquer outra alma da linha poderá ajudá-lo se encontrar dentro de você imperfeições, sentimentos ruins espalhados pelo universo da sua mente, ódios e rancores a pessoas que você nunca perdoou mesmo tendo elas lhe pedido perdão. Essas tristes vozes continuarão dentro de você ecoando por muito tempo, talvez até décadas. Exu diz: “Não deseje mal a ninguém, só assim você irá compreender”. Ele ensina àquele que deseja aprender, por isso agradeça e não peça nada além disso.

O agradecimento é uma via rápida para sua evolução dentro dos caminhos da umbanda. Quando somos gratos por tudo que temos, as almas se agradam de nós. Sempre vai haver alguém em condições piores que você; devemos agradecer tudo, coisas boas e ruins fazem parte da construção da nossa percepção; as coisas boas nos oferecem prazer, às vezes até ilusões, já as coisas ruins são o mal necessário para nos colocar em nosso pequeno lugar.

Só é possível medir o amor em sua grandeza mediante a saudade, tristeza ou dor; a paixão só é possível calcular diante da ausente solidão por quem estamos apaixonados; só sabe o gosto do doce quem já sentiu o salgado das próprias lágrimas, do escuro, da noite, da vida e da morte; precisaremos de todas as versões da vida para nos tornarmos melhores.

Precisaremos de todas essas experiências em nossa jornada dentro da umbanda: dos orixás, das entidades, da senzala, de Aruanda. Existe um longo caminho de conhecimentos a percorrer, as almas irão esperar pacientemente a lapidação de nossos sentidos para só depois se mostrarem como elas realmente são.

Permaneça com fé e respeito pela religião, para se conectar com as almas. Por outro lado, jamais faça da umbanda a sua vida, você não pode depositar toda a sua esperança na espiritualidade, porque nem tudo é espiritualidade. Nossas vidas são divididas em muitas versões — materiais, espirituais e sentimentais. Não podemos cometer o erro de achar que tudo será resolvido dentro do terreiro de umbanda pois, como disse, nem tudo será espiritual.

Quem faz da umbanda sua vida destrói sua fé, comete injustiças com as entidades, pois esperam delas algo que elas não podem fazer. A umbanda é apenas uma parte de nossas vidas entre tantas outras. Muitas vezes, as demandas dependerão de você, de seu empenho e de sua força mental; a espiritualidade traz paz de espírito, humildade e a cura para aqueles que a buscam, todas as outras coisas dependem de nós enquanto seres humanos, não haverá colheita sem plantio, nem alimento sem esforço.

Quantos são aqueles que profanam palavras contra a umbanda e suas entidades por não terem seus pedidos realizados como desejavam? Um típico exemplo de injustiça contra a própria fé. Eu vi acontecer muitas e muitas vezes. Sua fé anda paralelamente à sua vida terrena, portanto, mesmo que frequente ou trabalhe na linha da umbanda, nunca se sinta divinizado por isso, achando que qualquer pedido será aceito, pois muitos não serão; talvez alguns sejam, as almas sabem o que é digno atender ou não.

Por isso, você tem que ter em mente estes princípios e ensinamentos deixados pelas almas, fazer da umbanda toda sua vida certamente irá bloquear sua evolução, pois estará constantemente desapontado com alguns acontecimentos contrários aos seus pedidos, e, por consequência, questionamentos virão à sua mente sobre a umbanda, é nessa hora que muitos perdem a fé e desistem de si mesmos dentro da religião.

Em tempos modernos, as disseminações distorcidas sobre a umbanda fazem com que a maioria das pessoas que entram na religião logo desistam; elas não ensinam a fé e sim feitiços milagrosos a todo tipo de entidades que nem sequer escutam aqueles que pedem.

Por isso, faça da umbanda uma parte de sua vida, assim como as outras coisas que compõem sua história, assim a terá para sempre em seu caminho e, como eu já havia dito, ela reservará grandes coisas para aqueles que nunca desistiram dela.

Um novo ponto chegou à minha mente, dessa vez ainda mais carregado de fé e ensinamentos para mim e meus irmãos, um ponto onde as almas respondem as perguntas sobre nossa fé e nosso destino após a morte.

CADA ESTRELA DO CÉU É UMA ALMA DA UMBANDA

Tem lua bonita no céu

Luz de Zambi, meu Pai Oxalá

E as estrelas cadentes que caem

São as almas que mandam para cá

Para trazer a luz de Aruanda

E a bênção dos orixás

Cada vela que acende quem canta

Essa prece para Zambi escuta

Zambi, meu Pai, é Rei de Aruanda

Cada estrela do céu é uma alma da umbanda

Zambi, meu Pai, é Rei de Aruanda

Cada estrela que cai é uma alma da umbanda

Por Cae Lopes

Quantas mensagens trazidas nesse ponto para acalmar nossos corações; as almas trazem lindas notícias para aqueles que têm fé.

Elas dizem "tem lua bonita no céu", ou seja, que todas as belezas e o universo pertencem a Zambi e ao seu filho, Oxalá; que as estrelas cadentes que caem são almas que voltam para cá. Quantas são as estrelas que caem todas as noites e todos os dias em nosso planeta? Eles nos dizem que são as almas voltando ao ventre de cada mãe, que carrega um filho reencarnando, um novo espírito.

Eles reafirmam que todos nós voltaremos para a pátria espiritual segundo nosso merecimento e nossa evolução. Alguns chegaram mais cedo, e outros, mais tarde, mas em algum momento todos se tornarão estrelas cadentes voltando para este mundo, para cumprir suas missões.

Todas as velas que acendermos serão vistas por eles, todos os nossos pedidos e as nossas súplicas serão ouvidos pelo Universo e por todas as linhas, desde entidades até os grandes orixás do plano superior do astral.

Quem canta faz encanto a todas as almas. Eles deixam bem claro que um canto de fé ecoará por todo o Universo, pelos quatro cantos do astral, e que Zambi o escutará. Ele é o rei de tudo que há neste mundo e em todos os outros também. Ele deixa as seguintes palavras para nós: "Não se preocupem, pois todos irão voltar para este mundo, mesmo que não se lembrem de nada. Quando reencarnarem em outro tempo e até mesmo em outro corpo, eu saberei quem tu és". Por fim, ele diz que somos estrelas do céu brilhando todas as noites, que a qualquer momento iremos cair, voltando espiritualmente para este mundo.

Como se fosse um jardim cheio de lindas e variadas flores, assim é a nossa umbanda, apenas estar ou frequentar intensamente um terreiro não será o suficiente para você sentir o perfume de cada uma dessas flores. Você precisará estar bem e preparado sentimentalmente para sentir cada uma das muitas fragrâncias que elas trazem consigo. Se você sentir o perfume de todas as flores ao mesmo tempo, jamais entenderá os aromas da umbanda. Ao andarmos pela senda da umbanda, deveremos ter calma e paciência, pois alguns aprendizados demoram mais do que outros, é preciso perceber as coisas da espiritualidade bem como todos os sinais que ela manda. Quem anda rápido demais dentro da umbanda não vê e nem percebe. Assim como andamos em um campo florido calmamente para não ferirmos as flores que carregam os valiosos conhecimentos, nós andaremos dentro da religião, porque, de outra forma, não iremos perceber tampouco aprender a umbanda como ela é.

Revendo cada ponto que escrevi, consegui enxergar muitas mensagens, exatamente como aquele espírito havia me dito, "novas visões do mundo e da espiritualidade, conte a todos o que vê", ele me disse. Então aqui estou eu contando tudo para vocês e para mim mesmo.

Os exus e as pombagiras são as entidades mais emblemáticas e místicas da umbanda, porém também são os mais incompreendidos, pois são constantemente confundidos com demônios. Certa vez, o Senhor Sete Covas me deixou um ponto falando sobre sua missão em terra, desmistificando sua fama e deixando uma linda mensagem para aqueles que têm fé.

EXU SETE COVAS

Desenterra o defunto que nesta noite tem prosa

O quem julgar é Exu Sete Covas

Se o filho foi bom, pode passar

Vai em paz descansar

Se for ruim, vai voltar

Para o fundo da cova para pagar

Exu Sete Covas julga o bem
Se tu fez o bem, no céu vai morar
Mas, se fez maldade nesta vida,
No fundo da cova vai ficar

Por Cae Lopes

Ele nos diz que todos nós passaremos pelo crivo da espiritualidade antes de prosseguimos para Aruanda ou para o umbral; que, a partir da meia-noite, por todos os cemitérios, todos nós seremos chamados por ele, entre outros exus, sob a terra debaixo das covas para o julgamento de nossos destinos.

le diz que aquele que foi bom e justo poderá se levantar da cova e passar andando entre eles sem que nada aconteça, porém, aqueles que foram injustos em sua existência terão outro tratamento, pois Exu conhece o passado de todos nós e irá julgar com verdades nossas ações. Exu não reza e também não tem misericórdia de quem mentiu e magoou seus irmãos em sua caminhada pela vida, pois o perdão não pertence a ele e sim a Oxalá. Ele não está lá para salvar e sim para aplicar a lei para todos nós segundo os merecimentos.

Segundo Exu Sete Covas, os bons vão embora para o astral superior junto aos espíritos de luz, já aqueles que deixaram um rastro de maldade pelo mundo, a cova será sua morada pelos séculos dos séculos, entre sofrimentos e aprendizados, até que chegue o dia de sua ascensão para o astral como um novo ser consciente de todos os seus erros.

Uma mensagem muito importante deixada por Exu Sete Covas, que nos leva a rever nossos atos e nossas reflexões sobre os verdadeiros valores da vida enquanto aqui neste mundo estivermos, é que ninguém que anda sobre a terra é dono da verdade, pois a verdade está acima da terra, no mundo celestial, onde existem milhares de almas iluminadas, anjos de luz, mentores, orixás, entre tantos outros seres que lá habitam.

Seja humilde, ele nos diz, que de sua boca saiam apenas verdades, assim terá um caminho iluminado até Aruanda, do contrário, o escuro da cova pacientemente aguardará o seu dia chegar. Pensemos sobre isso, afinal somos tão pequenos.

Assim vieram muitos pontos de umbanda que até o presente momento somam quase 500, por mim e pelas almas. Existem muitas interpretações a serem feitas, que estarão escritas em meus próximos livros sobre os sentimentos da umbanda. Há muito o que contar sobre o sentir, que é a base de tudo, como eu havia dito. O sentimento é a porta de entrada para nossa religião, não haverá outra forma de entrar sem o sentir, isso é obrigatório para quem deseja seguir seu caminho na umbanda. Mais do que decorar os livros e as histórias sobre orixás e entidades, deveremos nos aperfeiçoar no sentir, perdoando aqueles que nos magoaram e também sendo perdoados.

Minhas considerações sobre tudo isso que aconteceu

Desde quando eu pisei no terreiro de umbanda, tive a oportunidade de viver experiências magníficas. Toda minha vida foi norteada por acontecimentos espirituais, foi na gira de umbanda que entendi muitas coisas, eu agradeço a Zambi por todas as coisas que vivi nesta caminhada de aprendizado. Foram muitas noites chorando e desdenhando meu próprio destino, quantas e quantas vezes eu questionei a espiritualidade sem entender o que estava fazendo, quantos foram os sinais que recebi eu não percebi, sorte daqueles que conhecem todas as versões da vida como eu conheci. Devemos agradecer a tudo que a vida nos oferece, só assim poderemos dizer eu vivi e aprendi. Amor, saudade, dor, tristeza, remorso, perdão perda, ganho, enfim... tudo que experimentamos será fundamental para nossa ressurreição em nós mesmos.

Só alguém que sentiu a dor poderá identificar o amor quando ele chegar; só quem sentiu o amor poderá entender o amargo de uma saudade quando o perder. Foi assim que eu cheguei à umbanda, pronto para entender tudo sobre minha vida e voltar, refazendo meus caminhos na forma do perdão para os outros e para mim mesmo.

Quantas vezes inundei o chão do terreiro com minhas lágrimas? E, muitas vezes, eu não sabia por que chorava. Mas as almas sempre souberam porque eu chorava, pois cada lágrima que caía era um degrau que eu evoluía dentro da espiritualidade; a lei da umbanda é invisível aos olhos dos vaidosos e imperceptível aos olhos dos que querem se tornar seres humanos melhores.

A umbanda salva e cura as pessoas, assim como me salvou. Ela é uma longa estrada de muitas paisagens, precisamos estar atentos aos sinais, pois, como eu já havia dito, muitas vezes perderemos o sentido dentro de um terreiro de umbanda, mas tudo isso faz parte. Muitas vezes temos que nos perder para nos reencontrarmos em nossa fé; a umbanda nunca desistirá de nós; as almas nunca se cansam e estarão sempre tentando nos fazer enxergar as coisas verdadeiras da vida.

A almas da umbanda têm um plano para cada um de nós a partir do momento que pisamos no chão do terreiro; elas sabem exatamente o que precisamos aprender, assim como também sabem quanto tempo precisaremos para conseguir entender tudo que aconteceu em nossas vidas; as almas nos farão enxergar todos os nossos defeitos e erros, porém esse processo pode demorar mais para uns do que para outros, pois tudo dependerá do grau de compressão de cada um; uns terão alguma compreensão sobre a vida quando chegarem ao terreiro, enquanto outros nunca sequer a tiveram. Por isso, é preciso ficar dentro da senda e nunca desistir da religião, pois desistir da umbanda seria como desistir de você mesmo e perder a oportunidade de se conhecer como alma e essência.

Eu continuarei compondo para nossa umbanda, agora recebo pedidos de muitos irmãos que apoiam meu trabalho. Lembra quando disse que temos de estar preparados para os sinais? Este é mais um sinal: centenas de almas, através das pessoas, me influenciando a escrever um canto para que elas se encantem ainda mais pelos terreiros e trabalhos de caridade.

Eu espero que todos vocês possam ter a oportunidade de viver esta grande experiência que é a umbanda de verdade, sem interesses, a não ser os das próprias almas de luz, a umbanda pura e cristalina assim como ela realmente é, muitos irão distorcê-la por interesses próprios, porém nunca se esqueça de que a umbanda é pura na sua essência, ela sempre será inocente, pois almas não têm maldade, elas são justas e verdadeiras.

Venham para a senda da umbanda em busca de si. Vocês irão se encontrar, assim como eu me encontrei, pois cada um de nós tem as próprias histórias. Venham ao encontro das almas e de vocês mesmos, deixem que as tristezas e mágoas desçam pelas correntezas da vida rumo ao mar do esquecimento para todo o sempre. O amor como um todo é um sentimento que pertence à nossa umbanda.

Seguem todos os pontos que escrevi até o presente momento, que foram o real motivo para escrever este livro, que foram o ponto de partida e o início de tudo para minha compreensão da umbanda e da minha missão dentro da religião.

MARINHEIRO

Ó Marinheiro, leva seu filho benzer.
Ó Marinheiro, leva seu filho benzer.
Bença de Oxum, de Iemanjá vem receber.
Bença de Oxum, de Iemanjá vem receber.

E no filho de fé ele vem trabalhar,
Vem trazer no terreiro, a bença do mar
Vem no filho de fé ele vem trabalhar,
Vem trazer no terreiro a bença do mar.

Ó Marinheiro, leva seu filho benzer.
Ó Marinheiro, leva seu filho benzer.
Bença de Oxum, de Iemanjá vem receber.
Bença de Oxum, de Iemanjá vem receber.

Salve o povo do rio, salve o povo do mar
Vem na fé, marinheiro, no terreiro rezar.
Salve o povo do rio, salve o povo do mar.
Vem na fé, marinheiro, no terreiro rezar.

ROSA VERMELHA

Quando a Rosa Vermelha chega, quanta graça no ar
Abre os caminhos da vida, ensina os filhos a andar.
Quando a Rosa Vermelha chega, o filho vem proteger (os filhos)
No rodado da saia, a Rosa veio lhe ver. (a taça é pra você)

Moça bonita chegou, chegou pra trazer.
Moça bonita chegou, chegou pra cruzar.
Deixa a Pomba girar, girar, deixa a Pomba girar, girar.

Quando a Rosa Vermelha chega...

PRETO-VELHO JOÃO DAS ALMAS

Preto-Velho que anda no mato, Preto-Velho, vem logo me ver.
Santo Nego João das Almas, de Omulu, Obaluaê. 2x.

Quando o nego vem benzer, quando o nego vem trabalhar,
Leva as tristezas dos filhos de Deus, nas cachoeiras, pro fundo do mar. 2x.

Preto-Velho que anda no mato, Preto-Velho, vem logo benzer.
(2ª vez — me ver).
Santo Nego João das Almas, de Omulu, Obaluaê. 2x.

Quando o nego vem benzer, quando o Nego vem trabalhar,
Leva as tristezas dos filhos de Deus, nas cachoeiras, pro fundo do mar. 2x.

Quando o nego vem benzer, reza a coroa de Orixá
Pede firmeza a Obaluaê, com permissão de Oxalá. 2x.

Preto-Velho que anda no mato, Preto-Velho, vem logo benzer.
Santo Nego João das Almas de Omulu, Obaluaê. 2x.

OXUM E IEMANJÁ

Quando o rio encontrou o mar, Oxum encontrou Iemanjá.
A bença que veio do rio, a bença que estava no mar: Oxum, Iemanjá.

Salve, Rainha do mar, abençoa os filhos de fé,
A tristeza do meu coração, no remanso de sua maré,
Oxum leva a minha dor pra correnteza do rio
E me banha com o teu amor.

Quando o rio encontrou o mar, Oxum encontrou Iemanjá.
A bença que veio do rio, a bença que veio do mar: Oxum, Iemanjá.

Salve, Rainha do Mar, abençoa os filhos de fé,
A tristeza do meu coração, no remanso de sua maré,
Oxum leva a minha dor pra cachoeira do rio
E me banha com o teu amor.

EXU MEIA-NOITE

Deu meia-noite na encruzilhada, Seu Meia-Noite na madrugada já vai chegar.
Na hora grande, enche o marafo, acende o charuto pra ele fumar.

Deu meia-noite na encruzilhada, Seu Meia-Noite na madrugada já vai chegar.
Quem chamou, quem pediu, Seu Meia-Noite ouviu, Exu veio ajudar.
Exu êh Mojubá, Laroyê, Mojubá.
Seu Meia-Noite chegou pra demanda quebrar.
Dê pra ele beber, dê pra ele fumar.
Meia-Noite é Exu, Laroyê, Mojubá,
As almas ruins na corrente ele veio buscar.

Meia-Noite é Exu, Laroyê, Mojubá, as almas ruins na corrente ele veio buscar.

Deu meia-noite na encruzilhada, Seu Meia-Noite na madrugada vai rodear.
Na hora grande, enche o marafo, acende o charuto pra ele fumar.
Deu meia-noite na encruzilhada, Seu Meia-Noite na madrugada vai rodear.

Quem chamou, quem pediu, Seu Meia-Noite ouviu, Exu veio ajudar.
Exu êh Mojubá, Laroyê, Mojubá.
Seu Meia-Noite chegou, pra demanda quebrar.
Dê pra ele beber, dê pra ele fumar, Meia-Noite é Exu, Laroyê, Mojubá,
As almas ruins na corrente, ele veio levar.

Seu Meia-Noite é Exu, Laroyê, Mojubá, as almas ruins na corrente, ele manda levar.

EXU TIRIRI

Olhe quem vem lá, olhe quem vem aí,
Salve a sua banda, é Seu Tiriri. 3x.

Ele vem pra quebrar, a demanda levar, os filhos proteger.
Ele muda o destino e abre os caminhos que o filho não vê.
Nas encruzas da vida, quem fala mais alto é Seu Tiriri.
Abre a gira de umbanda e firma o ponto que ele tá aqui.
Ele vem pra quebrar a demanda levar, os filhos proteger
Ele muda o destino e abre os caminhos que o filho não vê

Nas encruzas da vida, quem fala mais alto é Seu Tiriri.
Abre a gira de umbanda e firma o ponto que ele tá aqui.

Olhe quem vem lá...

OBALUAÊ

Nesse terreiro tem muita fé, se rezar forte, Orixá vem ver.
E quem pediu as Santas Almas ajudou, salve o povo de Obaluaê.

Obaluaê, traz sua força pra mim, vem curar minha chaga
Na minha dor põe um fim. 2x.

Nesse terreiro tem muita fé, se rezar forte, Orixá vem ver.
E quem pediu as Santas Almas ajudou, salve o povo de Obaluaê. 2x.

Obaluaê, traz sua força pra mim, vem curar minha chaga
Na minha dor põe um fim. 2x.

Nesse terreiro tem muita fé, se rezar forte, Orixá vem ver.
E quem pediu as Santas Almas ajudou, salve o povo de Obaluaê.

JOÃO DAS ALMAS, VÓ CATARINA, VÓ MARIA SINHÁ

Pai Joaquim de Angola, Pai José de Aruanda,
Pai Tomé, Benedito, salve o povo da umbanda!
Vô João das Almas, Vovó Catarina, Vó Maria Sinhá,
Salve as Almas Divinas, vem benzer esse terreiro.
Não demora, trabalhador de Aruanda da última hora.

Abre a porta pros pretos-velhos, deixa os velhos trabalhar. 2x.

Ele vem no terreiro benzer, ele vem no terreiro rezar. 2x.

Pai Joaquim de Angola, Pai José de Aruanda,
Pai Tomé, Benedito, salve o povo da umbanda!
Vô João das Almas, Vovó Catarina, Vó Maria Sinhá,
Salve às Almas Divinas, vem benzer esse terreiro.

Não demora, trabalhador de Aruanda da última hora. 2x.

Abre a porta pros pretos-velhos, deixa os velhos trabalhar. 2x.

Ele vem no terreiro benzer, ele vem no terreiro rezar 2x.

Pai Joaquim de Angola...

EXUS

Se chama Exu, Exu vem ajudar, laroyê e mojubá. 2x.

Seu Tranca-Ruas veio da encruzilhada, Sete Porteiras chegou pra confirmar
Tatá Caveira veio firmar o seu ponto, Seu Meia-Noite as almas ruins veio buscar.
Exu do Lodo, Marabô e Zé Pilintra, Seu Pinga Fogo, Omulu e Tiriri,
Exu da Praia, do Cruzeiro, Exu do Rio, Exu Calunga, Exu Caveira e Tiriri.

Se chama Exu, Exu vem ajudar, laroyê e mojubá. 2x.
Seu Tranca-Ruas veio da encruzilhada, Sete Porteiras chegou pra confirmar
Tatá Caveira veio firmar o seu ponto, Seu Meia-Noite as almas ruins veio buscar.
Exu do Lodo, Marabô e Zé Pilintra, Seu Pinga Fogo, Omulu e Tiriri,
Exu da Praia, Exu Cruzeiro, Exu do Rio, Exu Calunga, Caveirinha, Exu Mirim.

Se chama Exu, Exu vem ajudar, laroyê e mojubá. 3x.

PAI ROGÉRIO PRADA

Ainda no ventre, Oxalá clareou, pediu aos orixás
Para encarnar no menino uma alma de amor.
Mãe de Santo Ogã deu à luz um pequeno, um menino nasceu.
Batizou na umbanda, ele veio no mundo a serviço de Deus.
Se cobriu de branco, no terreiro cresceu. No tamanho, pequeno,
Na fé tinha a altura das asas de Deus. Recebeu as coroas, diante do congá.
Riscou o seu ponto, para as almas de luz poder trabalhar.

Oh, quanta fé tem esse menino do terreiro. 2x.
Por onde andava, dava um clarão, tinha a luz de um candeeiro. 2x.

E o destino escreveu, como as almas pediu. Muitos anos depois, quando já era moço
Uma voz ele ouviu: "Vá se embora agora, já deu sua hora, teu dia chegou.
Leva todos seus santos, sua missão maior é espalhar o amor".
Juntou pouca gente numa sala, um tambor.
Numa noite de reza, um Caboclo de Oxóssi em terra chegou.
E depois da firmeza, chegou Pai Tomé, se ajuntou com Dom Bosco
E Seu Sete Porteiras confirmou a fé.

Oh, quanta fé tem esse menino do terreiro. 2x.
Por onde andava, dava um clarão, tinha a luz de um candeeiro. 2x.

E assim se fez, orixá pediu, o povo chegou.
Na sala pequena, não cabia a gente que Deus mandou.
Toca o tambor, Ogã, que nasceu um terreiro de muita fé.
A Casa é Dom Bosco, o Pai é Rogério, Preto-Velho é Tomé. 2x.

Pai Rogério Prada, a gente tem a agradecer (na 2ª vez — a gente vem)
Por sua fé, sua caridade, os teus filhos vem benzer.
Pai Rogério Prada, salve as almas e os orixás!
Que o povo que vem de Aruanda ilumine o seu congá. 2x.

TRANCA-RUA

Ó, quem chamou, quem chamou, Seu Tranca-Rua escutou,
Se tu merecer, ele vem te ver, vem trazer sua proteção.

Salve seu Tranca, Exu, laroyê, mojubá
Pisa nesse terreiro, esse povo veio te ver. (na 2ª vez — lhe ver).
Com muito respeito, saudamos Exu, pode chegar.
Na gira de umbanda, é seu Tranca-Rua quem vai falar. 2x

Salve seu Tranca-Rua, êêê, salve seu Tranca-Rua, ah, ah,
Salve sua Banda, laroyê, nesse terreiro vem trabalhar. 2x.

Oh, quem chamou, quem chamou...

EXU SETE PORTEIRAS

Firma o ponto, Ogã, que essa noite é de lua cheia.
Quem vai chegar é Sete Porteiras. 2x.

Se tu pediu, ele escutou. Se tu merecer, ele vai te dar.
Se tiver justiça no teu pedido, as portas do mundo se abrirão.
Acende as velas e baixe oferenda com muito respeito pra Exu chegar,
As portas que seu Sete Porteiras abre, ninguém desse mundo consegue fechar.

Firma o ponto, Ogã...

PRETOS-VELHOS

Quantos filhos vi morrer pendurados no laço do cipó
Sem poder defender, não podia falar, se esse preto falasse, mandava matar.

Era assim que eu vivia no tempo de escravo, era triste a senzala
A noite era fria, acordava assustado (de noite dormia)
Com os gritos dos pretos no tronco lá fora.

Esse preto sofreu demais, Oxalá clareou, deu paz.
Fizeram esse preto sofrer, Preto-Velho chegou, vem ver. 2x.

Quantos filhos vi morrer...

OGUM BEIRA-MAR

Escuta o canto que vem lá do mar, êh, ôh, êh, oh!
Vem chegando na beira do mar, êh, ôh, êh, oh!
No terreiro, Ogum vai chegar, êh, ôh, êh, oh!
Salve, Ogum! Salve, Ogum Beira-Mar, êh, êh, êh, ah! 2x.

Se chamar Ogum, Ogum vem ver
Filho, pede a Ogum pra te benzer,
E com fé pede a Ogum pra te cruzar,
A espada de Ogum vai te guardar. 2x.
Escuta o canto que vem lá do mar, êh, ôh, êh, oh!

XANGÔ

Filho de fé fez um pedido, foi na pedreira e entregou, entregou
Proteção no seu caminho, no seu caminho, com muita fé ajoelhou, ajoelhou.
E a quem lhe fez um dia mal, lhe fez mal, naquela hora perdoou, perdoou.
E entendeu que nessa vida, êh, meu Pai, quem faz justiça é Xangô.

Filho de fé fez um pedido, foi na pedreira e entregou
Muita fé no seu caminho, com muita fé ajoelhou,
E a quem lhe fez um dia mal, naquela hora perdoou,
E entendeu que nessa vida, quem faz justiça é Xangô.

Filho de fé fez um pedido...

OBALUAÊ

Deus criou a Terra, as estrelas do céu e a luz do luar.
Clareou as Santas Almas, para vir neste mundo poder ajudar.
E deu luz aos orixás para vim nessa terra os filhos benzer.
Oxalá quem levantou, deu o dom de cura a Obaluaê.

Se pediu pra curar, peça pra Obaluaê. 2x.
Tem permissão de Oxalá, orixá vai cuidar de você. 2x.

Na correnteza do rio, na cachoeira, no fundo do mar,
Se tem fé em Obaluaê, a sua demanda vai carregar.
Tenha humildade, meu filho, e faça pedido pra orixá.
Risca seu ponto no chão, acende as velas, ele vai te ajudar.

Se pediu pra curar...

EXU

Diga laroyê, quando Exu chegar! Diga laroyê, quando Exu chegar!
E derrama marafo no chão, acende um charuto pra ele fumar.
Põe fogo na pólvora, quebrando a demanda, fumaça no ar.
Acende as velas nos cantos e na porta da casa pra confirmar.
Filho de Santo tem fé, chamou com respeito, Exu vai chegar.

OXUM

Na beira do rio, eu vim rezar. Na beira do rio, te encontrar.
Na beira do rio, oferecer, flores pra Oxum, vim receber.

Na beira do rio, eu vim rezar. Na beira do rio, te encontrar.
Na beira do rio, te oferecer, minha Mãe Oxum, vem receber.

Quanto amor Tu tem pra dar, se o filho tem fé em Tu,
Se banhar nas águas do rio, (me banhar) nos braços de Oxum.

Trago flores pra você, nessas águas me benzer.
Minha Mãe Oxum, eu vim te ver.

Na beira do rio, eu vim rezar...

MARINHEIRO

Salve o povo do rio, salve o povo do mar, Marinheiro chegou, ele veio rezar. 2x.

Ele veio do mar, com uma vela na mão, clarear os caminhos de quem lhe chamou,
Se guiou no Cruzeiro, ele é marinheiro, nos mares da vida, ele navegou.

Se tem fé, pede agora, ele vem na marola, na onda do mar, ele vem te ajudar.
Tem lua no céu prateada, no mar faz estrada, Marinheiro chegar.

Ele veio do mar... chegar.

Salve o povo do rio... 3x.

Ele veio do mar... chegar.

Salve o povo do rio... 3x.

EXU GIRA-MUNDO

Olha a volta que o mundo dá, o mundo girou.
Ele deu uma volta no mundo, Seu Gira-Mundo chegou. 2x.

Quem fez causa nessa vida, ele vem cobrar.
Quem se escondeu nesse mundo, ele vai achar.
Esse exu é de lei, gira o mundo sem parar.
Não deseje mal a ninguém, porque nesse mundo tem exu pra te cobrar.

Olha a volta que o mundo dá, o mundo girou.
Ele deu uma volta no mundo, Seu Gira-Mundo chegou. 2x.

Quem fez causa nessa vida... te cobrar.

Olha a volta que o mundo dá... chegou. 2x.

PRETO-VELHO

Eu andei por aí, fui um preto sofrido, morei na senzala
E no frio do sereno da madrugada quanto eu sofri!

Eu andei por aí e no dia da morte, eu vi um clarão,
Um preto mais velho segurou minha mão,
E me disse meu filho não vai mais sofrer.

Eu andei por aí, conheci as estrelas, andei no astral,
Enxerguei todo o mundo, o bem e o mal,
Nessa hora uma voz me falou. (voz me chamou).
Ó nego, eu tava lá, quando te vi sofrer, quando te vi chorar.

Ó nego, eu tava lá, naquelas noites tristes, eu te vi rezar.
Era tanta fé que tu tinha, nego, que Oxalá me falou: vai buscar esse preto,
Ascende esse nego (esse Preto) a Preto-Velho, Xangô.

Nego, nego, nego, vai trabalhar. Nego, nego, e vai rezar,
Nego, nego, a quem chamar. Nego, nego 2x.

Eu andei por aí, fui um preto sofrido, morei na senzala... Nego 2x.

MEIA-NOITE

Escutei um grito na encruzilhada, tinha gente rindo lá.

Já passava da meia-noite, tive medo, mas fui lá.
Já passava da meia-noite, quando eu vi Exu chegar. 2x.

Vim pedir bença pra Tu, na encruzilhada eu vim sozinho.
Muito respeito por Exu, peço a Tu pra cuidar do meu caminho,
Da meia-noite ao amanhecer, vou ficar na encruza com Exu.
Exu de Lei foi coroado, quem levantou foi Pai Ogum!

Já passava da meia-noite, tive medo, mas fui lá... Pai Ogum.

Já passava da meia-noite, tive medo, mas fui lá.
Já passava da meia-noite, quando eu vi Exu chegar.

NA GIRA DE UMBANDA

Foi na gira de umbanda que eu vi chegar Preto-Velho, Caboclo pra trabalhar.
Foi na gira de umbanda que eu vi chegar Marinheiro, Baiano pra conversar.

Foi na gira de umbanda (4x).

Foi na gira de umbanda que eu vi chegar Preto-Velho, Caboclo pra trabalhar.
Foi na gira de umbanda que eu vi chegar Marinheiro, Baiano pra conversar.

Foi na gira de umbanda (4x).

Se o filho tem fé, no terreiro ele vai, vai pedir sua bênção a Oxalá, nosso Pai.
Se tiver humildade, as almas se encantam, no terreiro recebe a luz da umbanda.
Foi na gira de umbanda (4x).

Foi na gira de umbanda que eu vi chegar Marinheiro, Caboclo pra trabalhar.
Foi na gira de umbanda que eu vi chegar Preto-Velho, Caboclo pra trabalhar.

Foi na gira de umbanda (4x).

CABOCLO TUPINAMBÁ

Escutei um barulho dum galho quebrando no meio do mato,
Ele vinha cantando, seu brado era forte, ecoava no espaço.
Defuma o terreiro e acende as velas pra ele chegar.
Abre a gira de umbanda, que é Caboclo Tupinambá! 2x.

Caçador Guerreiro e quem mandou foi Oxóssi, meu Pai!
Ele vem no terreiro trazer pros seus filhos a mensagem da paz!
Ogã, toque tambor, é bonito demais ver Caboclo bradar!
Agradeço a Oxóssi mandar no terreiro Tupinambá. 2x.

Escutei um barulho dum galho quebrando no meio do mato,
Ele vinha cantando, seu brado era forte, ecoava no espaço.
Defuma o terreiro e acende as velas pra ele chegar.
Abre a gira de umbanda, que é Caboclo Tupinambá!

Caçador Guerreiro e quem mandou foi Oxóssi, meu Pai!
Ele vem no terreiro trazer pros seus filhos a mensagem da paz!
Ogã, toque tambor, é bonito demais ver Caboclo bradar!
Agradeço a Oxóssi mandar no terreiro Tupinambá.
Agradeço a Oxóssi mandar no terreiro Tupinambá.

ZÉ DO COCO

Ó meu Senhor, dá licença de eu entrar, vim da Bahia nessa gira trabalhar,
Não repare no meu jeito de falar, sou Zé do Coco e vim pra abençoar. 2x.

Na gira de capoeira, na beira do mar, meu Pai Obaluaê mandou eu vim ajudar. 2x.

Ó meu Senhor, dá licença de eu entrar, vim da Bahia nessa gira trabalhar,
Não repare no meu jeito de falar, sou Zé do Coco e vim pra abençoar.

Na roda de capoeira, na beira do mar, meu Pai Obaluaê mandou eu vim ajudar. 2x.

Ó meu Senhor, ... Abençoar.

Ó meu Senhor, dá licença de eu entrar.

EXU GANGA

Firma o ponto com fé, quem vem lá, quem vem lá é Exu Ganga. 2x.

Tenha respeito, meu filho, nesse terreiro, quando ele chegar
Exu muito antigo no mundo, ele é respeitado por onde andar.
Tenha humildade, meu nego, que a sua demanda ele vai levar
Vai despachar no Cruzeiro, seu nome a Omulu ele vai entregar.

Firma o ponto com fé, quem vem lá, quem vem lá é Exu Ganga. 2x.

Tenha respeito, meu filho... Exu Ganga. 2x.

Firma o ponto com fé, quem vem lá, quem vem lá é Exu Ganga.

PRETO-VELHO

Esse preto tá velho, pendura no pau e deixa morrer.
Já era noitinha quando ele falou, pendurado no pau pedia ao Senhor:
Zambi, meu Pai, vem socorrer, dessa noite eu não passo, no pau vou morrer.

Já era de madrugada, êeeh, eu vi um clarão
Dois pretos desceram do céu e outro preto veio da escuridão
Se apresentou como Exu, dos dois pretos beijou a mão
E me tiraram do tronco e me deram a missão.

Esse preto tá velho ... me deram a missão.

E um dos pretos falou: eu vim de Aruanda pra te coroar.
Teu sofrimento acabou, Oxalá quem mandou essa luz te entregar.
Esse exu que tá aqui foi Ogum quem mandou pra te proteger
Nos terreiros de umbanda pela eternidade estará com você.

Já era de madrugada, êeeh... e me deram a missão.
Já era noitinha quando... me deram a missão.

E me tiraram do tronco e me deram a missão.
E me tiraram do tronco e me deram a missão.

O CANTO DOS ORIXÁS

Ecoou o canto dos Orixás, em noite de lua, no imenso do céu, em todo lugar.
Ecoou o canto dos Orixás, lá na pedreira, na beira do rio, no fundo do mar.
Ecoou o canto dos Orixás, quem tem fé na Mãe D'Água, acende as velas pra Iemanjá.
Ecoou o canto dos Orixás, quem pede a Ogum, as batalhas da vida pode ganhar.
Ecoou o canto dos Orixás, quem pede a Xangô pra trazer a justiça pro seu caminhar.
Ecoou o canto dos Orixás, quem pede a Oxum pra guardar os caminhos por onde andar.
Ecoou o canto dos Orixás, quem pede a Oxóssi mandar os Caboclos pra ajudar.
Ecoou o canto dos Orixás, quem pede a Iansã, tristezas da vida no vento levar.
Ecoou o canto dos Orixás, doença tem cura, Obaluaê vai curar.

"Ecoou o canto dos Orixás, salve a Umbanda, a Zambi, meu Pai Oxalá". 3x.

BOIADEIRO

Êh boi, êh boi, êh boi, êh boi, êh boi!

Escutaram de longe ele chegar, boiadeiro de fé, salve, Jetruá!
No terreiro de umbanda, ele veio ajudar. 2x.

Abre a gira de umbanda, que boiadeiro chegou,
Abre a gira de umbanda, que boiadeiro chegou.

Se tem fé, pede agora, amarra no laço pra ele levar.
Salve a boiada, êh boi, boiadeiro Jetruá!

Abre a gira de umbanda ... Jetruá!

"Êh boi! Escutaram de longe ele chegar, Boiadeiro de fé, salve Jetruá!
No terreiro de umbanda ele veio ajudar". 2x

Abre a gira de umbanda ... Jetruá!
Abre a gira de umbanda ... Jetruá!

Se tem fé, pede agora amarra no laço pra ele levar
Salve a boiada, êh boi, boiadeiro Jetruá!
Êh boi, êh boi, êh boi, êh boi, êh boi!

EXU MARABÔ

(Falado: Laroyê Exu! Salve, Marabô! Salve sua Banda! Salve a sua força!)
E o chão tremeu lá na encruzilhada quando chegou
Fez rastro de fogo pelo caminho onde pisou
E quem tava lá baixou oferenda e se arrepiou
É Tatá de Umbanda, é Exu de Lei, é seu Marabô!

Não peço mal a ninguém, eu vim firmar.
Sou Filho de Santo, vim me guardar!
A quimbanda, na umbanda a encruza é de Lei vim falar
Peço, Exu Marabô, guarda meus caminhos por onde andar!

E o chão tremeu lá na encruzilhada quando chegou
Fez rastro de fogo pelo caminho onde pisou
E quem tava lá baixou oferenda e se arrepiou
É Tatá de Umbanda, é Exu de Lei, é seu Marabô! 2x.

Não peço mal a ninguém, eu vim firmar.
Sou Filho de Santo, vem me guardar!
A quimbanda na umbanda é encruza de Lei vim falar
Peço, Exu Marabô, guarda meus caminhos por onde andar!

Não peço mal a ninguém, eu vim firmar.
Sou Filho de Santo, vem me guardar!
A umbanda na umbanda é encruza é de Lei vim falar
Peço, Exu Marabô, guarda meus caminhos por onde andar!

E o chão tremeu lá na encruzilhada quando chegou
Fez rastro de fogo pelo caminho onde pisou
E quem tava lá baixou oferenda e se arrepiou
É Tatá de Umbanda, é Exu de Lei, é seu Marabô!

SOU FILHO DE SANTO

Êh, êh, êh, êh!!!! Sou Filho de Santo, não mexe comigo, não paga pra ver.

Êh, êh, êh, êh!!!! Meu Pai é Ogum, minha Mãe é Oxum, Obaluaê!

Na gira de umbanda, me visto de branco e confirmo a fé.
Me dá uma tonteira, eu deixo rodar, vem quem Deus quiser.
Preto-Velho, Caboclo, as Almas da Linha de Omulu.
Sou Filho de Fé, recebi na encruza a Coroa de Exu.

Êh, êh, êh, êh!!!! Sou Filho de Santo... não paga pra ver.
Êh, êh, êh, êh!!!! Meu Pai é Ogum ... é Oxum, Obaluaê! 2x.

Na gira de umbanda... a Coroa de Exu.

Êh, êh, êh, êh!!!! Sou Filho de Santo... não paga pra ver.
Êh, êh, êh, êh!!!! Meu Pai é Ogum ... é Oxum, Obaluaê!

Êh, êh, êh, êh!!!! Sou Filho de Ogum ... é Oxum, Obaluaê!

Na gira de umbanda... a Coroa de Exu.
Êh, êh, êh, êh!!!! Sou Filho de Santo... não paga pra ver.

Êh, êh, êh, êh!!!! Meu Pai é Ogum ... é Oxum, Obaluaê!
Êh, êh, êh, êh!!!! Sou Filho de Santo... não paga pra ver.

PRETO-VELHO

Saravá, Preto-Velho, quanta mandinga tu tem,
Saravá, Preto-Velho, na gira de umbanda tem hora,
Saravá, Preto-Velho, de todas as linhas das almas,
Quem chegou no terreiro são os pretos-velhos de Angola. 2x.

Pai Zulu, Benedito, Joaquim, Pai José, Pai João,
Pai Francisco das Almas, do Congo, Caetano, Dindó, Julião,
Eles vêm de Aruanda ensinar os seus filhos humildade, a fé,
Que a melhor oração é o perdão do irmão, é o que Deus mais quer.

Pai Zulu, Benedito, Joaquim, Pai José, Pai João,
Pai Francisco das Almas, do Congo, Caetano, Dindó, Julião,
Eles vêm de Aruanda ensinar os seus filhos humildade, a fé,
Que a melhor oração é o perdão do irmão, é o que Deus espera e quer.

Saravá, Preto-Velho, quanta mandinga Tu tem,
Saravá, Preto-Velho, na gira de umbanda tem hora,
Saravá, Preto-Velho, de todas as linhas das almas,
Quem chegou no terreiro são os pretos-velhos de Angola. 2x.

FILHO DE SANTO

Nesse terreiro vim rezar, vim rezar. Pras almas de luz, pros orixás, orixás.
Na porteira acendo vela pra Exu, Exu. Peço meus caminhos ele guardar, me guardar.
Filho de Santo é assim, rezador. Ele pede pras almas abençoar,
E na tronqueira pede Exu os inimigos perdoar.

Nesse terreiro eu vim rezar. Pras almas de luz, pros orixás.
Na tronqueira acendo vela pra Exu, peço meus caminhos ele guardar.
Filho de Santo é assim, rezador. Ele pede pras almas abençoar.
E na tronqueira pede Exu pros inimigos perdoar.

Filho de Santo é assim, rezador. Ele pede pras almas abençoar,
E na tronqueira pede Exu os seus caminhos lhe guardar.
E na tronqueira pede Exu pros inimigos perdoar.

ROSA NEGRA

Foi na gira que eu vi a Rosa Negra chegar
E no terreiro quem tava sentiu o perfume no ar. 2x.

Ela chegou da encruza pra quebrar a demanda.
Quem tem fé nessa moça, diga: salve a sua banda!
Erga um brinde pra ela, que champanhe ela beba!
Ela é forte na encruza, ela é Rosa Negra! 2x.

Foi na gira que eu vi a Rosa Negra chegar

E no terreiro quem tava sentiu o perfume no ar. 2x.

Ela chegou da encruza pra quebrar a demanda.
Quem tem fé nessa moça, diga: salve a sua banda!
Erga um brinde pra ela, que champanhe ela beba!
Ela é forte na encruza, ela é Rosa Negra! 2x.

QUIMBANDA NA UMBANDA

A quimbanda na umbanda encruza, Exu anda junto com filho de fé. 2x.

Meu Senhor, pode chegar, meu Senhor, pode chegar.
Meu Senhor, pode chegar, nessa casa o Senhor pode chegar.
Tranca-Rua, Seu Marabô, Tiriri, Ganga, Sete Porteiras,
Exu do Lodo, Exu do Rio, Seu Gira-Mundo, Tatá Caveira,
Sete Catacumbas, Seu Capa Preta, Exu é Lei, é aroeira.
Quimbanda na umbanda encruza bem
E quem chama Exu ele vem na porteira.

A quimbanda na umbanda ... ele vem na porteira.

A quimbanda na umbanda encruza, Exu anda junto com um filho de fé. 2x.

Meu Senhor, pode chegar, meu Senhor, pode chegar.
Meu Senhor, pode chegar, nessa casa o Senhor pode chegar.

PAI XANGÔ

E quem mora na pedreira é meu Pai Xangô,
Orixá de luz, de amor sem fim.
E quem mora na pedreira é meu Pai Xangô,
Não desejo a ninguém o que não quero pra mim.
Kaô, kaô, kabecilê, Xangô ele é fiel!
Kaô, kaô, quem tem fé em Xangô, justiça vem do céu.
Eu aprendi com meu Pai Xangô que a justiça vem lá do céu,
Das Santas Almas e do Senhor!
Eu deixo oferenda lá na pedreira na fé, sozinho,
Peço a Xangô, meu Pai, justiça em meu caminho.

Kaô, kaô, kabecilê, Xangô ele é fiel... vem do céu.

E quem mora na pedreira... sem fim.

E quem mora na pedreira... não quero pra mim

Kaô, kaô, kabecilê, Xangô ele é fiel... vem do céu!

Kaô, kaô, quem tem fé em Xangô, Ele é fiel.
Kaô, kaô, quem tem fé em Xangô, justiça vem do céu.

Eu aprendi com meu Pai Xangô... E do Senhor!
Eu deixo oferenda fui na pedreira... justiça no meu caminho.

Kaô, kaô, kabecilê, Xangô ele é fiel!
Kaô, kaô, quem tem fé em Xangô, justiça vem do céu!

IEMANJÁ

Iemanjá, Mãe D'Água, Rainha que mora no mar,
Nas ondas jogo flores pra você, meu barquinho o perfume vai levar. 2x.

É bonito de ver teu povo na praia te oferendar,
O mar fica branco com as rosas que os filhos jogam no mar.

Salve, minha mãe, Mãe D'Água, odoyá, Rainha do Mar,
Quem quiser te encontrar no caminho da fé,
Se veste de branco e se benze no mar. 2x.

Iemanjá, Mãe D'Água, Rainha que mora no mar,
Nas ondas jogo flores pra você,
Meu barquinho o perfume vai levar. 2x.

É bonito de ver teu povo na praia te oferendar,
O mar fica branco com as rosas que os filhos jogam no mar.

Salve, minha mãe, Mãe D'Água, odoyá, Rainha do Mar,
Quem quiser te encontrar no caminho da fé,
Se veste de branco e se benze no mar. 2x.

ROSA CAVEIRA

Quem chamou Dona Rosa, êeeh!!!

Quem chamou Rosa Caveira, ela vem do lado de lá.
Do lado de cá desse terreiro, a Caveira vai chegar! 2x.

Dona de grande magia, a feitiçaria ela vai quebrar,
Ó Dona Rosa Caveira, chegou da encruza para nos ajudar.
Ela quebra a magia, feitiço, quiumba de quem lhe mandar.
E quem mexer com seu filho, êeeh, ela manda buscar.

Quem chamou Rosa Caveira, ela vem do lado de lá.
Do lado de cá desse terreiro, a Caveira vai chegar! 2x.

Dona de grande magia, a feitiçaria... ela manda buscar.

Quem chamou Rosa Caveira, ela vem do lado de lá.
Do lado de cá desse terreiro, a Caveira vai chegar!

Quem chamou Rosa Caveira, ela vem do lado de lá.
Do lado de cá desse terreiro, Rosa Caveira vai chegar!

EXU CAPA PRETA

Viram um vulto passando, ficaram com medo, abaixaram a cabeça.

Depois que passou, quem olhou viu, era Exu, salve Exu Capa Preta! 2x.

Ele anda na madrugada, nos becos escuros pelos caminhos,
No cemitério, pelas encruzas, o escuro do mundo andou sozinho.
Quem conhece, respeita, Seu Capa Preta na encruzilhada,
Tem sorte esse filho que viu Seu Capa Preta passar na estrada.

Viram um vulto passando... que viu Seu Capa Preta passar na estrada.

Viram um vulto passando, ficaram com medo abaixaram a cabeça.

Depois que passou, quem olhou viu, era Exu. Salve, Exu Capa Preta! 2x.

Viram um vulto passando, ficaram com medo, abaixaram a cabeça.

Depois que passou, quem olhou viu, era Exu. Salve, Exu Capa Preta! 2x.

CORRENTE DE EXU

Na Corrente de Exu tem fé, na Corrente de Exu tem lei,
Na Corrente de Exu tem força, nos caminhos Exu é Rei!

Quem pediu pra Exu, laroyê, mojubá, ele vai ajudar!
E se o filho tem fé, ele vai amparar. 2x.

Quem pediu pra Exu, laroyê, mojubá, ele vai ajudar!
Nos terreiros de umbanda, o povo de Exu que vai chegar!
Na Corrente de Exu tem fé, na Corrente de Exu tem lei,
Na Corrente de Exu tem força, nos caminhos Exu é Rei!
Na Corrente de Exu, na Corrente tem fé,
Na Corrente de Exu tem lei!
Na Corrente de Exu tem força, nos caminhos Exu é Rei!

Quem pediu pra Exu, laroyê, mojubá, ele vai ajudar!
E se o filho tem fé, ele vai amparar.
Quem pediu pra Exu, laroyê, mojubá, ele vai ajudar!
Nos terreiros de umbanda, o povo de Exu que vai chegar!

Na Corrente de Exu tem fé, na Corrente de Exu tem lei,
Na Corrente de Exu tem força, nos caminhos Exu é Rei! 2x.

ONDE MORAM OS ORIXÁS

Eu vi um clarão lá na montanha, em noite de lua cheia, onde moram os orixás!
Senti o perfume de Aruanda, no meu peito uma chama, e pra lá eu fui rezar, pros orixás!
Peço cuidar do caminho, pros orixás! Não me deixe andar sozinho, pros orixás!

Vi um clarão lá na montanha... não deixe andar sozinho, pros orixás!

Êh, êh, êh, êh, êh, ah, etc...

Vi um clarão lá na montanha... não deixe andar sozinho, pros orixás!

Êh, êh, êh, êh, êh, ah, etc...

EXU VELUDO

Era meia-noite quando chegou, pra saudar Exu a pólvora queimou.
Quem tem fé em Exu, cabeça abaixou, Seu Veludo tá aqui no terreiro pisou. 2x.

Ele é Rei da Encruza, pelos cantos do mundo
E a firmeza quem dá para as falanges chegarem é o Mestre Veludo!
E o chão vai tremer, nessa madrugada
Seu Veludo chegou, pra ver a oferenda dos filhos da casa.

Era meia-noite quando chegou ... no terreiro pisou.
Ele é Rei da Encruza ... a oferenda dos filhos da casa.

Era meia-noite quando chegou, pra saudar Exu a pólvora queimou.
Quem tem fé em Exu, cabeça abaixou, Seu Veludo tá aqui no terreiro pisou. 2x.

MARIA PADILHA

Ela vem na gira de umbanda, quimbanda e de candomblé,
Seu vestido vermelho, rosa no cabelo, fazer a fé.
Ela vem da encruza ajudar os seus filhos de quem lhe chamar.
Ó Maria Padilha, esse ponto é pra Tu, é pra Pomba girar.

Deixa a Pomba girar, êh! Deixa a Pomba girar, êh!
Deixa a Pomba girar, a Padilha chegar!
Deixa a Pomba girar, êh! Deixa a Pomba girar!
Deixa a Pomba girar, êh, pra Padilha chegar!

Ela vem na gira de umbanda, quimbanda... é pra Tu, é pra Pomba girar.

Deixa a Pomba girar, êh! Deixa a Pomba girar!
Deixa a Pomba girar, êh, pra Padilha chegar!
Deixa a Pomba girar, êh! Deixa a Pomba girar, êh!
Deixa a Pomba girar, êh, pra Padilha chegar!

Ela veio na gira, quimbanda, umbanda... É pra Tu, é pra Pomba girar.

Deixa a Pomba girar, êh! Deixa a Pomba girar!
Deixa a Pomba girar, êh, pra Padilha chegar!
Deixa a Pomba girar! Deixa a Pomba girar, êh!
Deixa a Pomba girar, êh, pra Padilha chegar!

GIRA DE UMBANDA

Deixa girar, êeeh, deixa girar,
Me visto de branco e lá no terreiro eu vou trabalhar.
Deixa girar, êeeh, deixa girar,
É bonito de ver no povo de branco as almas chegarem. 2x.

Humildade e fé eu encontro meus irmãos,
E firmamos a corrente de mãos dadas na oração,
Em respeito às almas que ali já vão chegar,
Se o filho de santo nessa hora vai chorar.

Deixa girar, êeeh, deixa girar,
Me visto de branco e lá no terreiro eu vou trabalhar.
Deixa girar, êeeh, deixa girar,
É bonito de ver no povo de branco as almas chegarem. 2x.

Humildade e fé eu encontro meus irmãos,
E firmamos a corrente de mãos dadas na oração,
Em respeito às almas que ali já vão chegar,
Se é filho de santo nessa hora vai chorar.

Deixa girar, êeeh, deixa girar,
Me visto de branco e lá no terreiro eu vou trabalhar.
Deixa girar, êeeh, deixa girar,
É bonito de ver no povo de branco as almas chegarem.

OGUM, XANGÔ, IEMANJÁ etc.

Ogum é meu chão. Xangô, minha pedra. Iemanjá é o meu mar!
Iansã é o meu vento. Oxum é meu rio. Oxóssi, minhas matas!

Obaluaê, minha cura. Naná, sua mãe, a mais velha dos orixás!
Exu, minha lei. Oxalá, meu Pai. Sou filho de umbanda!

Sou filho de umbanda, êeeh! Sou filho de umbanda!
Sou filho de umbanda, êeeh! Sou filho de umbanda!

Ogum é meu chão. Xangô, minha pedra. Iemanjá é o meu mar!
Iansã é o meu vento. Oxum é meu rio. Oxóssi, minhas matas!
Obaluaê, minha cura. Naná, sua mãe, a mais velha dos orixás!
Exu, minha lei. Oxalá, meu Pai. Sou filho de umbanda!

Sou filho de Umbanda, êeeh! Sou filho de Umbanda!
Sou filho de Umbanda, êeeh! Sou filho de Umbanda!
Sou filho de Umbanda, êeeh! Sou filho de Umbanda!

MESTRE EXU

Eu vim nessa gira pra te encontrar, pra pedir pra Exu meus caminhos guiar,
Nas encruzas da vida quem manda é Exu, êeeh!
Exu êeeh, Exu êeeh, mojubá! Exu êeeh, Exu êeeh, Exu êeeh, mojubá!
Não desejo mal a ninguém, mas não deixe que o mal venha a mim também.
Peço a Exu pra vim me proteger! Exu êeeh, Exu êeeh, mojubá!
Exu êeeh, Exu êeeh, Exu êeeh, mojubá!

Eu vim nessa gira pra te encontrar... a Exu pra vim me proteger!
Exu êeeh, Exu êeeh, mojubá!
Exu êeeh, Exu êeeh, Exu êeeh, mojubá!
Exu êeeh, Exu êeeh, Exu êeeh, mojubá!

JOÃO CAVEIRA

(Falado: Salve a sua Banda, João Caveira!)

Ó Seu João, pode chegar, deixei marafo pra Tu beber e charuto pra Tu fumar.
Tem vela preta nos cantos, na tronqueira, oferenda
Pra Seu João Caveira, no terreiro trabalhar. 2x.

Salve, João Caveira, ele vem da encruzilhada, no terreiro dá firmeza!

Salve, Seu João Caveira, pra abrir os seus caminhos, bate cabeça na tronqueira.

Ó Seu João, pode chegar, deixei marafo pra Tu beber e charuto pra Tu fumar.
Tem vela preta nos cantos, na tronqueira, oferenda
Pra Seu João Caveira no terreiro trabalhar.

Salve, João Caveira, ele vem da encruzilhada, no terreiro dá firmeza!
Salve, Seu João Caveira, pra abrir os seus caminhos, bate cabeça na tronqueira!

A BELEZA DA UMBANDA

É bonito de ver a filha virar de Oxum, é bonito de ver o filho bradar de Ogum,
É bonito de ver a filha cantar de Iemanjá, é bonito de ver na gira de umbanda o povo virar.
É bonito de ver a filha virar de Oxum, é bonito de ver o filho bradar de Ogum,
É bonito de ver a filha cantar pra Iemanjá, é bonito de ver na gira de umbanda o povo virar.

Ó, deixa virar na gira de umbanda, Santo que vai chegar vem de Aruanda.
Ó, deixa virar nessa gira de umbanda, Santo que vai chegar vem de Aruanda.

EXU TATÁ CAVEIRA

Bateram na porta do terreiro do lado de dentro responderam: pode entrar.
Do lado de fora alguém falou: Tatá Caveira quem chegou, ele veio ajudar. 2x.

Exu não é brincadeira, Ele veio da encruza pra porteira guardar.
O Pai de Santo chamou, Tatá Caveira escutou, veio a porteira fechar! 2x.

Bateram na porta do terreiro do lado de dentro responderam: pode entrar.
Do lado de fora alguém falou: Tatá Caveira quem chegou, ele veio ajudar. 2x.

Exu não é brincadeira, Ele veio da encruza pra essa porta guardar.
O Pai de Santo pediu, Tatá Caveira escutou, veio a porteira fechar!

Exu não é brincadeira, Ele veio da encruza pra porteira guardar.
O Pai de Santo chamou, Tatá Caveira escutou, veio a porteira fechar.

MARIA MULAMBO

Ó moça bonita, que nessa gira acabou de chegar. 2x.
Ela é Pombagira, êh, ela é Pombagira, ah!
Ó Maria Mulambo, êh! Salve, Maria, ah!
Ó Maria Mulambo, pedimos pra Tu os caminhos guardar.
Nas encruzas da vida não me deixe sozinho, o mal me chegar.

Ó Maria Mulambo, Tu vem da encruza pra nos ajudar,
No Reino de Exu, Pombagira de Lei,
Quem mandou o feitiço, ela manda voltar.

Ó moça bonita, que nessa gira acabou de chegar. 2x.
Ela é Pombagira, êh, ela é Pombagira, ah!
Maria Mulambo, êh! Salve, Maria!
Ó Maria Mulambo, pedimos pra Tu os caminhos guardar.
Nas encruzas da vida não me deixe sozinho, o mal me chegar.

Ó Maria Mulambo, Tu vem da encruza pra nos ajudar,
Pombagira de Lei, do Reino de Exu,
Quem mandou o feitiço, ela manda voltar.

Ó Maria Mulambo, Tu vem da encruza pra nos ajudar,
Do Reino de Exu, Pombagira de Lei,
Quem mandou o feitiço, ela manda chegar.

Ó moça bonita, que vem na encruza pra nos ajudar,
Ó moça bonita, que nessa gira acabou de chegar.
Ela é Pombagira, êh, ela é Pombagira, ah!
Ó Maria Mulambo, êh! Salve, Maria!!!

POMBAGIRA DAMA DA NOITE

Ela é da gira, ela é da umbanda, é do candomblé,
Ela é da quimbanda, ela é Pombagira, é de quem tem fé!
Ó Dama da Noite, Rainha da Encruza de Lúcifer. 2x.

Ela é Mãe da Noite, Rainha da Encruza e da Madrugada,
Ó Dama da Noite, se o filho tem fé, o mal nunca chega,

Os caminhos ela guarda. 2x.

Ela é da gira, ela é da umbanda, é do candomblé,
Ela é da quimbanda, ela é Pombagira, é de quem tem fé!
Ó Dama da Noite, Rainha da Encruza de Lúcifer. 2x.

EXU MEIA-NOITE

(Falado: Salve, Seu Meia-Noite, Exu, laroyê, mojubá!)

Fizeram um trabalho pra mim na encruzilhada,
Mas aqui não vai chegar.
Seu Meia-Noite tá na frente, anda junto, é da corrente,
Desse mal vai me guardar! 2x.

Seu Meia-Noite é coroado, no Reino de Exu foi levantado
Sob a bença de Ogum! Meu Pai Ogum!

Seu Meia-Noite tá comigo, meu caminho em paz eu sigo,
Eu não temo mal algum!

Seu Meia-Noite é coroado, no Reino de Exu foi levantado
Sob a bença de Ogum! Meu Pai Ogum!

Seu Meia-Noite tá comigo, meu caminho em paz eu sigo,
Eu não temo mal algum!

Fizeram um trabalho pra mim na encruzilhada,
Mas aqui não vai chegar.
Seu Meia-Noite tá na frente, anda junto, é da corrente,
Desse mal vai me guardar! 2x.

CASA DE UMBANDA

Sou Filho de Fé da corrente da umbanda, sou rezador.
Não quero mal de ninguém e se alguém me quiser, perdoa, Senhor!

Aprendi na umbanda que um Filho de Fé não quer mal de ninguém,

Perdoa meus erros e de quem me quer mal perdoa também.

Sou Filho de Fé da corrente da umbanda ... Perdoa, Senhor!

Aprendi na umbanda que um Filho de Fé não quer mal de ninguém,
Perdoa meus erros e de quem me fez mal perdoa também.

É casa de umbanda, êeeeh! É casa de umbanda, aaaah!
É na casa de umbanda que o filho aprende a rezar,
É na casa de umbanda que o filho aprende a perdoar. 2x.

Sou Filho de Fé da corrente da umbanda... perdoa também. 2x.

É casa de umbanda, êeeeh! É casa de umbanda, aaaah!
É na casa de umbanda que o filho aprende a rezar,
É na casa de umbanda que o filho aprende a perdoar. 2x.

GIRA BOA

Ó, dá licença de eu entrar, me falaram que aqui a gira é boa,
Tomar meu passe, me defumar, escutar o canto que Ogã entoa.
Pedir a bença pros pretos-velhos, sentir a pureza da sua pessoa.
Oxalá, Zambi, meu Pai, peço a Exu guarda a porta que a gira é boa.

Essa gira é boa, pode entrar, peço às Santas Almas a sua bença, vem defumar.
Essa gira é boa, pode entrar, peço às Santas Almas pra me benzer e abençoar.

Ó, dá licença de eu entrar, me falaram que aqui a gira é boa,
Tomar meu passe, me defumar, escutar o canto que Ogã entoa.
Pedir a bença dos pretos-velhos, sentir a pureza da sua pessoa.
Oxalá, Zambi, meu Pai, peço a Exu guarda a porta que a gira é boa.

Essa gira é boa, pode entrar, peço às Santas Almas pra me benzer, me defumar.
Essa gira é boa, pode entrar, peço às Santas Almas pra me benzer abençoar. 2x.

EXU MAIORAL

Fecharam a porteira e tocaram o tambor, quem viu a firmeza se arrepiou,
Pai de Santo chamou Exu, laroyê, mojubá e Exu escutou.

E chegaram os exus de todas as falanges,
Pombagiras, Maria Padilha falou:
"Pai de Santo da casa, abaixe a cabeça,
Ele está entre nós, Maioral que chegou". 3x.

Maioral que chegou, Maioral que chegou,
Maioral que chegou, nessa casa chegou! 3x.

TRANCA-RUA

Ó, abre essa porta, Tranca-Rua falou:
Filho meu que pediu me dizendo que aqui alguém mal lhe mandou.
Quem mexeu com meu filho, mexeu comigo, esse Exu não gostou!
Quem atendeu o pedido, mandou mal pro meu filho,
Agora é comigo, Tranca-Rua chegou! 2x.

Não mexe que é Tranca-Rua, meu nego, não mexe que é ninho de cobra vespeira,
Quem mexer com meu filho, no seu caminho vai me encontrar.
Sou Tatá de umbanda, num filho meu ninguém vai tocar. 2x.

Ó, abre a porta, Tranca-Rua falou:
Filho meu que pediu me dizendo que aqui alguém mal lhe mandou.
Quem mexeu com meu filho, mexeu comigo, esse Exu não gostou!
Quem atendeu o pedido, mandou mal pro meu filho,
Agora é comigo, Tranca-Rua chegou!

Ó, abre essa porta, Tranca-Rua falou... Agora é comigo, Tranca-Rua chegou!

MEU CONGÁ

Eu tenho um congá, no meu cazuá, onde faço minha fé, meus pedidos tão lá.
Eu tenho um congá, no meu cazuá! Eu tenho um congá, no meu cazuá,
E os meus pretos-velhos pra me ajudar. Eu tenho um congá, no meu cazuá!

Eu tenho um congá, com meu Pai, que é Ogum, e todos os santos, meu Deus Oxalá!
Eu tenho um congá, no meu cazuá! E acendo vela pra benzer e faço pedido pros orixás.
Peço a Oxalá, Zambi, meu Pai, manda as almas boas pra me ajudar!

No congá agradecer, a todas as almas e orixás.
Agradeço a Exu Meia-Noite, que guarda minha porta pro mal não entrar.
Eu tenho um congá, no meu cazuá, onde faço minha fé...
...Que guarda minha porta pro mal não entrar.

Eu tenho um congá, no meu cazuá, onde faço minha fé, meus pedidos tão lá.
Eu tenho um congá, no meu cazuá! 3x.

SALVE OS PRETOS-VELHOS

Salve os Pretos-Velhos que acabaram de chegar,
Eles vêm de Aruanda na gira de umbanda pra ajudar!
Salve os Pretos-Velhos que acabaram de chegar,
Quem tem fé nesse nego, que dobre os joelhos pra se abençoar! 2x.

Adorei as almas, meu nego, eu sei que Tu vem da senzala,
Que Zambi, meu Pai que te clareou no Cruzeiro das Almas!
Adorei as almas, meu nego, eu sei que Tu vem da senzala,
Povo de Nagô no terreiro chegou, salve as Santas Almas!

Adorei as almas, meu nego, eu sei que Tu vem da senzala,
Que Zambi, meu Pai que te clareou no Cruzeiro das Almas!
Adorei as Almas, meu Pai, eu sei que Tu vem da senzala,
Povo de Nagô que te clareou, salve as Santas Almas!

Salve os Pretos-Velhos que acabaram de chegar,
Eles vêm de Aruanda na gira de umbanda pra ajudar!
Salve os Pretos-Velhos que acabaram de chegar,
Quem tem fé nesse nego, que dobre os joelhos pra se abençoar! 3x.

CAZUÁ DE UMBANDA

Ó, dá licença, deixa eu entrar nesse cazuá de rezador,
Nessa casa de umbanda, a minha bença eu vim buscar. 2x.
Peço às Santas Almas virem me benzer, me defumar,
As tristezas da vida na correnteza do rio carregar.
Tenho fé na umbanda, tenho fé nas almas,
Eu peço licença, me deixe entrar nesse cazuá.
Tenho fé na umbanda, tenho fé nas almas,
Eu peço licença, pra entrar nesse cazuá.

Ó, dá licença, deixa eu entrar nesse cazuá de rezador,
Nessa casa de umbanda, a minha bença eu vim buscar. 2x.

Peço às Santas Almas virem me benzer, me defumar,
As tristezas da vida na correnteza do rio carregar.
Tenho fé na umbanda, tenho fé nas almas,
Eu peço licença, pra entrar nesse cazuá.
Tenho fé na umbanda, tenho fé nas almas,
Eu peço licença pra entrar nesse cazuá.

EXU É LEI

Não me queira mal, que Exu me quer bem,
Não deseje pra mim o que tu não quer pra você.
Quem me julga é meu Santo,
E Exu cumpre a Lei que Ele mandar. (Ele cumpre).
Ele guarda os caminhos do filho de fé, pro mal não chegar. 2x.

E assim como toca o tambor, eu deixo seguir,
Deixo o vento levar, com a bença de Iansã o caminho para eu ir. (os caminhos).
Peço a Oxalá, Zambi, meu Pai, sua proteção!
Que Exu cumpra a lei: Onde existe o mal que ele leve o perdão. 2x.

Não me queira mal, que Exu me quer bem,
Não deseje pra mim o que tu não quer pra você.
Quem me julga é meu Santo,
E Exu cumpre a Lei que Ele mandar.
Ele guarda os caminhos do filho de fé, pra esse mal não chegar. 2x.

Não me queira mal, que Exu me quer bem,
Não deseje pra mim o que tu não quer pra você.
Quem me julga é meu Santo,
E Exu cumpre a Lei que Ele mandar.
Ele guarda os caminhos do filho de fé, pro mal não chegar!

OGÃ DE UMBANDA

Ogã bate o tambor e firma o ponto pro povo cantar.
Ogã toca o tambor e firma o ponto pro povo cantar.
Quem tem fé entra na gira e feche os olhos e deixa rodar. 2x.

Ogã toca o tambor e firma o ponto pro povo cantar. 2x.
Quem tem fé entra na gira e feche os olhos e deixa rodar. 2x.
Tem Marinheiro, Preto-Velho, Capangueiro de Ogum. 2x.
Boiadeiro, Caboclo, Baiano e pra fechar chega Exu. 2x.
Ogã toca o tambor e firma o ponto pro povo cantar. 2x.
Quem tem fé entra na gira e feche os olhos e deixa rodar. 2x.
Tem Marinheiro, Preto-Velho, Capangueiro de Ogum. 2x.
Boiadeiro, Caboclo, Baiano e pra fechar chega Exu. 2x.
Ogã toca o tambor e firma o ponto pro povo cantar. 2x.
Quem tem fé entra na gira e feche os olhos e deixa rodar. 2x.
Ogã toca o tambor e firma o ponto pro povo cantar.
Quem tem fé entra na gira e feche os olhos e deixa rodar. 2x.

AMOR DE PRETO-VELHO

Com muita humildade vim me benzer, com esse Preto-Velho me aconselhar,
Me ensina a perdoar quem me fez mal, nesse mundo desigual, meus caminhos clarear.
Não repare se eu chorar é que tanta luz vem de você.
O meu peito se abriu, a tristeza em mim saiu: tenho muito a agradecer.

Não repare se eu chorar, Preto-Velho, peço a Tu pra carregar todo meu sofrer.
Não repare se eu chorar, tô sentindo no meu peito o amor entrar,
Esse amor vem de você. 2x. (esse amor é de você).

Com muita humildade vim me benzer,

Com esse Preto-Velho me aconselhar,
Me ensina a perdoar quem me fez mal,
Nesse mundo desigual, meus caminhos clarear.

Não repare se eu chorar, é que tanta luz vem de você.
O meu peito se abriu, a tristeza em mim saiu: tenho muito a agradecer.

Não repare se eu chorar, Preto-Velho, peço a Tu pra carregar todo meu sofrer.
Não repare se eu chorar, tô sentindo no meu peito o amor entrar,
Esse amor vem de você. 2x.

EXU MORCEGO

Era meia-noite anjirá bateu asas e voou,
Quem baixou padê pra Exu no céu viu um vulto passou.
Era meia-noite anjirá bateu asas e voou,
É Exu Morcego que vem socorrer quem lhe chamou. 2x.

Laroyê, mojubá, salve, Exu! Guarda a vida da morte,
A morte da vida é de Pai Omulu! 2x.

Era meia-noite anjirá bateu asas e voou,
Quem baixou padê pra Exu no céu viu um vulto passou.
Era meia-noite anjirá bateu asas e voou,
É Exu Morcego que vem socorrer quem lhe chamou. 4x.

Laroyê, mojubá, salve, Exu! Guarda a vida da morte,
A morte da vida é de Pai Omulu! 2x.
Era meia-noite anjirá bateu asas e voou,
Quem baixou padê pra Exu no céu viu um vulto passou.
Era meia-noite anjirá bateu asas e voou,
É Exu Morcego que vem socorrer quem lhe chamou.

POVO DE ARUANDA

Se Boiadeiro chegar: Jetruá!
Se é Capangueiro de Ogum: Ogum iê!
Se é Caboclo das Matas: Okê Arô!

Se é Exu de Encruza: Laroyê!
Se Preto-Velho chegar: adorei as Almas!
Se a Pombagira vier: Salve Sua Banda!
E se as crianças baixarem: Ibeji!
É marinheiro que vem lá do mar!

É casa de umbanda, é casa de umbanda!
Tem a porta aberta pro povo que vem de Aruanda! 2x.

Se Boiadeiro chegar: Jetruá!
Se é Capangueiro de Ogum: Ogum iê!
Se é Caboclo das Matas: Okê Arô!
Se é Exu de Encruza: Laroyê!
Se Preto-Velho chegar: adorei as Almas!
Se a Pombagira vier: Salve Sua Banda!
E se as crianças baixarem: Ibeji!
É marinheiro que vem, lá do mar!

É casa de umbanda, é casa de umbanda!
Tem a porta aberta pro povo que vem de Aruanda! (4x).

EXU PINGA FOGO

A fogueira acendeu, Pinga Fogo chegou,
Quem tem fé em Exu, vem saudar o Senhor!
Canjira que chegou! Canjira que chegou! Canjira que chegou! 2x.

Salve, Exu Pinga Fogo, vem queimar, na fogueira de Exu o mal levar,
Atender esse povo que te crê, os pedidos tão todos no padê, no padê!
Salve, canjira! (2x).

A fogueira acendeu, Pinga Fogo chegou... Salve, canjira! 2x.

A fogueira acendeu, Pinga Fogo chegou,
Quem tem fé em Exu, vem saudar o Senhor!
Canjira que chegou! Canjira que chegou! Canjira que chegou! 2x.

MARIA QUITÉRIA

Maria Quitéria que chegou, galo cantou, na encruzilhada!
Oh, Maria Quitéria que chegou, galo cantou, na encruzilhada!

Salve, Maria, que chega, trazendo os Exus pra dentro da casa!
Um brinde, champanhe: Salve, Maria!
Se o filho tem fé, a Quitéria não larga!

Maria Quitéria que chegou, galo cantou, de madrugada!
Oh, Maria Quitéria que chegou, galo cantou, na encruzilhada!

Salve, Maria Quitéria, que chega, trazendo os Exus pra dentro da casa!
Um brinde, champanhe: Salve, Maria!
Se o filho tem fé, a Quitéria não larga!

Galo cantou na encruzilhada! Ôh, galo cantou na encruzilhada!
Quando Maria Quitéria chegou,
Quebrando as demandas dos filhos da casa!
Quando Maria Quitéria chegou,
Quebrando as demandas dos filhos da casa!

Oh, Maria Quitéria, que chegou, galo cantou, na encruzilhada! 2x.

Salve Maria Quitéria que chega, trazendo os Exus pra dentro da casa!
Um brinde, champanhe: Salve, Maria!
Se o filho tem fé, o caminho ela guarda!

Galo cantou na encruzilhada! Galo cantou na encruzilhada!
Quando Maria Quitéria chegou, quebrando as demandas dos filhos da casa!
Quando Maria Quitéria chegou, quebrando as demandas dos filhos da casa!

SETE SAIAS

Era meia-noite, deu um clarão, noite de luar,
Ela tá de ronda, escuta o filho que lhe chamar.
Ela é Pombagira, ela é Rainha da Encruzilhada,
Vem do Reino de Exu, salve Pombagira das Sete Saias! 2x.

Salve, Sete Saias, vem cuidar, todos meus caminhos por onde andar.
Salve, Sete Saias da Encruzilhada, nessa madrugada vim te encontrar! 2x.

Era meia-noite, deu um clarão, noite de luar,
Ela tá de ronda, escuta o filho que lhe chamar.
Ela é Pombagira, ela é Rainha da Encruzilhada,
Vem do Reino de Exu, salve Pombagira das Sete Saias! 2x.

Salve, Sete Saias, vem cuidar, todos meus caminhos por onde andar.
Salve, Sete Saias da Encruzilhada, nessa madrugada vim te encontrar! 2x.

Salve, Sete Saias da Encruzilhada, nessa madrugada vim te encontrar!

SETE CATACUMBAS

Ó, quem fez essa cova? O coveiro falou:
Foi de madrugada no cemitério que alguém cavou.
Tá sem nome essa tumba, quem fez o buraco, essa cova funda?
O coveiro arrepiou, no buraco escuro a voz falou: Foi Sete Catacumbas!

E quem fez essa cova? O coveiro falou:
Foi de madrugada no cemitério que alguém cavou.
Tá sem nome essa tumba, quem fez o buraco, essa cova funda?
O coveiro arrepiou, no buraco escuro a voz falou: foi Sete Catacumbas!
Catacumba que cavou, Sete Catacumbas vai cavar,
Se o filho tem fé em Exu, nessa cova enterra, o mal levar. 2x.
E quem fez essa cova? O coveiro falou:
Foi de madrugada no cemitério que alguém cavou.
Tá sem nome essa tumba, quem fez o buraco, essa cova funda?
O coveiro arrepiou, no buraco escuro a voz falou: foi Sete Catacumbas! 2x.

Catacumba que cavou, Sete Catacumbas vai cavar,
Se o filho tem fé em Exu, nessa cova enterra, o mal levar. 2x.

PRETO-VELHO

O grito do nego ecoou pendurado no tronco de madrugada,
Enquanto outros pretos rezavam, chorando por ele no frio da senzala.

No sereno da madrugada, rezava para Zambi vir lhe buscar,
No clarão do amanhecer, Oxalá o clareou, veio levar.

Salve, as Santas Almas, nego, Oxalá veio buscar,
Acabou seu sofrimento, Zambi ouviu o seu lamento,
Em Aruanda vai morar.

Salve, as Santas Almas, nego, Oxalá veio buscar,
Acabou o sofrimento, Zambi ouviu o seu lamento,
Em Aruanda vai morar.
O grito do nego ecoou pendurado no tronco de madrugada,
Enquanto outros pretos rezavam, chorando por ele no frio da senzala.
No sereno da madrugada, rezava para Zambi vir lhe buscar,
No clarão do amanhecer, Oxalá o clareou, veio levar.

O grito do nego ecoou pendurado no tronco de madrugada,
Enquanto outros pretos rezavam, chorando por ele no frio da senzala.
No sereno da madrugada, pedia para Zambi vir lhe buscar,
No clarão do amanhecer, Oxalá o clareou, veio levar.

OGUM

Clareou no terreiro quando o Capangueiro de Ogum chegou,
Salve, meu Pai Ogum, que mandou nessa casa os trabalhadores.
Oh, que gira bonita firmada na fé, é bonito de ver,
Quando a luz do luar penetrou pelas telhas,
E lá no altar do terreiro clareou Ogum, Ogum iê!
Salve, Ogum Beira Mar! Salve, Ogum Humaitá!
Salve, Ogum Rompe Mato, Nagô, Sete Ondas, Ogum Megê!
Nessa gira de umbanda teu povo que canta,
Saudando a chegada, firmando essa casa de Pai Ogum, iê!

Clareou no terreiro quando o Capangueiro de Ogum chegou,
Salve, meu Pai Ogum, que chegou nessa casa os trabalhadores.
Oh, que gira bonita tem força de fé, é bonito de ver,
Quando a luz do luar penetrou pelas telhas,
E lá no altar do terreiro clareou Ogum, Ogum iê!

Clareou no terreiro quando o Capangueiro de Ogum chegou,

Salve, meu Pai Ogum, que chegou nessa casa os trabalhadores.
Oh, que gira bonita firmada na fé, é bonito de ver,
Quando a luz do luar penetrou pelas telhas,
E lá no altar do terreiro clareou Ogum, Ogum iê!

PANTERA NEGRA

Na baixada da Encruzilhada deixei padê para o meu Senhor,
Salve, meu Mestre Exu, livra meus caminhos por onde eu for.
Deu um clarão na mata que iluminou (alumiou) toda a madrugada,
É Pantera Negra, Exu chegou na Encruzilhada! 2x.

Salve, Pantera Negra: Exu de Lei, é Tatá de Umbanda!
Se o filho tem fé nesse Exu, nunca anda sozinho, a Pantera acompanha!
Salve, Pantera Negra: Exu de Lei, é Tatá de Umbanda!
Se o filho baixou padê, pode ir em paz, ele leva a demanda!

Na baixada da Encruzilhada deixei padê para o meu Senhor,
Salve, meu Mestre Exu, livra meus caminhos por onde eu for.
Deu um clarão na mata que iluminou (alumiou) toda a madrugada,
É Pantera Negra, Exu chegou na Encruzilhada! 2x.

Salve, Pantera Negra: Exu de Lei, é Tatá de Umbanda!
Se o filho tem fé nesse Exu, nunca anda sozinho, a Pantera acompanha!

Salve, Pantera Negra: Exu de Lei, é Tatá de Umbanda!
Se o filho baixou padê, pode ir em paz, ele leva a demanda!

EXU MIRIM

Escutei uma criança brincando na estrada, no meio da madrugada,
Era Exu Mirim que, no escuro da noite, veio brincar, na encruzilhada. 2x.

Não brinca com Exu se ele não brincar, Emojubá!
Ele brinca na encruza as demandas levar, Emojubá!
Deixa Exu Mirim na encruzilhada brincar!

Escutei uma criança brincando na estrada, no meio da madrugada,

Era Exu Mirim que, no escuro da noite, veio brincar, na encruzilhada. 2x.
Não brinca com Exu se ele não brincar, Emojubá!
Ele brinca na encruza as demandas levar, Emojubá!
Deixa Exu Mirim na encruzilhada brincar!

OGUM

É bonito de olhar, é bonito de ver, numa gira de umbanda, o tambor bater,
E o Filho de Santo recebeu o (um) Guerreiro, no meio da gira bradou Ogum iê! 2x.

Ogum iê! Ogum iê! Ogum iê! Ogum iê!
Foi bonito olhar na gira de umbanda, na noite de lua, o tambor bater!
Foi bonito de olhar na gira de umbanda, na noite de lua, o tambor bater!
É bonito de olhar, é bonito de ver, na gira de umbanda, o tambor bater,
E o Filho de Santo recebeu um Guerreiro, no meio da gira bradou Ogum iê! 2x.

Ogum iê! Ogum iê! Ogum iê! Ogum iê!
Foi bonito de ver na gira de umbanda, na noite de lua, o tambor bater!
Foi bonito de ver na gira de umbanda, a noite de lua, o tambor bater!
Foi bonito de ver! Foi bonito de ver, na noite de lua, o tambor bater!

SALVE, EXU

Quem tem medo de escuro, não acende vela pra Exu,
Se passar no cemitério, peça bença a Omulu,
Se passar na encruzilhada, risca o ponto no caminho,
Se o filho não tem Exu, nesse mundo tá sozinho. 2x.

Salve, Exu, laroyê, mojubá,
Tu é Rei nos caminhos da vida na encruzilhada,
Acompanha o Filho de Santo na sua estrada! 2x.

Quem tem medo de escuro, não acende vela pra Exu,
Se passar no cemitério, peça bença a Omulu,
Se passar na encruzilhada, risca o ponto no caminho,
Se o filho não tem Exu, nesse mundo tá sozinho. 2x.

Salve, Exu, laroyê, mojubá,
Tu é Rei nos caminhos da vida na encruzilhada,
Acompanha o Filho de Santo na sua estrada! 2x.

Quem tem medo de escuro, não acende vela pra Exu!

PRETOS-VELHOS

Pra dizer a verdade, eu vim nessa porta pedir caridade,
Pros Pretos-Velhos a bença, a bondade, a tristeza do peito, esse preto levar.
Pra dizer a verdade, me tira esse aperto do meu coração,
Eu já perdoei quem me fez mal, quem magoei eu lhe peço perdão. 2x.

Preto-Velho ensinou que quem te fez mal, tu tem que perdoar,
Receber o perdão de quem tu feriu, para as almas ajudar. 2x.

Pra dizer a verdade, eu vim nessa porta pedir caridade,
Pros Pretos-Velhos a bença, a bondade, a tristeza do peito, esse preto levar.
Pra dizer a verdade, me tira esse aperto do meu coração,
Eu já perdoei quem me fez mal, quem magoei eu lhe peço perdão. 2x.

Preto-Velho ensinou que quem lhe fez mal, tu tem que perdoar,
Receber o perdão de quem tu feriu, para as almas ajudar. 2x.

Pra dizer a verdade, eu vim nessa porta pedir caridade,
Pros Pretos-Velhos a bença, a bondade, a tristeza do peito, esse nego levar. 2x.

ERÊ

É noite de festa e tem criança que vai chegar, é Erê que vem brincar! 2x.

Salve, Erê, vem brincar comigo na gira, confirma na umbanda o seu axé,
Enquanto Tu brinca, abençoa e leva a demanda de quem tiver!
Essa festa de umbanda é pra você, quem tem fé nas crianças,
Oferece um doce e vem se benzer!

É noite de festa que as crianças que vão chegar, é Erê que vem brincar!
É noite de festa e tem criança que vai brincar, é Erê que vai chegar!

Salve Erê, vem brincar comigo na gira, confirma na umbanda o teu axé,
Enquanto Tu brinca, abençoa e leva a demanda de quem tiver!

Essa festa de (na) umbanda é pra você, quem tem fé nas crianças,
Oferece um doce e vem se benzer! 2x.

É noite de festa e as crianças que vão chegar, é Erê que vem brincar!
É noite de festa e tem criança que vai chegar, é Erê que vai chegar!
Salve, Erê, vem brincar comigo na gira, confirma na umbanda o seu axé,
Enquanto Tu brinca, abençoa, leva a demanda de quem tiver!

Essa festa de umbanda é pra você, se tem fé nas crianças,
Oferece um doce e vem se benzer!

EXU DO LODO

(Falado: Laroyê, Exu do Lodo).

É de Omulu, ele é das Almas, das pedras do rio, onde o mar deságua.
É de Mãe Nanã, é de Iemanjá, a transformação Exu do Lodo que vai firmar! 2x.

Ôh, Laroyê, Exu, Mojubá, Exu do Lodo êh, êh, vem me ver.

Ele é de Omulu, Iemanjá, Buruquê, deixa a transformação Exu do Lodo fazer!
Ele é de Omulu, Iemanjá, Buruquê, firma o ponto Ogã, Exu do Lodo quer ver!

É de Omulu, ele é das Almas, das pedras do rio, onde o mar deságua.
É de Mãe Nanã, é de Iemanjá, a transformação Exu do Lodo que vai firmar! 2x.

Ôh Laroyê, Exu, Mojubá, Exu do Lodo êh, êh, vem me ver.

Ele é Omulu, Iemanjá, Buruquê, deixa a transformação Exu do Lodo fazer!
Ele é de Omulu, Iemanjá, Buruquê, firma o ponto Ogã, Exu do Lodo quer ver!

MARIA NAVALHA

Deu um clarão de fogo na encruzilhada, quando Maria Navalha chegou,
Pombagira de lei de encruza, na malandragem ela se criou.

A mão que afaga fere, a navalha que corta pode te ajudar,
Corta o mal pela raiz e no fio da navalha ela pode ajuntar.
Quem chamou essa Pombagira, estourou champanhe na encruzilhada,
Dá firmeza, no ponto, Maria Navalha na sua chegada.

Oh, navalha chegou pra juntar (A navalha...) pra cortar, pra separar.
A navalha corta, afasta o mal e as coisas boas faz voltar. 2x.

Deu um clarão de fogo na encruzilhada... Maria Navalha na sua chegada.

Oh, navalha chegou pra juntar... E as coisas boas faz voltar. 2x.

Deu um clarão de fogo na encruzilhada, quando Maria Navalha chegou,
Pombagira de lei de encruza, na malandragem ela se criou.
A mão que afaga fere, a navalha que corta pode te ajudar,
Corta o mal pela raiz e no fio da navalha ela pode ajuntar.
Quem chamou essa Pombagira, estourou champanhe na encruzilhada,
Dá firmeza, no ponto, Maria Navalha na sua chegada!

CAMPO SANTO

Na baixada do campo santo, eu firmei a minha fé,
Foi no pé do Cruzeiro, caí de joelhos e rezei a Oxalá.
Foi no campo santo, pras almas ajudarem,
É no campo santo que as almas recebem o que o filho quer dar. 2x.

Sou filho de fé, ofereço às almas minha devoção,
Vim no campo santo de coração, fazer oferenda pros orixás.
Sou filho de fé, peço a Zambi, meu Pai Oxalá, luz pras almas, firmeza pros orixás,
Guarda meus caminhos por onde andar.

Sou filho de fé, ofereço às almas... guarda meus caminhos por onde andar.

Na baixada do campo santo, eu firmei a minha fé... Fazer oferenda pros orixás.

Sou filho de fé, peço a Zambi, meu Pai Oxalá, luz pras almas, firmeza pros orixás,
Guarda meus caminhos por onde andar. 2x.

Sou filho de fé, ofereço às almas minha devoção,

Vim no campo santo de coração, fazer oferenda pros orixás.
Sou filho de fé, peço a Zambi, meu Pai Oxalá,
Luz pras almas, firmeza pros orixás,
Guarda meus caminhos por onde andar. 2x.

EXU QUIROMBÔ

Na baixada do Cruzeiro, Exu ergueu ele do pó,
Exu Menino de quimbanda, é Mestre Exu, é Quirombô. 2x.

Quem anda com Quirombô não tá sozinho, ele pode ajudar,
Exu coroado na quimbanda, ele vem do lado de lá.

Firma o ponto, Ogã, é Menino Exu que vai chegar,
Ele é de quimbanda, é de Pai Omulu, salve, Exu Quirombô, laroyê, mojubá!

Quem anda com Quirombô... laroyê, mojubá!

Na baixada do Cruzeiro, Exu ergueu ele do pó,
Exu Menino de quimbanda, é Mestre Exu, é Quirombô. 2x.
Quem anda com Quirombô não tá sozinho, ele pode te ajudar,
Exu coroado na quimbanda, ele vem do lado de lá.

Firma o ponto, Ogã, é Menino Exu... Salve, Exu Quirombô, laroyê, mojubá!

Quem anda com Quirombô não tá sozinho, ele pode ajudar...
...Exu Quirombô, laroyê, mojubá!

PRETO-VELHO, EU VIM LHE DIZER

(Falado: Preto-Velho, eu vim lhe dizer, nos seus braços me apagar,
no feitiço a mironga me levar, no seu peito, a licença, adormecer).

Preto-Velho, eu vim lhe dizer: nos seus braços eu quero me apagar,
O feitiço, a mironga me levar, no seu peito me deixe adormecer.
Preto-Velho, eu peço pra levar, os campos floridos me perfumar,
Nas cachoeiras me benzer.

Se eu magoei algum irmão e deixei no caminho a desilusão,
Nessa noite eu quero esquecer.
Oh, meu nego, eu quero me apagar, sua bença em nome de Oxalá,
No seu peito me deixe adormecer.

Se eu magoei algum irmão e deixei no caminho a desilusão,
Nessa noite eu quero esquecer.
Oh, meu nego, eu quero me apagar, sua bença em nome de Oxalá,
No seu peito me deixe adormecer.

Preto-Velho, eu vim lhe dizer: nos seus braços eu quero me apagar,
O feitiço, a mironga me levar, o seu peito me deixe adormecer.
Preto-Velho, eu peço pra levar, os campos floridos me defumar,
Nas cachoeiras me benzer.

Preto-Velho, eu vim lhe dizer: nos seus... Nas cachoeiras me benzer.

Se eu magoei algum irmão e deixei no caminho a desilusão,
Nessa noite, meu velho, eu quero esquecer.
Oh, meu nego, eu peço pra apagar, sua bença em nome de Oxalá,
No seu peito me deixe adormecer! No seu peito me deixe adormecer!

CABOCLO SETE FLECHAS

Um Caboclo bradou, de madrugada
Era noite de lua, seu grito ecoou no meio da mata.
Um Caboclo bradou, de madrugada
Era noite de lua, seu grito veio do meio da mata.

Filho de santo arrepiou, vendo Sete Flechas ali bradar
Trazendo as forças de Oxóssi, ele veio na gira pra ajudar.

É bonito de ver um Caboclo bradar, êh, êh, ah!
É bonito de ver em noite de luar, êh, êh, ah! 2x.

Um Caboclo bradou, um Caboclo bradou, de madrugada
Era noite de lua, seu grito ecoou, ele veio da mata.
Um Caboclo bradou, de madrugada
Era noite de lua, seu grito ecoou e veio da mata.

Filho de santo arrepiou, vendo Sete Flechas ali bradar
Trazendo as forças de Oxóssi, ele veio na gira pra ajudar.

É bonito de ver um Caboclo bradar, êh, êh, ah!
É bonito de ver em noite de luar, êh, êh, ah! 2x.

É bonito de ver um Caboclo bradar, êh, êh, ah!
É bonito de ver em noite de luar, êh, êh, ah!
É bonito de ver um Caboclo bradar, êh, êh, ah!

MENSAGEIRO DE EXU

Era meia-noite quando chegou e pediu um banco pra sentar
Acendeu um charuto e tomou um marafo e pediu pros filhos lhe escutarem.
Agradeço ao toque do tambor e de quem cantou pra Exu chegar
Nessa noite, Exu chegou, sou mensageiro, vim falar:
Do Reino de Exu, alguém mandou lhe dizer, que o bem que tu pede, tu tem que oferecer
Não deseje a ninguém o que não quer pra você, pra Exu te ajudar, tu tem que merecer!

No Reino de Exu, alguém mandou lhe dizer... te ajudar, tu tem que merecer!

Era meia-noite quando chegou... Sou mensageiro, vim falar:

No Reino de Exu, alguém mandou lhe dizer, que o bem que tu pede, tu tem que oferecer
Não deseje a ninguém o que não quer pra você, pra Exu te ajudar, tu tem que merecer!
Pra Exu te ajudar, tu tem que merecer! Pra Exu te ajudar, tu tem que merecer!

ROSA VERMELHA

Na encruzilhada, deixei uma rosa pra você
Era meia-noite, fiz um pedido e baixei padê.
Uma brisa forte trouxe um perfume, espalhou no ar
Ó Rosa Vermelha, eu faço a fé pra te agradar! 2x.

E o que não é bom pra mim, pode levar, e o que me faz feliz, deixa ficar.
O Rosa Vermelha, na madrugada, esse filho veio na encruzilhada
Rosa e champanhe lhe oferecer, no padê um bilhete te agradecer. 2x.

Na encruzilhada, deixei uma rosa pra você
Era meia-noite, baixei pedido e pedi no padê.
Uma brisa forte trouxe um perfume, espalhou no ar
Ó Rosa Vermelha, eu faço a fé pra te agradar! 2x.

E o que não é bom pra mim, pode levar, e o que me faz feliz, deixa ficar.
Ó Rosa Vermelha, na madrugada, esse filho veio na encruzilhada
Rosa e champanhe lhe oferecer, no padê um bilhete te agradecer. 2x.

VELA PARA EXU

Pra acender vela pra Exu, tu tem que saber o que vai pedir,
O que vai dizer, o que vai pensar, se tiver justiça no teu pedido,
Oh, meu nego, Exu vai te ajudar.

Pra acender vela pra Exu, tu tem que saber onde tu vagou
E as palavras que tu falou deixaram rastros de mágoa por onde andou
Oh, meu nego, as portas Exu fechou.

Pra acender vela pra Exu, oh, meu nego, tu tem que merecer
Pra Exu, tu pede só o bem, mas não enxerga a maldade em você.
Esse Exu, laroyê, quer te ajudar, mas pra isso tu tem que merecer.
Essa vela que tu acendeu pra mim, essa luz eu devolvo pra você.

Pra acender vela pra Exu, pra acender vela pra Exu!

Pra acender vela pra Exu, tu tem que saber o que vai pedir...
... Oh, meu nego, esse Exu vai te ajudar.

Pra acender vela pra Exu, tu tem que saber onde tu vagou...
... Essa luz eu devolvo pra você.

Pra acender vela pra Exu, pra acender vela pra Exu, tu tem que merecer!

ROSA NEGRA

Antes de ela chegar, na brisa do vento o perfume chegou
Se espalhou no terreiro o perfume de rosa que o vento soprou.
Oh, quem viu, quem sentiu, foi bonito de ver, filho se arrepiou
O perfume de rosa, foi Rosa Negra, os filhos perfumou. 2x.

Salve, Rosa Negra, tenho fé nessa mulher, trouxe no terreiro seu perfume, seu axé.
Esse povo de umbanda canta pra você,
Salve, Rosa Negra, perfuma e dá guarda em quem lhe crê. 2x.

Antes de ela chegar, na brisa do vento o perfume chegou
Se espalhou no terreiro o perfume de rosa que o vento soprou.
Oh, quem viu, quem sentiu, foi bonito de ver, filho se arrepiou
O perfume de rosa, foi Rosa Negra, os filhos perfumou. 2x.

(Na 2ª vez: Oh, quem viu, quem sentiu,
O perfume de rosa, filho arrepiou
O perfume de rosa, foi Rosa Negra, filho perfumou).
Salve, Rosa Negra, tenho fé nessa mulher, trouxe no terreiro seu perfume, seu axé.
Esse povo de umbanda canta pra você,
Salve, Rosa Negra, perfuma e dá guarda em quem lhe crê.
Esse povo de umbanda canta pra você,
Salve, Rosa Negra, perfuma e dá guarda em quem lhe crê!

MARINHEIROS

Quem mandou as almas vir no terreiro pra ajudar
Oxalá quem mandou pra abençoar.
Quem mandou Marinheiro, alma navegante do mar vim cuidar,
Oxalá quem mandou abençoar.
Firma o ponto, Ogã, deixa rodar, nessa gira de umbanda me levar.
Na corrente das águas, os marinheiros levam as tristezas lá pro mar.
Peço a Zambi, meu Pai, meu Senhor, permissão pra essas almas trabalhar
No povo simples de umbanda, humildemente incorporar.
Salve as almas navegantes que ensinam a amar e perdoar.
Agradeço meu Senhor Oxalá, quem mandou abençoar.

Quem mandou as almas vir no terreiro... Oxalá quem mandou abençoar.

Quem mandou as almas vir no terreiro pra ajudar
Oxalá quem mandou pra abençoar. 2x.

Quem mandou Marinheiro, alma navegante do mar vim cuidar,
Oxalá quem mandou abençoar.

EXU BARÁ

(Falado: Laroyê, Exu! Salve, Exu Bará! Salve sua firmeza! Tenho fé!)

Acendi minha vela e baixei oferenda pra Exu levar
A noite era escura, sozinho na encruza cantava com fé:
Laroyê! Mojubá!
Escutei no ouvido uma voz, um zunido, alguém me falou:
Sou Exu Bará e vim escutar quem me chamou.

E se tu tem fé, oh, meu nego, não tenha medo de mim, pode falar.
E se tu tem fé, oh, meu nego, tu tem minha proteção,
Descansa na sombra de Exu Bará. 2x.

Acendi minha vela e baixei oferenda pra Exu levar
A noite era escura, sozinho na encruza cantava com fé:
Laroyê! Mojubá!
Escutei no ouvido uma voz, um zunido, alguém me falou:
Sou Exu Bará e vim escutar quem me chamou. 2x.

E se tu tem fé, oh, meu nego, não tenha medo de mim, pode falar.
E se tu tem fé, oh, meu nego, tu tem minha proteção,
Descansa na sombra de Exu Bará. 2x.

EXU MARABÔ

Vesti minha roupa branca, com muito respeito fiz meu padê
Quando der meia-noite na encruzilhada, vou oferecer
Honro meu Mestre Exu, guarda meus caminhos por onde for
O meu canto é de fé, no padê eu deixei o meu axé a Seu Marabô!

É Tatá de Umbanda, é Seu Marabô,
Ele é Rei na Encruza, esse canto de fé ele escutou!
É Tatá de Umbanda, é Seu Marabô,
Ele muda o destino, do mal no caminho, o filho livrou.

Vesti minha roupa branca, com muito respeito fiz meu padê
Quando der meia-noite na encruzilhada, vou oferecer
Honro meu Mestre Exu guarda meus caminhos por onde for
O meu canto é de fé, no padê eu deixei o meu axé a Seu Marabô! 2x.

É Tatá de Umbanda, é Seu Marabô,
Ele é Rei na Encruza, esse canto de fé ele escutou!
É Tatá de Umbanda, é Seu Marabô,
Ele muda o destino, do mal no caminho, o filho livrou.

É Tatá de Umbanda, é Seu Marabô!!!

O CANTO DOS CABOCLOS

Quem escutou arrepiou, o canto de fé se espalhou
Quebrando o silêncio da madrugada.
Era um canto de fé, me acordou, abri a porta e, de pé,
Vi que a voz vinha do escuro da mata. 2x.

Eu chorei, foi emoção, de joelhos, muita fé,
Ali no chão, agradeci a Oxalá, por permitir que as santas almas
E no canto dos caboclos amanhecer meu cazuá!

Quem escutou arrepiou, o canto de fé se espalhou
Quebrando o silêncio da madrugada.
Era um canto de fé, me acordou, abri a porta e, de pé,
Vi que a voz vinha do escuro da mata. 2x.

Eu chorei, foi emoção, de joelhos, muita fé...
... Por permitir às santas almas.
E no canto dos caboclos amanhecer meu cazuá!

Por permitir às santas almas
E no canto dos caboclos amanhecer meu cazuá!

Por permitir às santas almas
E no canto dos caboclos amanheceu meu cazuá!
Amanheceu meu cazuá! Amanheceu meu cazuá!

TENHO FÉ

Quando um anjo de fé vim buscar no meu partir,
Peço a luz a Oxalá, no caminho pra eu ir.
E quem eu deixar, não deixe sofrer,
Que se lembre de mim, do meu sorrir.

Tenho fé nas santas almas que rezei,
Em cada abraço que eu dei,
Eu levo esse amor no coração.
Os Pretos-Velhos, os Caboclos, os Orixás,
Tenho fé, Zambi, meu Pai, em Aruanda encontrar.
Quando um anjo de fé vim buscar no meu partir,
Peço luz a Oxalá, no caminho pra eu ir.
E quem eu deixar, não deixe sofrer,
Que se lembre de mim, do meu sorrir.

Quando um anjo de fé me buscar no meu partir,
Peço a luz a Oxalá, no caminho pra eu ir.
E quem eu deixar, não deixe sofrer,
Que se lembre de mim, do meu sorrir.

Tenho fé nas santas almas que rezei,
Em cada abraço que eu dei,
Eu levo esse amor no coração.
Os Pretos-Velhos, os Caboclos, os Orixás,
Tenho fé, Zambi, meu Pai, em Aruanda encontrar.

Quanta fé, oh, tenho fé! Fé! Tenho fé! Eu tenho fé!
Eu tenho fé! Eu tenho fé! Em Aruanda encontrar!

EXU MEIA-NOITE

Quando der meia-noite, meu Mestre Exu vem me ajudar
Eu fiz mesa pra você: tem charuto, marafo pra Tu fumar,
No padê tem pimenta, tem dendê, carne, farofa no alguidar,
Quando for meia-noite, é Seu MEIA-NOITE que vai chegar. 2x.

Salve, Mestre Exu, vem me ajudar, receba a oferenda que eu lhe dou
Afasta de mim quem mente, quem mal me mandou.
Sei que é Rei da encruza e na tua sombra eu posso andar.
Dá sua proteção, põe uma cerca de fogo no meu cazuá.

Quando der meia-noite, meu Mestre Exu vem me ajudar (Deu meia-noite)
Eu fiz mesa pra você: com charuto, marafo pra Tu fumar,
No padê tem pimenta, tem dendê, carne, farofa no alguidar,
Quando der meia-noite, é Seu MEIA-NOITE que vai chegar. 2x.

Salve, Mestre Exu, vem me ajudar, receba a oferenda que eu lhe dou
Afasta de mim quem mente, quem mal me mandou.
Sei que é Rei da encruza e na tua sombra eu posso andar.
Dá sua proteção, põe uma cerca de fogo no meu cazuá.

Quando der meia-noite, meu Mestre Exu vem me ajudar
Eu fiz mesa pra você: com charuto, marafo pra Tu fumar,
No padê tem pimenta, tem dendê, carne, farofa no alguidar,
Quando der meia-noite, é Seu MEIA-NOITE que vai chegar.

Quando der meia-noite, é Seu MEIA-NOITE que vai chegar!
Quando der meia-noite, é Seu MEIANOITE que vai chegar!

PRETO-VELHO

Dizem que homem não chora, mas lá no terreiro o homem chorou
Quando viu as almas chegarem no canto de umbanda que o povo entoou
Lá eu tive certeza, era alma de luz, um povo de fé
Quando Preto-Velho olhou nos meus olhos
Envolveu num abraço e me deu seu axé. 2x.

Salve, Preto-Velho, leva a tristeza do meu coração
Há quanto tempo eu não chorava, mas nessa noite foi emoção
Ao ver a sua bondade que veio da dor da escravidão.
Dizem que homem não chora, na sua presença as lágrimas vão.

Dizem que homem não chora, mas lá no terreiro o homem chorou
Quando viu as almas chegarem no canto de umbanda que o povo entoou
Lá eu tive certeza, era alma de luz, um povo de fé
Quando Preto-Velho olhou nos meus olhos
Me deu um abraço e deixou seu axé! 2x.

Salve, Preto-Velho, leva a tristeza do meu coração
Há quanto tempo eu não chorava, mas nessa noite foi emoção
Ao ver esse Preto-Velho que veio da dor da escravidão.
Dizem que homem não chora, na tua presença as lágrimas vão.

Dizem que homem não chora, mas lá no terreiro o homem chorou
Quando viu as almas chegarem no canto de umbanda que o povo entoou
Lá eu tive certeza, era alma de luz, um povo de fé
Quando Preto-Velho olhou nos meus olhos
Me deu um abraço e deixou seu axé!

EXU TRANCA-RUA

Acendi minhas velas e cantei sozinho na encruzilhada
Meu tambor tem axé, no meu canto tem fé,
É Exu que me guarda!
Minha voz é oferenda, meu canto é uma reza pra te agradar
Salve, TRANCA-RUA, eu canto com fé é pra Tu escutar! 2x.

Senhor dos caminhos de quem vai, Senhor dos caminhos de quem vem!
Senhor da rua, da encruzilhada, protege e dá guarda quem fé nele tem!
Nos caminhos de quem vai, nos caminhos de quem vem
Quem anda com Tranca-Rua não tem medo de ninguém.
Acendi minhas velas e cantei sozinho...

ROSA VERMELHA

(Falado: Salve, Rosa Vermelha! Tenho fé!)

Encontrei no caminho um pé de roseira e parei nessa sombra pra descansar
Adormeci no perfume da rosa e no sonho me veio uma moça falar:
Na sombra da roseira peça licença pra sentar
Esse pé de roseira tem dono, é Rosa Vermelha que vem aguar. 2x.

Eu sou Rosa Vermelha, na minha roseira pra sentar
Tem que ter fé e merecer na minha sombra descansar.
Eu sou Rosa Vermelha, da minha roseira vou te dar
Quando acordar deste teu sonho, te dou uma rosa pra levar. 2x.

Encontrei no caminho um pé de roseira e parei nessa sombra pra descansar
Adormeci no perfume da rosa e no sono me veio uma moça falar:
Na sombra da roseira peça licença pra sentar
Esse pé de roseira tem dono, é Rosa Vermelha que vem aguar.

Eu sou Rosa Vermelha, na minha roseira pra sentar
Tem que ter fé e merecer na minha sombra descansar.
Eu sou Rosa Vermelha, da minha roseira vou te dar
Quando acordar deste teu sonho, te dou uma rosa pra levar. 2x.

Eu te dou uma rosa pra levar! Eu te dou uma rosa pra levar!

CASA DE SANTO

Ó meu Senhor, nessa casa de santo me deixe entrar
Eu não moro aqui, só tava passando nesse lugar
Escutei o tambor e os filhos de santo um ponto cantar
Coração bateu forte, com muito respeito me deixe chegar. 2x.

Receber a bença dos Pretos-Velhos
A mironga, magia, meu Pai, nesta noite de luar.
Agradeço às santas almas, Zambi ilumine o seu caminho
Sob a bença de Oxalá!

Ó meu Senhor, nessa casa de santo me deixe entrar

Eu não moro aqui, só tava passando nesse lugar
Escutei o tambor e os filhos de santo um ponto cantar
Coração bateu forte, com muito respeito me deixe chegar. 2x.

Receber a bença dos Pretos-Velhos
A mironga, magia, meu Pai, nesta noite de luar.
Agradeço às santas almas, Zambi ilumine o seu caminho
Sob a bença de Oxalá!

Oh, dá licença de eu entrar! Êh, êh, êh! Oh, dá licença de eu chegar!
Dá licença de eu entrar! Êh, êh, êh! Dá licença de eu chegar!
Dá licença de eu chegar! Oh, dá licença de eu chegar!

PRETO-VELHO

Quando a madrugada clareou, no frio da senzala um preto faltou
Na cama de palha ele não se deitou, pendurado no tronco a noite passou.
Oxalá um anjo negro mandou lhe buscar, antes de clarear o preto levou. 2x.

Vá com Deus, meu nego, que tu encontre a luz
Acabou o sofrimento desse tronco, essa cruz.
Vá com Deus, meu nego, nos braços de Oxalá
Que um dia tu volte pra nos ajudar!
Quando a madrugada clareou, no frio da senzala um preto faltou
Na cama de palha ele não se deitou, pendurado no tronco a noite passou.
Oxalá um anjo negro mandou lhe buscar, antes de clarear o preto levou. 2x.

Vá com Deus, meu nego, que tu encontre a luz
Acabou o sofrimento desse tronco, essa cruz.
Vá com Deus, meu nego, nos braços de Oxalá
Que um dia tu volte pra nos ajudar! 2x.

Que um dia tu volte pra nos ajudar! 3x.

MEU AMOR PELA UMBANDA

Quando toca o tambor, eu sinto a magia me levar
É amor pela umbanda, é amor pela umbanda!

Quando toca o tambor e as almas de luz, eu sinto no ar
É amor pela umbanda, é amor pela umbanda!

Quando acendo vela pra agradar meus orixás
Quando bato cabeça diante do santo no congá
Meu caminho, minha fé, minha estrada me leva nessa banda
Nesse ponto vim cantar meu amor pela umbanda!

Meu amor pela umbanda, meu amor pela umbanda!
Meu amor pela umbanda, meu amor pela umbanda!

Quando toca o tambor, eu sinto as almas me chegarem
É amor pela umbanda, é amor pela umbanda!
Quando toca o tambor e as almas de luz, eu sinto no ar
É amor pela umbanda, é amor pela umbanda!

Quando acendo vela pra agradar meus orixás
Quando bato cabeça diante do santo no congá
Meu caminho, minha fé, minha estrada me leva nessa banda
Nesse ponto vim cantar meu amor pela umbanda!
Meu amor pela umbanda, meu amor pela umbanda! 4x.

MEU BRADO É OGUM

Ogum bradou nos campos de Humaitá,
E rezou ao seu Senhor à proteção de Oxalá!
OGUM bradou, Zambi, meu Pai, vem me ajudar,
Na minha espada tenho fé, a sua luz no meu andar!

Ó meu Pai Ogum, me dê a coragem que Tu lutou!
Ó meu Pai Ogum, o amor é a fé que te iluminou!
Ó meu Pai Ogum, tua espada de fé traga proteção!
Ó meu Pai Ogum, meu canto é de fé, a minha oração!
OGUM bradou nos campos de Humaitá,
E rezou ao seu Senhor à proteção de Oxalá!!!

PRETO-VELHO

Oh, Zambi ouviu um sussurro de dor,
Daquele preto na senzala, seu sofrimento Zambi levou. 2x.

Oh, Zambi, receba no céu esse preto humilde quando chegar
E dê luminosidade para que um dia ele possa voltar
Na forma de um preto-velho sob a luz dos orixás.
No terreiro de umbanda, manda os anjos acompanhar
Agradeço meu Senhor, Zambi, meu Pai Oxalá
Por dar divindade a esse preto vim na umbanda ensinar.

Oh, Zambi ouviu um sussurro de dor,
Daquele preto na senzala, seu sofrimento Zambi levou. 2x.

Oh, Zambi, receba no céu esse preto humilde quando chegar
E dê luminosidade para que um dia ele possa voltar
Na forma de um preto-velho sob a luz dos orixás.
No terreiro de umbanda, manda os anjos acompanhar
Agradeço, meu Senhor, sob a luz de Oxalá
Por dar divindade a esse preto vim na umbanda ensinar.

Oh, Zambi ouviu um sussurro de dor,
Daquele preto na senzala, seu sofrimento Zambi levou. 4x.

Oh, Zambi, receba no céu esse preto humilde quando chegar
E dê luminosidade para que um dia ele possa voltar
Na forma de um PRETO-VELHO sob a luz dos orixás.
No terreiro de umbanda, manda os exus acompanhar
Agradeço meu Senhor, Zambi, meu Pai Oxalá
Por dar divindade a esse preto vim na umbanda ensinar.

Oh, Zambi ouviu um sussurro de dor,
Daquele preto na senzala, seu sofrimento Zambi levou. 2x.

Seu sofrimento Zambi levou! 3x.

ZAMBI

Quando Zambi criou o mundo, as pedras deu a Xangô,
O ferro deu a Ogum, a Iemanjá o mar mandou.
A Oxum, as cachoeiras, Iansã vento soprou,
E o barro da criação deu a Nanã, mata imensidão a Oxóssi deixou.

Omulu, Obaluaê, a palha pra curar, e deixou Exu cumprir a Lei de Oxalá.
Quando Zambi criou o mundo, as pedras deu a Xangô,
O ferro deu a Ogum, a Iemanjá o mar deixou.
A Oxum as cachoeiras, Iansã vento soprou,
E o barro da criação deu a Nanã, mata imensidão a Oxóssi deixou.

Omulu, Obaluaê, deixa a palha pra curar, e deixou Exu cumprir a Lei de Oxalá.

Quando Zambi criou o mundo, as pedras deu a Xangô,
O ferro deu a Ogum, Iemanjá o mar deixou.
A Oxum a cachoeira, Iansã vento soprou,
E o barro da criação deu a Nanã, mata imensidão a Oxóssi deixou.

E o barro da criação deu a Nanã, mata imensidão a Oxóssi deixou.

EXU MARABÔ

(Falado: Firma o ponto!)

Firma o ponto, tambor, Motumbá que chegou
Ele veio da encruza com o filho de fé pra poder ajudar.
Firma o ponto, tambor, a Exu Marabô,
Quem tem fé se encanta, Motumbá Exu, laroyê, mojubá! 2x.

Salve, Exu MARABÔ, meu guardião, amigo Motumbá, Tatá de Umbanda,
Quem tem fé em Marabô, Marabô andará na tua sombra,
E nos caminhos por onde andar e o mal por onde for,
Esse canto de fé, proteção e axé, a Seu Marabô!

Firma o ponto, tambor, Motumbá que chegou
Ele vem da encruza pro filho de santo poder ajudar.
Firma o ponto, tambor, a Exu Marabô,

Quem tem fé se encanta, Motumbá Exu, laroyê, mojubá! 2x.

Salve, Exu Marabô, meu guardião, amigo Motumbá, Tatá de Umbanda,
Quem tem fé em Marabô, Marabô andará na tua sombra,
Guardando os caminhos por onde andar e o mal por onde for,
O meu canto é de fé, proteção e axé, a Seu Marabô!

EXU SETE PORTEIRAS

Lá no cemitério, peça licença pra entrar,
Peça licença pra pisar, tem Exu que mora lá. 2x.

Oh, me deixe passar, com esse defunto subir a ladeira,
Quem tem a chave do cemitério, ôoooh, é Sete Porteiras. 2x.

É Sete Porteiras quem deixa passar! É Sete Porteiras quem deixa enterrar!
É Sete Porteiras, laroyê, mojubá! Lá no campo santo, peça licença pra entrar.

Lá no cemitério, peça licença pra entrar,
Peça licença pra pisar, tem Exu que mora lá. 2x.

Oh, me deixe passar, com esse defunto subir a ladeira,
Quem tem a chave do cemitério, ôoooh, é Sete Porteiras.
Oh, me deixe passar, subir o defunto nessa ladeira,
Quem tem a chave do cemitério, ôoooh, é Sete Porteiras.

É Sete Porteiras quem deixa passar! É Sete Porteiras quem deixa enterrar!
É Sete Porteiras, laroyê, mojubá! Lá no Campo Santo, peça licença pra entrar. 2x

FILHO DE UMBANDA

Quando um Filho de Santo se veste de branco e aceita a missão
De servir a umbanda, oferecendo amor a qualquer irmão
Acendendo vela pra santo, rezando pra Orixá
Espalhando o amor das almas da umbanda sem nada esperar. 2x.
E agora em seus passos já não anda mais sozinho
E a luz da umbanda ilumina o seu caminho
E todo o amor que ofereceu sem nada esperar

Oxalá, as santas almas, a paz no seu peito ele vai encontrar. 2x.

Quando um filho de santo se veste de branco e aceita missão
De servir a umbanda, oferecendo amor a qualquer irmão
Acendendo vela pra santo, rezando pra Orixá
Espalhando o amor das almas da umbanda sem nada esperar. 2x.

E agora em seus passos já não anda mais sozinho
E a luz da umbanda ilumina o seu caminho
E todo o amor que ofereceu sem nada esperar
Oxalá, as santas almas, a paz no seu peito ele vai encontrar. 2x.

POMBAGIRA MENINA

Tem uma moça com vestido vermelho parada na esquina
Quem é essa moça? Ela é Pombagira MENINA. 2x.

Se tu é do bem, você pode passar, se tu é do mal, é melhor nem olhar
Pombagira Rainha MENINA, lá na encruzilhada ela vai te encontrar. 2x.

Tem uma moça com vestido vermelho parada na esquina
Quem é essa moça? Ela é Pombagira MENINA. 2x.

Se tu é do bem, você pode passar, mas se tu é do mal, é melhor nem olhar
Pombagira MENINA de Encruza, lá na encruzilhada ela vai te encontrar.

Se tu é do bem, você pode passar, mas se tu é do mal, é melhor nem olhar
Pombagira RAINHA MENINA, lá na encruzilhada ela vai te encontrar.

Tem uma moça com vestido vermelho parada na esquina
Quem é essa moça? Ela é Pombagira MENINA. 2x.

EXU ALUPANDÊ

Tinha uma vela preta na encruzilhada venha ver!
É firmeza de Exu, laroyê, mojubá, alupandê! 2x.

Se tem fé em Exu, pode chegar, deixa teu pedido no padê!
Se tem fé, pode chegar, põe marafo no copo pra Exu beber!

Salve, Mestre Exu: laroyê, mojubá, alupandê! 2x.

Se tem fé em Exu, pode chegar, deixa teu pedido no padê!
Se tem fé, pode chegar, põe marafo no copo pra Exu beber!
Salve, Mestre Exu: laroyê, mojubá, alupandê! 2x.

Tinha uma vela preta na encruzilhada venha ver!
Tinha uma vela preta na encruzilhada venha ver!
É firmeza de Exu, laroyê, mojubá, alupandê! 2x.

Tinha uma vela preta na encruzilhada venha ver!
É firmeza de Exu, laroyê, mojubá, alupandê! 2x.
Se tem fé em Exu, pode chegar, deixa teu pedido no padê!
Se tem fé pode chegar, põe charuto, marafo, pra Exu beber!
É firmeza de Exu, laroyê, mojubá, alupandê!
Salve, Mestre Exu: laroyê, mojubá, alupandê! 3x.
Tinha uma vela preta na encruzilhada venha ver!
É firmeza de Exu, laroyê, mojubá, alupandê! 2x.

INCORPORAÇÃO DE PRETO-VELHO

Se é da beira do rio, se é da beira do mar, se é da beira do rio, se é da beira do mar!
Salve as santas almas de Obaluaê!
Defuma o filho pra benzer! Defuma o filho pra benzer! Defuma o filho pra benzer!
Salve as santas almas de Obaluaê!
Oh! Salve, nego! Oh! Salve, nego! Oh! Salve, nego! Oh! Salve, nego!
Oh! Salve, nego! Oh! Salve, nego! Oh! Salve, nego! Oh! Salve, nego!
Se é da beira do rio, se é da beira do mar, se é da beira do rio, se é da beira do mar!
Salve as santas almas de Obaluaê!
Oh! Salve, nego! Oh! Salve, nego! Oh! Salve, nego! Oh! Salve, nego!
Oh! Salve, nego! Oh! Salve, nego! Oh! Salve, nego! Oh! Salve, nego!

(Falado: Oh! Salve, Alma de Luz! Salve esse nego velho! Ó Nego, que vem de Aruanda, que vem das matas, que vem da baixada, que vem da beira do rio, da beira do mar, do campo aberto, dos campos floridos! Oh! Salve sua luz, salve sua caridade! Salve a sua bondade! Se achegue, nego, se achegue, nego! Deixe que esse filho possa sentir a sua luz, sua caridade, só dê pra esse nego o que ele pode entender! Ó nego, cubra ele com sua fé, com seu abraço, derrame seu amor sobre sua cabeça e suas costas. Fale em sua cabeça, deixe que ele ouça a sua voz!).

Se é da beira do rio, se é da beira do mar, se é da beira do rio, se é da beira do mar!
Salve as santas almas de Obaluaê! Salve as santas almas de Obaluaê!
Oh! Salve, nego! Oh! Salve, nego! Oh! Salve, nego! Oh! Salve, nego!
Oh! Salve, nego! Oh! Salve, nego! Oh! Salve, nego! Oh! Salve, nego!
Defuma o filho pra benzer! Defuma o filho pra benzer!
Defuma o filho pra benzer! Salve as Santas Almas de Obaluaê!
Oh! Salve, nego! Oh! Salve, nego! Oh! Salve, nego! Oh! Salve, nego!
Oh! Salve, nego! Oh! Salve, nego! Oh! Salve, nego! Oh! Salve, nego!

(Falado: Ó nego de luz, seja bem-vindo! Ó nega de luz, seja bem vinda! Traz o seu axé, traz sua força, sua fé, seu amor, sua caridade. Oh! Salve esse nego que chega! Salve esse nego que chega! Salve esse nego que chega! Quanta fé tu tem! Quanta beleza tu tem! Oh! Quanta fé tu tem, quanta beleza tu tem! Oh! Quanta fé tu tem, quanta beleza tu tem! Abençoa, nego, abençoa nego, abençoa com sua humildade, com sua simplicidade, leva pras cachoeiras, pro fundo do rio, pro fundo do mar).

Oh! Salve, nego! Oh! Salve, nego! Oh! Salve, nego! Oh! Salve, nego!
Oh! Salve, nego! Oh! Salve, nego! Oh! Salve, nego! Oh! Salve, nego!
(Falado: Adorei as almas! 6x).

PRETOS-VELHOS

Cantou, Preto-Velho chegou! Ele vem de Aruanda
Quem canta com fé, ele vem escutar!
Cantou, Preto-Velho chegou! Ele vem de Aruanda, na gira de umbanda,
Quem canta com fé ele vem ajudar! 2x.

Ó meu nego divino, escuta meu canto que é de fé!
Minha pemba, risquei o ponto no chão. Eu acendo vela nos seus pés!
O terreiro se encanta com os pretos-velhos de Aruanda,
Vem trazer a sua luz no terreiro de umbanda!

Cantou, Preto-Velho chegou! Ele vem de Aruanda,
Quem canta com fé ele vem escutar!
Cantou, Preto-Velho chegou! Ele vem de Aruanda, na gira de umbanda,
Quem canta com fé ele vem ajudar! 2x.

Ó meu nego divino, escuta meu canto que é de fé!
Minha pemba, risquei o ponto no chão. Eu acendo vela nos seus pés!
O terreiro se encanta com os pretos-velhos de Aruanda,
Vem trazer a sua luz no terreiro de umbanda! 2x.

Cantou, Preto-Velho chegou! Ele vem de Aruanda,
Quem canta com fé ele vem escutar!
Cantou, Preto-Velho chegou! Ele vem de Aruanda, na gira de umbanda,
Quem canta com fé ele vem ajudar! 2x.

PRETO-VELHO DE ANGOLA

É bonito de ver Preto-Velho rezar
Quando canta a mironga, ele quebra o feitiço
A demanda, quiumba de quem lhe mandar.
É bonito de ver Preto-Velho rezar
Quando olha nos olhos, coração bate forte,
A voz se engasga, quem lhe escuta tem sorte,
As tristezas do filho ele vai carregar. 2x.

Salve, Preto-Velho, ilumina o caminho do povo de umbanda
Que acende vela, com fé te adora!
Salve, Preto-Velho, nascido no berço divino da África,
Ele vem de Angola. 2x.

É bonito de ver Preto-Velho rezar
Quando canta a mironga, ele quebra o feitiço
A demanda, quiumba de quem lhe mandar.
É bonito de ver Preto-Velho rezar
Quando olha nos olhos, coração bate forte,
A voz se engasga, quem lhe escuta tem sorte,
As tristezas do filho ele vai carregar.2x.

Salve, Preto-Velho, ilumina o caminho do povo de umbanda

Que acende vela, com fé te adora!
Salve, Preto-Velho, nascido no berço divino da África,
Ele vem de Angola. 2x.

Ele vem de Angola. Ele vem de Angola. Ele vem de Angola.

EXU ME ENSINOU

Eu não vim pedir, vim agradecer, Exu me ensinou a merecer.
Nunca mais pedi mal a ninguém, foi assim que eu entendi.
Quando desejei mal a alguém, esse mal voltou pra mim.
Exu me ensinou, fez ver que tu tem que merecer.
Nessa noite, eu não vim pedir, ó Exu, eu vim te agradecer.
Nessa noite, eu não vim pedir, ó Exu, eu vim te agradecer.

Eu não vim pedir, vim agradecer, Exu me ensinou a merecer.
Nunca mais pedi mal a ninguém, foi assim que entendi.
Quando desejei mal a alguém, esse mal voltou pra mim.

Exu me ensinou, me fez ver que tu tem que merecer.

Nessa noite, eu não vim pedir, ó Exu, eu vim te agradecer. 3x.

SETE PORTEIRAS NUNCA DORME

Quem me chama a essa hora, andando sozinho, lá na encruzilhada
É Sete Porteiras, Exu sempre escuta o filho e dá guarda.
Quem tem fé em Exu, risca o ponto no chão e chama meu nome.
Leva proteção a um filho que pede, Exu nunca dorme. 2x.

Quem tem fé em Exu, nunca anda sozinho na caminhada
Abre as porteiras, abre os caminhos,
Quebrando as correntes das portas fechadas.
Quem tem fé em Exu, risca o ponto no chão e chama meu nome.
Leva proteção a um filho que pede, Exu nunca dorme.

Quem me chama a essa hora, andando sozinho, lá na encruzilhada
É Sete Porteiras, Exu sempre escuta o filho e dá guarda.

Quem tem fé em Exu, risca o ponto no chão e chama meu nome.
Leva proteção a um filho que pede, Exu nunca dorme. 2x.

Quem tem fé em Exu, nunca anda sozinho na caminhada
Abre a porteira, abre os caminhos,
Quebrando as correntes das portas fechadas.

Quem tem fé em Exu, risca o ponto no chão e chama meu nome.

Leva proteção a um filho que pede, Exu nunca dorme. 3x.

TAMBOR DEIXA AS ALMAS CHEGAR

Quando toca o tambor, deixa as almas chegar. 2x.
Salve o povo da umbanda, que canta com fé e humildade
Pras almas ascender nos terreiros para nos clarear.
Quando toca o tambor, deixa as almas chegar.
Salve, Zambi, meu Pai, Oxalá que é o meu Rei
Toda a luz que ele deu, clareou nesse mundo todos orixás!
Quando toca o tambor, deixa as almas chegar. 3x.
Salve o povo da umbanda, que canta com fé e humildade
Pras almas ascender nos terreiros para nos clarear.
Quando toca o tambor, deixa as almas chegar.
Salve, Zambi, meu Pai, Oxalá que é o meu Rei
Toda a luz que ele deu, clareou nesse mundo todos orixás!

Quando toca o tambor, deixa as almas chegar!
Deixa as almas chegar, deixa as almas chegar! 2x.
Quando toca o tambor, deixa as almas chegar! 5x.

EXU TIRIRI

Firma o ponto e canta com fé que ele vem aí,
A vela, firmeza, oferenda na mesa a Seu Tiriri.
Esse Exu é amigo, o mal do inimigo ele manda levar,
Não há mal que lhe chegue, se Exu Tiriri seus caminhos guardar. 2x.

Laroyê! Mojubá! É Seu Tiriri!

Tem firmeza na encruza, Motumbá, eu saúdo Seu Tiriri!
Ele é da umbanda, quimbanda, do povo de candomblé,
A corrente não quebra, o mal nunca chega, se em Tiriri o filho tiver fé!

Laroyê! Mojubá! É Seu Tiriri!
Tem firmeza na encruza, Motumbá, eu saúdo Seu Tiriri!
Ele é da umbanda, do povo quimbanda, de candomblé,
A corrente não quebra, o mal nunca chega, se em Tiriri o filho tiver fé!

Firma o ponto e canta com fé que ele vem aí,
A vela, firmeza, oferenda na mesa a Seu Tiriri.
Esse Exu é amigo, o mal do inimigo ele manda levar,
Não há mal que lhe chegue, se Exu Tiriri seus caminhos guardar.

Firma o ponto e canta com fé que ele vem aí,
É firmeza, oferenda na mesa, eu saúdo Seu Tiriri.
Esse Exu é amigo, o mal do inimigo ele manda levar,
Não há mal que lhe chegue se Exu Tiriri seus caminhos guardar.

Laroyê! Mojubá! É Seu Tiriri!
Tem firmeza na Encruza, Motumbá, eu saúdo Seu Tiriri!
Ele é da umbanda, quimbanda, do povo de candomblé,
A corrente não quebra, o mal nunca chega, se em Tiriri, o filho tiver fé!

Laroyê! Mojubá! É Seu Tiriri!
Tem firmeza na encruza, Motumbá, eu saúdo Seu Tiriri!
Ele é da umbanda, quimbanda, do povo de candomblé,
A corrente não quebra, o mal nunca chega, se em Tiriri, o filho tiver fé!

GIRA DE EXU E POMBAGIRA

Quem tem fé, se ajunta nessa gira, ôoooh, quem tem fé pode chegar!
Quem tem fé, se ajunta nessa gira, tem Exu e Pombagira
Quem tem fé, pode chegar! 2x.

É Seu Marabô, é Seu Tiriri, Sete Catacumbas, Sete Porteiras!
É Maria Mulambo, é Dama da Noite, é Rosa Vermelha e Rosa Caveira! 2x.

Se tem fé, pode ajuntar, ôooh, se tem fé pode chegar! 2x.

Quem tem fé, se ajunta nessa gira, ôooh, quem tem fé, pode chegar!
Quem tem fé, se ajunta nessa gira, tem Exu e Pombagira
Se tem fé pode chegar! 2x.

É Seu Marabô, é Seu Tiriri, Sete Catacumbas, Sete Porteiras!
É Maria Mulambo, é Dama da Noite, é Rosa Vermelha e Rosa Caveira! 2x.

Se tem fé, pode ajuntar, ôooh, se tem fé, pode chegar!
Se tem fé, pode ajuntar, ôooh, quem tem fé, pode chegar!
Quem tem fé, pode ajuntar, ôooh, se tem fé pode chegar!

QUEM CANTOU PARA EXU

O tambor bateu, o meu corpo tremeu, hora grande é agora
Quem cantou pra Exu vem chegando da encruza, Exu não demora.
Já risquei o meu ponto, baixei oferenda no alguidar
Oh! Laroyê, Exu vai chegar! 2x.

Salve o povo de Gaga que vem ver, salve o povo de Ganga que vai chegar,
Salve a força da encruzilhada, saudamos os Exus que vêm de lá! 2x.

O tambor bateu, o meu corpo tremeu, hora grande é agora
Quem cantou pra Exu vem chegando da Encruza, Exu não demora.
Já risquei o meu ponto, baixei oferenda no alguidar
Oh! Laroyê, Exu vai chegar! 2x.
Salve o povo de Ganga que vem ver, salve o povo de Ganga que vai chegar,
Salve a força da encruzilhada, saudamos os Exus que vêm de lá! 2x.

O tambor bateu, o meu corpo tremeu, hora grande é agora
Quem cantou pra Exu vem chegando da Encruza, Exu não demora.
Já risquei o meu ponto, baixei oferenda no alguidar
Oh! Laroyê, Exu vai chegar! 2x.

CARTA DE EXU

No clarão da aurora, Exu foi embora, mas deixou
Uma carta escrita no chão do terreiro, na terra riscou
Que dizia: meu nego, pra Exu todo filho é igual

Se tu pede o bem, deseje o bem, nunca peça o mal. 2x.

Exu não tem maldade, só fala a verdade, só quer te ajudar
Se tu quer o bem, não deseje a ninguém a Exu mal levar
Se tu julga, meu nego, a justiça de Exu vai te julgar
O bem traz o bem, a maldade de alguém, Exu faz voltar.

No clarão da aurora, Exu foi embora, mas deixou
Uma carta escrita no chão do terreiro, na terra riscou
Que dizia: meu nego, pra Exu todo filho é igual
Se tu pede o bem, deseje o bem, nunca peça o mal. 2x.

Exu não tem maldade, só fala a verdade, só quer te ajudar
Se tu pede o bem, não deseje a ninguém a Exu mal levar
Se tu julga, meu nego, a justiça de Exu vai te julgar
O bem traz o bem, a maldade de alguém, Exu faz voltar.

Exu não tem maldade, só fala a verdade, só quer te ajudar
Se tu quer o bem, não deseje a ninguém a Exu mal levar
Se tu julga, meu nego, a justiça de Exu vai te julgar
O bem traz o bem, a maldade de alguém, Exu faz voltar.

No clarão da aurora, Exu foi embora, mas deixou
Uma carta escrita no chão do terreiro, na terra riscou
Que dizia: meu nego, pra Exu todo filho é igual
Se tu pede o bem, deseje o bem, nunca peça o mal.

EU SOU UMBANDA

Quando eu morrer, me leva pro céu, encontrar os pretos velhos que tanto rezei.
Quando eu morrer, me leva pro céu, (no céu), encontrar Pai Ogum, que é o meu Rei.
Quando eu morrer, me leva pro céu, ver Zambi, meu Pai, a bença de Oxalá,
Mas antes me deixe na Encruza, saudar os exus antes de me levar. 2x.
Sou umbanda, êh, sou umbanda! 6x.

Sou umbanda, êh, umbanda!

Quando eu morrer, me leva pro céu, encontrar os pretos-velhos que tanto rezei. (2ª vez — no céu)
Quando eu morrer, me leva pro céu, encontrar Pai Ogum, que é o meu Rei.
Quando eu morrer, me leva pro céu, ver Zambi, meu Pai, a bença de Oxalá,
Mas antes me deixe na encruza, saudar os exus antes de me levar. 2x.
Sou umbanda, êh, sou umbanda! 12x.

ROSA CAVEIRA

A Rosa é Caveira, Caveira é uma Rosa,
Entre o bem e o mal essa moça se entrosa,
Se o filho é do bem, a Rosa ajuda,
Se o filho é do mal, a Caveira não gosta. 2x.

Ó Caveira, leva o mal de quem mandou,
Tu é moça, é bonita, devolve para quem o mal desejou.
Ó Caveira, leva o mal pra quem mandou
Tu é moça, é bonita, devolve para quem o mal desejou. 2x.
(Falado: Salve, Dona Rosa Caveira! Pedimos a Justiça no caminho.
Pedimos a sua força e a sua proteção e a sua verdade).

A Rosa é Caveira, Caveira é uma Rosa,
Entre o bem e o mal a Caveira se entrosa, (2ª vez — essa moça)
Se o filho é do bem, a Rosa ajuda,
Se o filho é do mal, a Caveira não gosta. 2x.

Ó Caveira, leva o mal de quem mandou
Tu é moça, é bonita, devolve pra quem o mal desejou. 2x.

Tu é moça, é bonita, devolve pra quem o mal desejou!
Tu é moça, é bonita, devolve pra quem o mal desejou!

ZAMBI MANDOU UM PRETO DO CÉU

Zambi mandou um preto do céu, a pedido de Oxalá,
Nos terreiros de umbanda, a humildade ensinar. 2x.

Oxalá morreu na cruz, mas antes de ir disse a seu Pai:

Perdoa esse povo, ele não sabe o que faz
Assim como os pretos-velhos morreram nos troncos nos cafezais
Oxalá quem deu a luz, tornou santos os pretos celestiais.

Zambi mandou um preto do céu, a pedido de Oxalá,
Nos terreiros de umbanda, a humildade ensinar.
Zambi mandou um preto do céu, a pedido de Oxalá,
Nos terreiros de umbanda, ensinar a perdoar.

Oxalá morreu na cruz, mas antes de ir disse a seu Pai:
Perdoa esse povo, ele não sabe o que faz
Assim como os pretos-velhos morreram nos troncos nos cafezais
Oxalá quem deu a luz, tornou santos os pretos celestiais.

Zambi mandou um preto do céu, a pedido de Oxalá,
Nos terreiros de umbanda, a humildade ensinar. 2x.

Oxalá morreu na cruz, mas antes de ir disse a seu Pai:
Perdoa esse povo, ele não sabe o que faz
Assim como os pretos-velhos morreram nos troncos nos cafezais
Oxalá quem deu a luz, tornou santos os pretos celestiais.

POMBAGIRA SETE ENCRUZILHADAS

Acendi sete velas, sete rosas desfolhadas,
Sete champanhes, sete taças, pra essa moça vim dar graça.
Firma o ponto, Ogã, põe champanhe, enche a taça,
Dona Sete Encruzilhadas, traz firmeza nessa casa. 2x.

O que não é bom, pode levar, êeeh, todo o mal carregar
Lá na encruzilhada, nas sete fogueiras, esse mal pra queimar.
Ela vem pra levar, êeeh, o mal carregar
Sete Encruzilhadas, esse povo com fé te espera chegar.

Acendi sete velas, sete rosas desfolhadas,
Sete champanhes, sete taças, pra essa moça vim dar graça.
Firma o ponto, Ogã, põe champanhe, enche a taça,
Dona Sete Encruzilhadas, traz firmeza nessa casa. 2x.
O que não é bom, pode levar, êeeh, todo o mal carregar

Lá na encruzilhada, nas sete fogueiras, esse mal pra queimar.
Ela vem pra levar, êeeh, o mal carregar
Sete Encruzilhadas esse, povo com fé te espera chegar.

Ela vem pra levar, êeeh, todo o mal carregar
Lá na encruzilhada, nas sete fogueiras, esse mal pra queimar.
Ela vem pra levar, êeeh, o mal carregar
Sete Encruzilhadas, esse povo com fé te espera chegar.

Acendi sete velas, sete rosas desfolhadas,
Sete champanhes, sete taças, pra essa moça vim dar graça.
Firma o ponto, Ogã, põe champanhe, enche a taça,
Dona Sete Encruzilhadas, traz firmeza nessa casa. 2x.

EXU SETE COVAS

Desenterra o defunto, meu nego, que nessa noite tem prosa
Oh, quem vem te julgar, é Exu Sete Covas. 2x.

Se o filho foi bom, pode passar, vai em paz descansar
Se foi ruim, vai voltar pro fundo da cova pra pagar
Exu Sete Covas julga bem e se tu fez o bem no céu vai morar
Mas se fez maldade nessa vida no fundo da cova vai ficar.

Desenterra o defunto, meu nego, que nessa noite tem prosa
Oh, quem vem te julgar, é Exu Sete Covas. 2x.

Se o filho foi bom, pode passar, vai em paz descansar
Se foi ruim, vai voltar pro fundo da cova pra pagar
Exu Sete Covas julga bem e se tu fez o bem no céu vai morar
Mas se fez maldade nessa vida no fundo da cova vai ficar.

(Falado: Laroyê Exu, salve, Exu Sete Covas, salve a sua palavra
de justiça, salve a sua verdade na encruza, que julga o bem
e julga o mal. Laroyê, Exu Sete Covas).

Desenterra o defunto, meu nego, que nessa noite tem prosa
Oh, quem vem te julgar, é Exu Sete Covas. 2x.

Se o filho foi bom, pode passar, vai em paz descansar
Se foi ruim, vai voltar pro fundo da cova pra pagar
Exu Sete Covas julga bem e se tu fez o bem no céu vai morar
Mas se fez maldade nessa vida pro fundo da cova vai ficar.

EXU MARÉ

Eu molhei meu pé no mar, oh, Motumbá, tenho fé
Venho pedir sua proteção, oh, Exu, laroyê, Exu Maré 2x.

Salve, Exu, que vem do mar, leva pro fundo o meu sentir
Leva pra correnteza a maldade que um dia fizeram pra mim
Tenho fé em Exu Maré, escuta essa prece, vem me ajudar
Agradeço a Exu, com a licença, a bença de Iemanjá.
Eu molhei meu pé no mar, oh, Motumbá, tenho fé
Venho pedir sua proteção, oh, Exu, laroyê, Exu Maré 2x.
Salve, Exu, que vem do mar, leva pro fundo o meu sentir
Leva pra correnteza a maldade que um dia fizeram pra mim
Tenho fé em Exu Maré, escuta essa prece vem me ajudar
Agradeço a Exu, com a licença, a bença de Iemanjá.

Eu molhei meu pé no mar, oh, Motumbá, tenho fé
Venho pedir sua proteção, oh, Exu, laroyê, Exu Maré 2x.

Salve, Exu, que vem do mar, leva pro o fundo o meu sentir
Leva pra correnteza a maldade que um dia fizeram pra mim
Tenho fé em Exu Maré, escuta essa prece vem me ajudar
Agradeço a Exu, com a licença, a bença de Iemanjá.

ZÉ PILINTRA

Ó, Malandro de fé, tem samba no pé, (Ó Seu Zé)
Vive na gandaia de segunda a quinta
Na sexta-feira trabalha na casa de umbanda
Na gira de exu, salve Zé Pilintra!
No sábado leva os pedidos na encruza
As demandas que os filhos mandaram carregar
No domingo descansa, segunda-feira à gandaia voltar. 2x.

Salve, Seu Zé, em Tu tenho fé, esse canto de axé ao Seu Zé Pilintra
Salve, Seu Zé, dá luz na umbanda, dá voz na quimbanda
Ele dança no chão do candomblé. 2x.

Ó, Malandro de fé, tem samba no pé (2ª vez — Ó Seu Zé)
Vive na gandaia de segunda a quinta
Na sexta-feira trabalha na casa de umbanda
Na gira de Exu, salve, Zé Pilintra!
No sábado leva os pedidos na encruza
As demandas que os filhos mandaram carregar
No domingo descansa, segunda-feira à gandaia voltar. 2x.

Ó Seu Zé! (1ª vez).
Salve, Seu Zé, em Tu tenho fé, esse canto de axé ao Seu Zé Pilintra
Salve, Seu Zé, dá luz na umbanda, dá voz na quimbanda
Ele dança no chão do candomblé. 2x.

Ó Malandro de fé, tem samba no pé (Ó Seu Zé)
Vive na gandaia de segunda a quinta
Na sexta-feira trabalha na casa de umbanda
Na gira de Exu, salve, Zé Pilintra!
No sábado leva os pedidos na encruza
As demandas que os filhos mandaram carregar
No domingo descansa, segunda-feira à gandaia voltar. 2x.

O DIVINO PRETO CANTOU

Um preto divino cantou no escuro da senzala
Seu canto era reza boa, o sofrimento dos negos acalmava.
Um divino cantou no escuro da senzala
Seu canto era reza boa, o sofrimento dos negos acalmava.

Enquanto cantava, rezava pra Zambi, meu Pai, Oxalá, as almas
Seu canto era reza boa, enquanto cantava esse Preto rezava.

Oh, que reza boa, esse preto rezava, a noite era fria
Os pretos dormiam ajuntados no abraço na cama de palha.

Oh, que reza boa, esse preto rezava, Oxalá mandou a luz:
Ilumina o escuro da senzala.

Um divino cantou no escuro da senzala
Seu canto era reza boa, o sofrimento dos negos acalmava.
Um divino cantou no escuro da senzala
Seu canto era reza boa, o sofrimento dos negos acalmava.

Enquanto cantava, rezava pra Zambi, meu Pai, Oxalá, as almas
Seu canto era reza boa, enquanto cantava esse preto rezava.

Oh, que reza boa, esse preto rezava, a noite era fria
Os pretos dormiam ajuntados no abraço na cama de palha.

Oh, que reza boa, esse preto rezava, Oxalá mandou a luz:
Ilumina o escuro da senzala.

Um divino cantou no escuro da senzala
Seu canto era reza boa, o sofrimento dos pretos acalmava.
Um divino cantou no escuro da senzala
Seu canto era reza boa, o sofrimento dos negos acalmava.

EXU ASA NEGRA

Ele bateu asas e voou, na quimbanda, na umbanda, quem chamou
Conhece o bem como ninguém, na maldade do mundo estudou.
Quem cantou com fé pra Exu chegar, lá na encruzilhada ele escutou
Anjo negro de quimbanda, Asa negra que chegou. 2x.

Salve, Exu Asa Negra, vem ajudar, ôooh quem lhe chamar!
Anjo Negro de encruza, as demandas dos filhos na asa levar.

Salve, Exu Asa Negra, ôooh quem lhe chamou
Anjo Negro de encruza, as demandas dos filhos na asa levou.

Ele bateu asas e voou, na quimbanda, na umbanda, quem chamou
Conhece o bem como ninguém, na maldade do mundo estudou.
Quem cantou com fé pra Exu chegar, lá da encruzilhada ele escutou
Anjo negro de quimbanda, asa negra que chegou. 2x.

Salve, Exu Asa Negra, vem ajudar, ôooh quem lhe chamar!
Anjo negro de encruza, as demandas dos filhos na asa levar.

Salve, Exu Asa Negra, ôooh quem lhe chamou
Anjo negro de encruza, as demandas dos filhos na asa levou.

Ele bateu asas e voou, na quimbanda, na umbanda, quem chamou
Conhece o bem como ninguém, na maldade do mundo estudou.
Quem cantou com fé pra Exu chegar, lá na encruzilhada ele escutou
Anjo negro de quimbanda, asa negra que chegou.

A UMBANDA MANDOU ME BUSCAR

Perdido no mundo, na gira de umbanda, encontrei meu axé, (Ôh...)
Já não tinha mais crença nos braços da umbanda eu achei minha fé.
No toque do tambor eu senti o meu corpo arrepiar
Não procurei a umbanda, a umbanda mandou as almas me buscar. 2x.

A umbanda mandou, mandou me buscar
Me deu seu axé, no meu peito pôs fé, pras almas adorar.
A umbanda mandou, mandou me buscar
Me fez filho de santo, a missão na umbanda pras almas cantar.
Perdido no mundo, na gira de umbanda, encontrei meu axé, (Ôh...)
Já não tinha mais crença nos braços da umbanda eu achei minha fé.
No toque do tambor eu senti o meu corpo arrepiar
Não procurei a umbanda, a umbanda mandou as almas me buscar. 2x.
A umbanda mandou, mandou me buscar
Me deu seu axé, no meu peito pôs fé, pras almas adorar.
A umbanda mandou, mandou me buscar
Me fez filho de santo, a missão na umbanda pras almas cantar.

Perdido no mundo, na gira de umbanda, encontrei meu axé
Já não tinha mais crença nos braços da umbanda eu achei minha fé.
No toque do tambor eu senti o meu corpo arrepiar
Não procurei a umbanda, a umbanda mandou as almas me buscar.

MARIA PADILHA

Oh! Laroyê! Pombagira chegou,
De vestido vermelho, rosa no cabelo, de madrugada.
Oh! Laroyê! Pombagira rodou,
É Maria Padilha, no chão do terreiro a Rainha pisou. 2x.

Se tem fé nessa moça, pode chegar, peça pra Padilha lhe benzer
Carrega as demandas da sua vida, quebra quem mandou mal pra você.
E quem é filho de Maria, não anda sozinho, ela vem ajudar
Não há mal que lhe chegue, meu nego, se Dona Padilha os caminhos guardar!

Oh! Laroyê! Pombagira chegou, de vestido vermelho, rosa no cabelo, de madrugada.
Oh! Laroyê! Pombagira rodou, é Maria Padilha, no chão do terreiro a Rainha pisou.
Oh! Laroyê! Pombagira rodou, de vestido vermelho, rosa no cabelo, de madrugada.
Oh! Laroyê! Pombagira chegou, é Maria Padilha, no chão do terreiro a Rainha pisou.
Se tem fé nessa moça, pode chegar, peça pra Padilha lhe benzer
Carrega as demandas da sua vida quebra quem mandou mal pra você.
E quem é filho de Maria, não anda sozinho ela vem ajudar
Não há mal que lhe chegue, meu nego, se Dona Padilha os caminhos guardar!
Oh! Laroyê! Pombagira chegou, de vestido vermelho, rosa no cabelo, de madrugada.
Oh! Laroyê! Pombagira rodou, é Maria Padilha, no chão do terreiro a Rainha pisou. 2x.

PAI OGUM

Ogum diz que dança na beira da praia, descarrega a demanda na beira do mar,
Ôooh, na beira do mar.
E pede licença à Mãe Iemanjá, a maldade do mundo na onda levar. 2x.
Ogum Beira-Mar, Rompe Mato, Megê, Matinata, Iara, Delê, Naruê!
Salve, meu Pai Ogum, iê, esse canto de fé, ôooh
Esse canto de fé, ôooh, a meu Pai Ogum, iê!

Ogum diz que dança na beira da praia, descarrega a demanda na beira do mar,
Êeeh, na beira do mar (ôooh) e pede licença à Mãe Iemanjá,
A maldade do mundo na onda levar. 2x.

Ogum Beira-Mar, Rompe Mato, Megê, Matinata, Iara, Delê, Naruê!
Salve, meu Pai Ogum, iê, esse canto de fé, ôooh,
Esse canto de fé, ôooh, a meu Pai Ogum iê! 2x.

Ogum diz que dança na beira da praia, descarrega a demanda na beira do mar,
Êeeh, na beira do mar (ôooh) e pede licença à Mãe Iemanjá
A maldade do mundo na onda levar. 2x.

EXU NÃO ESCUTA QUEM MENTE

Não perca seu tempo pedindo a Exu o que tu não merece (Ôh)
Oh, Exu não escuta a oração de quem mente, não recebe a prece
Oh, Exu cumpre a Lei de Ogum, a missão que a ele foi dada
Oração de quem mente, meu nego, não chega na encruzilhada. 2x.
Alupandê, Exu, ôooh Motumbá,
Oração de quem mente, meu nego, Exu não vai escutar.
Alupandê, Exu, ôooh Motumbá,
Oh, quem mente no mundo a verdade de Exu não vai enxergar.

Não perca seu tempo pedindo a Exu o que tu não merece (Oh)
Oh, Exu não escuta a oração de quem mente, não recebe a prece
Oh, Exu cumpre a Lei, a missão de Ogum, que a ele foi dada
Oração de quem mente, meu nego, não chega na encruzilhada.

Alupandê, Exu, ôooh Motumbá,
Oração de quem mente, meu nego, Exu não vai escutar.
Alupandê, Exu, ôooh Motumbá,
Oh, quem mente pro mundo a verdade de Exu não vai enxergar. 2x

ALMA DO TAMBOR

Tambor, que faz encanto na umbanda,
No povo de Aruanda, magia no candomblé.
Oh, tambor, Ogã que toca nesse couro
A magia vira ouro, nesse toque tem amor.

Oh, tambor, que abre as portas de Aruanda
Santas almas Deus que manda no terreiro trabalhar.

Oh, tambor! Tambor no canto do candomblé,
Na batida firma a fé, ôooh, na alma do tambor!

Tambor, que faz encanto na umbanda,
No povo de Aruanda, magia no candomblé.
Oh, tambor, Ogã que toca nesse couro
A magia vira ouro, nesse toque tem amor. 2x.
Oh, tambor, que abre as portas de Aruanda
Santas almas Deus que manda no terreiro trabalhar.
Oh, tambor! Tambor no canto do candomblé,
Na batida firma a fé, ôooh, na alma do tambor!
Tambor!!! Tambor!!! Tambor!!!

EXU CAVEIRA

Oh, devolve o mal pra quem mandou, Exu nessa hora vem proteger
Eu tenho um amigo na encruzilhada, que quando me escuta vem socorrer
Minha casa é fechada nos quatro cantos, a firmeza enterrada você não vê
Quem guarda essa porta é Exu Caveira, mandou a maldade no mal vai viver. 2x.

Salve, Exu Caveira, Tatá de Umbanda, Exu de Lei!
Salve, Exu Caveira, Tatá de Umbanda, na Encruza é Rei!
Oh, se o nego tem fé, a maldade do mundo nunca vai chegar! (E se)
Salve, Exu Caveira, guarda meus caminhos e o meu cazuá! 2x.

Oh, devolve o mal pra quem mandou, nessa hora Exu vem proteger
Eu tenho um amigo na encruzilhada, que quando me escuta vem socorrer
Minha casa é fechada nos quatro cantos, a firmeza enterrada você não vê
Quem guarda minha porta é Exu Caveira, mandou a maldade no mal vai viver.
2x.

Salve, Exu Caveira, Tatá de Umbanda, Exu de Lei!
Salve, Exu Caveira, Tatá de Umbanda, na Encruza é Rei!
Oh, se o nego tem fé, a maldade do mundo nunca vai chegar! (E se...)
Salve, Exu Caveira, guarda meus caminhos e o meu cazuá! 2x.

Oh, devolve o mal pra quem mandou, nessa hora Exu vem proteger
Eu tenho um amigo na encruzilhada, que quando me escuta vem socorrer
Minha casa é fechada nos quatro cantos, a firmeza enterrada você não vê

Quem guarda minha porta é Exu Caveira, quem mandou a maldade no mal vai viver. 2x.

TATÁ MULAMBO

Ela guarda os caminhos e faz a firmeza por onde eu ando,
Ela anda no chão da umbanda, quimbanda e do candomblé.
Esse canto é encanto ao feitiço de Dona Tatá Mulambo,
A mais velha da encruza, quem crê na Senhora canta com fé. 2x.

Oh, Tatá Mulambo, cuida do caminho por eu ando,
Que a maldade não chegue, protege e me guarda, nos quatro cantos.
Pombagira Senhora, escuta o pedido e vem ajudar,
Não há mal que me chegue se Tatá Mulambo me acompanhar. 2x.

Ela guarda os caminhos e faz a firmeza por onde eu ando,
Ela anda no chão da umbanda, quimbanda, no candomblé, (e do)
Esse canto é encanto ao feitiço de Dona Tatá Mulambo,
A mais velha da encruza, quem crê na Senhora canta com fé. 2x.

Ó Tatá Mulambo, cuida do caminho por onde eu ando,
Que a maldade não chegue, protege e me guarda, nos quatro cantos.
Pombagira Senhora, escuta o pedido e vem ajudar,
Não há mal que me chegue se Tatá Mulambo me acompanhar. 2x.

Ela guarda os caminhos e faz a firmeza... na Senhora canta com fé. 2x.

Ó Tatá Mulambo, cuida do caminho... se Tatá Mulambo me acompanhar.

Ela guarda os caminhos e faz a firmeza por onde eu ando,
Ela anda no chão da umbanda, quimbanda, no candomblé. (e do)
Esse canto é encanto ao feitiço de Dona Tatá Mulambo,
A mais velha da encruza, quem crê na Senhora canta com fé.

TRANCA-RUA E OS SETE EXUS

Já é mais de meia-noite, quem bate na porta de meu cazuá
Quando abri, tinham sete exus, eu baixei a cabeça pra saudar

Assustado e com medo eu fiquei com meu rosto encostado no chão
Quando senti a mão quente de Exu me dizendo: não tenha medo, irmão.

Eu sou Tranca-Rua e vim da encruza pra te ajudar
Recebi teu pedido, no padê a oferenda que tu foi levar
Sete Exus da encruza eu deixo na porta de seu cazuá
Eu sou Tranca-Rua, senti tua fé e vim lhe guardar.

Ôooh, Tranca-Rua, êeeh! Ôooh, Tranca-Rua, aaah!
Tu é Rei na Encruzilhada, no luar da madrugada
Na encruza a voz que fala: Tranca-Rua, êeeh!

Já é mais de meia-noite, quem bate na porta de meu cazuá
Quando abri, tinham sete exus, eu baixei a cabeça pra saudar
Assustado e com medo eu fiquei com meu rosto encostado no chão
Quando senti a mão quente de Exu me dizendo: não tenha medo, irmão.

Eu sou Tranca-Rua e vim da encruza pra te ajudar
Recebi teu pedido, no padê a oferenda que tu foi levar
Sete exus da encruza eu deixo na porta de seu cazuá
Sou Exu Tranca-Rua, senti tua fé e vim lhe guardar.

Ôooh, Tranca-Rua, êeeh! Ôooh Tranca-Rua, aaah!
Tu é Rei na encruzilhada, no luar da madrugada
Na Encruza a voz que fala: Tranca-Rua, êeeh! Tranca-Rua, aaah!
Tranca-Rua, aaah! Tranca-Rua, êeeh! Ôooh Tranca-Rua, êeeh!

OGUM LEVANTOU EXU VELUDO

Ogum levantou Exu, pra cuidar do caminho
Ogum levantou Exu, pra trazer a firmeza
Ogum levantou Exu, pra justiça do mundo
Clareou na encruza, deu luz e firmeza a Exu Veludo! 2x.
Pai Ogum levantou Exu, na encruzilhada
Batizou Exu na firmeza e na luz da sua espada. (de sua)
Pai Ogum levantou Exu, pra cuidar desse mundo
A firmeza e a luz levantou na encruza Exu Veludo! 2x.

Ogum levantou Exu, pra cuidar do caminho

Ogum levantou Exu, pra trazer a firmeza
Ogum levantou Exu, pra justiça do mundo
Clareou na encruza, deu luz e firmeza a Exu Veludo! 2x.

Pai Ogum levantou Exu, na encruzilhada
Batizou Exu na firmeza e na luz de sua espada.
Pai Ogum levantou Exu, pra cuidar desse mundo
A firmeza e a luz, a firmeza na encruza a Exu Veludo! 2x.
A firmeza e a luz levantou na encruza Exu Veludo! (na 2ª vez).

Pai Ogum levantou Exu, na encruzilhada
Batizou Exu na firmeza e na luz de sua espada.
Pai Ogum levantou Exu, pra cuidar desse mundo
A firmeza e a luz levantou na encruza Exu Veludo!

POMBAGIRA SETE LUAS

Foi na encruzilhada, eu vi uma moça passar
Sua luz clareava o caminho, iluminava seu andar.
Foi na encruzilhada, eu vi uma moça passar
Laroyê, Pombagira Sete Luas, sua luz vem do luar.

Salve, moça da encruza, sua luz vem do luar
Ilumina o meu caminho, nunca deixe o mal chegar
Tenho fé em Pombagira, acendo vela pra agradar
Pombagira Sete Luas, me ilumina o cazuá.

Foi na encruzilhada, eu vi uma moça passar
Sua luz clareava o caminho, iluminava seu andar.
Foi na encruzilhada, eu vi uma moça passar
Laroyê, Pombagira Sete Luas, sua luz vem do luar.

Salve, moça da encruza, sua luz vem do luar
Ilumina o meu caminho, nunca deixe o mal chegar
Tenho fé em Pombagira, acendo vela pra agradar
Pombagira Sete Luas, me ilumina o cazuá.

Salve, moça da encruza, sua luz vem do luar
Ilumina o meu caminho, nunca deixe o mal chegar

Tenho fé em Pombagira, acendo vela pra agradar
Pombagira Sete Luas, me ilumina o cazuá.

Foi na encruzilhada, eu vi uma moça passar
Sua luz clareava o caminho, iluminava seu andar.
Foi na encruzilhada, eu vi uma moça passar
Laroyê, Pombagira Sete Luas, sua luz vem do luar.

IANSÃ

Santa Bárbara clareou, o relâmpago no céu que a escuridão se iluminou
Santa Bárbara clareou, Filho de umbanda e candomblé
A quem rezou, pediu com fé, Iansã vento levou. 2x.

Santa Bárbara clareou, Zambi no céu que levantou,
Sob a luz de Oxalá, luz que ilumina a escuridão,
O vento, a força, o trovão, é Iansã que vou louvar.

Santa Bárbara clareou, o relâmpago no céu, que a escuridão se iluminou
Santa Bárbara clareou, Filho de umbanda e candomblé
A quem rezou, pediu com fé, a Iansã o vento levou. 2x.

Santa Bárbara clareou, Zambi no céu que levantou,
Sob a luz de Oxalá, luz que ilumina a escuridão,
O vento, a força, o trovão, é Iansã que vou louvar.
Santa Bárbara clareou, o relâmpago no céu que a escuridão se iluminou
Santa Bárbara clareou, Filho de umbanda e candomblé
A quem rezou, pediu com fé, a Iansã o vento levou. 2x.

O CANTO DE FÉ DOS CABOCLOS

Um grito ecoou, no escuro da madrugada, no meio da mata um Caboclo bradou.
Era um canto de fé, Okê Caboclo, um guerreiro de fé bradava a seu povo.
Seu canto era doce, vagava no espaço, quebrava o silêncio no escuro do mato
Seu canto ecoava pelas montanhas, na baixada da grota até o riacho.

Era um canto de fé, Okê Caboclo, um guerreiro de fé bradava a seu povo. 2x.
Um grito ecoou, no escuro da madrugada... na baixada nas grotas até o riacho.

Era um canto de fé, Okê Caboclo, um guerreiro de fé bradava a seu povo. 2x.
Um grito ecoou, no escuro da madrugada ... na baixada na grota até o riacho.
Era um canto de fé, Okê Caboclo, um guerreiro de fé bradava a seu povo. 3x.

XANGÔ

Foi Zambi, meu Pai, que escreveu sua Lei numa pedra
E os Dez Mandamentos do mundo a seu povo deixou
Todos os nomes que o mundo lhe chama de Deus, de quem reza.
Na umbanda, a justiça, ele deu a missão a Xangô. 2x.
Foi Zambi, meu Pai, que escreveu sua Lei numa pedra
Pedindo pro mundo respeito, humildade e amor
Clareou uma luz na pedreira, a justiça de umbanda
E deu nome a essa luz, essa luz é meu Pai Xangô.

Foi Zambi, meu Pai, que escreveu sua Lei numa pedra
E os Dez Mandamentos do mundo a seu povo deixou
Todos os nomes que o mundo lhe chama de Deus, de quem reza.
Na umbanda, a justiça, ele deu a missão a Xangô. 2x.

Foi Zambi, meu Pai, que escreveu sua Lei numa pedra
Pedindo pro mundo respeito, humildade e amor
Clareou uma luz na pedreira, a justiça de umbanda
E deu nome a essa luz, essa luz é meu Pai Xangô. 2x.

Foi Zambi, meu Pai, que escreveu sua Lei numa pedra
E os Dez Mandamentos do mundo a seu povo deixou
Todos os nomes que o mundo lhe chama de Deus, de quem reza.
Na umbanda, a justiça, ele deu a missão a Xangô.

FAZ TEU PEDIDO A EXU

Oh, quem chamou pode chegar, oh, quem pede pra Exu,
Morador da encruzilhada, sob a bença de Ogum, (morador de)
Acende vela pelos cantos, faz pedido no padê,
E se banha de cachaça que Exu vai atender. 2x.

Salve, Exu, meu Senhor, Motumbá que veio da encruzilhada

Na mesa: cachaça, charuto, padê, a firmeza em respeito à sua chegada
Salve, Exu, meu Senhor, Motumbá que veio da encruzilhada
Aceita oferenda, humilde padê e me livra dos males, dos caminhos me guarda.

Oh, quem chamou pode chegar, oh, quem pede pra Exu,
Morador de encruzilhada, sob a bença de Ogum,
Acende vela pelos cantos, faz pedido no padê,
E se banha de cachaça que Exu vai atender. 2x.

Salve, Exu, meu Senhor, Motumbá que veio da encruzilhada
Na mesa: cachaça, charuto, padê, a firmeza em respeito à sua chegada
Salve, Exu, meu Senhor, Motumbá que veio da encruzilhada
Aceita oferenda, humilde padê e me livra do mal, dos caminhos me guarda.

Oh, quem chamou pode chegar, oh, quem pede pra Exu,
Morador de encruzilhada, sob a bença de Ogum,
Acende vela pelos cantos, faz pedido no padê,
E se banha de cachaça que Exu vai atender. 2x.

POMBAGIRA DAMA DE FOGO

Deu um clarão de fogo, no meio da mata
Uma moça sozinha passava dançando na encruzilhada. 2x.

Oh, quem é essa dama que chegou, oh, que traz seu fogo pra queimar
Oh, escuta esse povo que tem fé, a maldade em cinza faz virar.
Minha firmeza eu deixo no padê, sete velas vermelhas pra queimar
Oh, Dama de Fogo Pombagira, a maldade do mundo incendiar.

Deu um clarão de fogo, no meio da mata... a maldade do mundo incendiar. 2x.

(Falado: Salve. Pombagira Dama de Fogo! Salve o seu axé!
Salve a sua fé! Esse é um canto de fé! Esse é um canto de fé!)

Oh, quem é essa dama que chegou, oh, que traz seu fogo pra queimar
Oh, escuta esse povo que tem fé, a maldade do mundo faz virar.
Minha firmeza eu deixo no padê, sete velas vermelhas pra queimar
Dama de Fogo Pombagira, a maldade do mundo incendiar.

EU SOU UMBANDA

Eu sou umbanda, ôooh! Eu sou umbanda!
Bato cabeça no congá pros orixás, pras almas de Aruanda! 2x.

Quando a gira começar, eu quero me benzer,
Quero me defumar, Oxalá manda as almas proteger,
Peço a força de Ogum, fecho o corpo com as chaves de Omulu
Proteção no meu caminho, Motumbá eu entrego pra Exu.

Eu sou umbanda, ôooh! Eu sou umbanda!
Bato cabeça no congá pros orixás, pras almas de Aruanda! 2x.
Quando a gira começar, eu quero me benzer,
Quero me defumar, Oxalá manda as almas proteger,
Peço a força de Ogum, fecho o corpo com as chaves de Omulu
Proteção nos meus caminhos, Motumbá eu entrego pra Exu.

Eu sou umbanda, ôooh! Eu sou umbanda!
Bato cabeça no congá pros Orixás, pras almas de Aruanda! 3x.
Pras almas de Aruanda!

A BENÇA DE EXU, MOJUBÁ, ALUPANDÊ

Foi na encruzilhada com fé em Exu oferenda levar
A noite era escura minha vela clareava o meu caminhar, ôoh!
Chegando na encruza, de longe eu vi Mestre Exu me esperar
Eu baixei meu padê, bença, alupandê, salve, Exu, mojubá, ôoh! 2x.

Salve, Exu, mojubá, alupandê! Salve, Exu, mojubá vem proteger
Da maldade que cobre esse mundo, quem mandou o mal faz devolver!
Salve, Exu, mojubá, alupandê! Salve, Exu, mojubá vem proteger
Da maldade que cobre esse mundo, sua bença, Motumbá, alupandê!

Foi na encruzilhada com fé em Exu oferenda levar
A noite era escura minha vela clareava o meu caminhar, ôoh!
Chegando na encruza, de longe eu vi Mestre Exu me esperar
Eu baixei meu padê, bença, alupandê, salve, Exu, mojubá, ôoh! 2x.

Salve, Exu, mojubá, alupandê! Salve, Exu, mojubá vem proteger
Da maldade que cobre esse mundo, quem mandou o mal faz devolver!
Salvem Exu, mojubá, alupandê! Salve, Exu, mojubá vem proteger
Da maldade que cobre esse mundo, sua bença, Motumbá, alupandê!

Foi na encruzilhada com fé em Exu oferenda levar
A noite era escura minha vela clareava o meu caminhar, ôoh!
Chegando na encruza, de longe eu vi Mestre Exu me esperar
Eu baixei meu padê, bença, alupandê, salve, Exu, mojubá, ôoh!

SANTO NEGO

Meu nego, seu eu pudesse voltar no tempo,
Eu voltava na senzala com você
Só pra dizer toda verdade ao homem branco
Que batia num preto santo sem saber. 2x.

Meu nego, me ensina a perdoar
Eu não quero carregar o rancor no coração.
Meu nego, Oxalá te iluminou, quem te fez mal
Quem te matou, antes da morte perdoou. 2x.

Meu nego, seu eu pudesse voltar... antes da morte perdoou. 2x.

Meu nego, seu eu pudesse voltar no tempo,
Eu voltava na senzala com você
Só pra dizer toda verdade ao homem branco
Que batia num preto santo sem saber. 2x.

Num preto santo sem saber! 3x

ROSA CAVEIRA

Não mexe comigo, meu nego, que eu ando com Rosa Caveira
Ela guarda minha porta, a maldade do mundo ela fecha a porteira
E se tu quer meu mal, ó meu nego, é melhor esse mal não mandar
A Caveira se ajunta com o povo de Exu no seu cazuá. 2x.

Oh! Rosa Caveira, entre o mal e o bem,
Na humildade de alguém, ela vai ajudar.
Oh! Rosa Caveira, entre o mal e o bem
Se tu escolhe o mal, a Caveira te busca no seu cazuá.

Não mexe comigo, meu nego, que eu ando com Rosa Caveira
Ela guarda minha porta, a maldade do mundo ela fecha a porteira
E se tu quer meu mal, ó meu nego, é melhor esse mal não mandar
A Caveira se ajunta com o povo de Exu no seu cazuá. 2x.

Oh! Rosa Caveira, entre o mal e o bem
Na humildade de alguém, ela vai ajudar.
Oh! Rosa Caveira, entre o mal e o bem
Se tu escolhe o mal, a Caveira te busca no seu cazuá.

Não mexe comigo, meu nego, que eu ando com Rosa Caveira
Ela guarda minha porta, a maldade do mundo ela fecha a porteira
E se tu quer meu mal, ó meu nego, é melhor esse mal não mandar
A Caveira se ajunta com o povo de Exu no seu cazuá. 2x.

IEMANJÁ

Eu rezei na beira do mar, flores brancas joguei nas ondas pra santa sereia!
Eu rezei na beira do mar, peço a bença, Mãe D'Água, oyá, minha Mãe Iemanjá!

Oh! Mãe D'Água que mora no mar, na fé vim buscar, sua luz, seu benzer.
Oh! Mãe D'Água que mora no mar, as flores são fé que eu tenho em você.
Eu rezei na beira do mar, flores brancas eu joguei nas ondas pra santa sereia!
Eu rezei na beira do mar, peço a bença, Mãe D'Água, oyá, minha Mãe Iemanjá!

Oh! Mãe D'Água que mora no mar... as flores são fé que eu tenho em você. 2x.

Eu rezei na beira do mar... Mãe D'Água, oyá, minha Mãe Iemanjá! 2x.
Oh, Mãe D'Água que mora no mar... são fé que eu tenho em você. 2x.
Eu rezei na beira do mar, flores brancas eu joguei nas ondas pra santa sereia!
Eu rezei na beira do mar, peço a bença, Minha Mãe, minha Mãe Iemanjá!

Eu rezei na beira do mar, flores brancas eu joguei nas ondas pra santa sereia!

Eu rezei na beira do mar, peço a bença, Mãe D'Água, Iemanjá, minha Rainha do Mar!
Eu rezei na beira do mar!

OGUM BEIRA-MAR

Ogum, oh, Beira-Mar, minha fé é tão grande em você
Na gira de umbanda, Ogum, esse povo canta pra você.
Um guerreiro de fé, sua espada é a luz de Oxalá
E nas estrelas do céu, Zambi clareou Ogum Beira-Mar! 2x.

Ogum, oh, Beira-Mar, minha fé é tão grande em você
Na gira de umbanda, Ogum, esse povo canta pra você. 2x.

Um guerreiro de fé, sua espada é a luz de Oxalá
E nas estrelas do céu, Zambi clareou Ogum Beira-Mar! 2x.

Ogum, oh, Beira-Mar, minha fé é tão grande em você
Na gira de umbanda, Ogum, esse povo canta pra você. 2x.

Um guerreiro de fé, sua espada é a luz de Oxalá
E nas estrelas do céu, Zambi clareou Ogum Beira-Mar!

Ogum, oh, Beira-Mar, minha fé é tão grande em você
Na gira de umbanda, Ogum, esse povo canta pra você.
Ogum!

MARIA NAVALHA

Oh, de repente ela chegou, rodando sua saia,
Era quase o fim da gira, no final da madrugada.
Pai de Santo, ela falou: oh, dá licença de eu chegar,
Meu cavalo me chamou, antes de a gira terminar. 2x.

Oh! Maria Navalha que chegou, chegou para cruzar,
O cavalo dela, antes de a gira terminar. 2x.

Oh, de repente ela chegou, rodando sua saia, (de repente)
Era quase o fim da gira, no final da madrugada.

Pai de Santo ela falou: oh, dá licença de eu chegar,
Meu cavalo me chamou, antes de a gira terminar. 2x.

Oh, Maria Navalha que chegou, chegou para cruzar,
O Cavalo dela, antes de a gira terminar. 4x.

TRANCA-RUA

Foi na gira de umbanda que a verdade eu conheci, (Oh!)
Foi na bença de Exu que eu vi uma porta se abrir.
A tristeza do meu peito vi as almas carregar,
Tranca-Rua abriu a porta pra na umbanda eu entrar. 2x.

Tranca-Rua abre a porta, pra eu entrar
Na umbanda trabalhar, se (me) encontrar
No amor, a caridade que Exu veio ajudar.
Ôooh, Tranca-Rua abriu a porta pra eu entrar
Na umbanda trabalhar, se (me) encontrar
Se o bem peço pra mim, pro meu irmão vou desejar.

Na gira de umbanda que a verdade conheci, (Oh!)
Foi na bença de Exu que eu vi uma porta se abrir.
E a tristeza do meu peito, vi as almas carregar,
Tranca-Rua abriu a porta, pra na umbanda eu entrar. 2x.

Tranca-Rua abre a porta, pra eu entrar
Na umbanda trabalhar, se (me) encontrar
No amor, a caridade que Exu veio ajudar.
Ôooh, Tranca-Rua abriu a porta, pra eu entrar
Na umbanda trabalhar, se (me) encontrar
Se o bem peço pra mim, pro meu irmão vou desejar.

Na gira de umbanda que a verdade conheci, (Oh!)
Foi na bença de Exu que eu vi uma porta se abrir.
E a tristeza no meu peito, vi as almas carregar, (do)
Tranca-Rua abriu a porta, pra na Umbanda eu entrar. 2x.

ROSA VERMELHA, ROSA CAVEIRA E MARIA PADILHA

Toca o tambor, com muito respeito, pras moças chegar
Na firmeza, na gira, que assim que elas gostam de vir trabalhar
Põe champanhe na taça, o terreiro faz festa de Pombagira
É pra Rosa Vermelha, Dona Caveira e Maria Padilha. 2x.

Se tem Rosa Vermelha, se tem Dona Padilha, se tem Rosa Caveira
Fica boa essa gira, salve as moças que vêm da encruzilhada,
Trazendo a firmeza, tem fé nessas moças as costas são fechadas.

Salve, Caveira! Salve, Dona Padilha! Salve, Rosa Vermelha!
Fica boa essa gira, salve as moças que vêm da encruzilhada,
Trazendo a firmeza, tem fé nessas moças as costas são fechadas.

Oh! Toca o tambor, com muito respeito, pras moças chegar
Na firmeza, na gira, que assim que elas gostam de vir trabalhar
Põe champanhe na taça, o terreiro faz festa pra Pombagira
Pra Rosa Vermelha, Dona Caveira e Maria Padilha. 2x.

Se tem Rosa Vermelha, se tem Dona Padilha, se tem Rosa Caveira
Fica boa essa gira, salve as moças que vêm da encruzilhada,
Trazendo a firmeza, tem fé nessas moças as costas são fechadas. 2x.

Toca o tambor, com muito respeito, pras moças chegar
Na firmeza, na gira, que assim que elas gostam de vir trabalhar
Põe champanhe na taça, o terreiro faz festa de Pombagira
Pra Rosa Vermelha, Dona Caveira e Maria Padilha. 2x.

EXU, OMULU E OBALUAÊ

Acendi minhas velas na encruzilhada,
Na boca da noite enluarada, eu pedi pra Exu vim socorrer
A demanda dessa vida, no meu peito a ferida, leva Exu a Obaluaê.
Quando era meia-noite meu corpo inteiro arrepiou
Eu senti na encruza alguém chegar
E me disse sou Exu, sob a bença de Omulu, eu vim te ajudar.

Peço a bença a Omulu, a luz de Obaluaê,

Agradeço a Exu meu pedido atender.
Peço a bença a Omulu, a luz de Obaluaê,
Agradeço a Exu caridade, Motumbá, alupandê. 2x

Acendi minhas velas na encruzilhada,
Na boca da noite enluarada, pedi pra Exu vim socorrer
As demandas dessa vida, no meu peito a ferida, leva Exu a Obaluaê.
Quando era meia-noite meu corpo inteiro arrepiou
Eu senti na encruza alguém chegar
E me disse sou Exu, sob a bença de Omulu, eu vim te ajudar. 2x.

Peço a bença a Omulu, a luz de Obaluaê,
Agradeço a Exu meu pedido atender.
Peço a bença a Omulu, a luz de Obaluaê,
Agradeço a Exu caridade, Motumbá, alupandê. 2x

MINHA MACUMBA É DO BEM

Eu risquei meu ponto, na encruzilhada, sou filho de santo,
Sou feito na umbanda, é Ogum que me guarda.
Minha macumba é do bem, não faz mal a ninguém,
O que peço pra mim, pros irmãos desse mundo eu peço também. 2x.
Minha umbanda é fé, caridade e axé, do povo que vem de Aruanda.
Minha umbanda é fé, caridade e axé, Pombagira do Reino de Exu, de Ganga.
Minha umbanda é fé, caridade e axé, que reflete a luz dos Orixás
Humildade e fé, levamos a bandeira de Oxalá.

Eu risquei meu ponto, na encruzilhada... desse mundo eu peço também. 2x.

Minha umbanda é fé, caridade e axé, do povo que vem de Aruanda.
Minha umbanda é fé, caridade e axé, Pombagira do Reino de Exu, de Ganga.
Minha umbanda é fé, caridade e axé, que reflete a luz dos Orixás
Humildade levamos a bandeira de Oxalá.
Eu risquei meu ponto, na encruzilhada, sou filho de santo,
Sou feito na umbanda, é Ogum que me guarda.
Minha macumba é do bem, não faz mal a ninguém,
O que peço pra mim, pros irmãos desse mundo eu peço também. 2x.

REZA A OBALUAÊ

Eu rezo a meu Pai Obaluaê!
O Senhor da Palha, me cura santo, vem benzer
Minha Reza é forte, escuta a prece, meu querer
Se é justo o que peço, me dê a cura se eu merecer.

E se Tu pode ajudar, e se Tu pode benzer
O pedido desse filho, peço a Tu pra atender
Essa luz que te ilumina, é a luz de Oxalá
Que te mandou pra esse mundo, pra esse povo vim curar.

Eu rezo a meu Pai Obaluaê!
O Senhor da Palha, me cura santo, vem benzer
Minha reza é forte, escuta a prece, meu querer
Se é justo o que peço, me dê a cura se eu merecer. (E se) 2x.

E se Tu pode ajudar, e se Tu pode benzer
O pedido desse filho, peço a Tu pra atender
Essa luz que te ilumina, é a luz de Oxalá
Que te andou pra esse mundo, pra esse povo vim curar. 2x.

EXU GUARDA A PORTA DA CASA

Oh, galo cantou, quando o dia amanheceu
Quando olhei eu vi que era Exu, Exu viu na porta que era eu
Caminhando pra mata me disse, meu filho, já me vou
Já guardei sua casa, Exu vai embora o dia clareou. 2x.

Oh, Exu guarda a porta de quem tem fé, de quem tem crença
Que acende vela, que pede a bença
À maldade do mundo o portão é fechado.
Oh, Exu guarda a porta de quem tem fé, de quem tem crença
Quem anda com Exu dorme em paz, Exu passa a noite inteira acordado.

Oh, galo cantou, quando o dia amanheceu... Exu vai embora o dia clareou. 2x.

Oh, Exu guarda a porta de quem tem fé, de quem tem crença
Que acende vela, que pede a bença

À porteira do mundo, ele fica fechado.
Oh, Exu guarda a porta de quem tem fé, de quem tem crença
Quem anda com Exu, dorme em paz, Exu passa a noite inteira acordado.

Oh, Exu guarda a porta de quem tem fé, de quem tem crença
Que acende vela, que pede bença
À maldade do mundo o portão é fechado.
Oh, Exu guarda a porta de quem tem fé, de quem tem crença
Quem anda com Exu, dorme em paz, Exu passa a noite inteira acordado.

Oh, galo cantou, quando o dia amanheceu... Exu vai embora o dia clareou. 2x.

PRETO DIVINO

Pendurado no tronco, um preto divino a noite passou
A morte chegava, sorrindo rezava à Luz do Senhor
Rezando a Zambi: minha fé é maior em Oxalá!
Eu não temo a morte, Zambi, meu Pai, manda os anjos do céu
Esse preto buscar. 2x.

E os anjos carregou esse preto pra Aruanda,
E deu fé, deu claridade, clareou o Preto-Velho, no terreiro de umbanda.

Pendurado no tronco, um preto divino a noite passou
A morte chegava, sorrindo rezava à Luz do Senhor
Rezando a Zambi: minha fé é maior em Oxalá! (E rezando)
Eu não temo a morte, Zambi, meu Pai, manda os anjos do céu
Esse preto levar (buscar). 2x.

E os anjos carregou esse preto em Aruanda,
E deu fé, deu caridade, clareou os Pretos-Velhos, no terreiro de umbanda. 2x.

POMBAGIRA BARONESA

Deixa essa Dama entrar, ela tem muita beleza
Deixa essa Dama entrar, ela traz muita firmeza
Deixa essa Dama entrar, ela vem da realeza
Deixa essa Dama entrar, ela é Pombagira Baronesa! Ôooh! 2x.

E na encruza coroou, na firmeza de Exu
A missão de ajudar, recebeu a bença de Ogum
Pra trabalhar na encruzilhada que seu feitiço tem beleza
No terreiro de umbanda tá chegando a Baronesa! 2x.

Ôoooh, deixa essa Dama entrar, ela tem muita beleza
Deixa essa Dama entrar, ela traz muita firmeza
Deixa essa Dama entrar, ela vem da realeza
Deixa essa Dama entrar, ela é Pombagira Baronesa! Ôooh! 2x.

E na encruza coroou, na firmeza de Exu
A missão de ajudar, recebeu a bença de Ogum
Pra trabalhar na Encruzilhada que seu feitiço tem beleza
No terreiro de umbanda tá chegando a baronesa! 2x.

Deixa essa Dama entrar, ela tem muita beleza
Deixa essa Dama entrar, ela traz muita firmeza
Deixa essa Dama entrar, ela vem da realeza
Deixa essa Dama entrar, ela é Pombagira Baronesa! Ôooh! 2x.

FESTA DE POMBAGIRA

Na festa de Pombagira chegou primeiro Rosa Vermelha,
Logo encostou Maria Padilha, trazendo com ela Rosa Caveira,
Maria Mulambo, Cigana, Menina, Sete Calunga da Figueira,
Dama da Noite, Sete Saias, tem festa na umbanda a noite inteira.

Festa de Pombagira chegou primeiro Maria Navalha,
Menina da Praia, do Cruzeiro, da Encruzilhada, Cacurucaia,
Maria Quitéria, Rainha das Almas, Pombagira Mirongueira,
Do cemitério, Rosa Negra, tem festa na umbanda a noite inteira.

Oh, tem festa na umbanda, é festa de Pombagiras. 2x.

Quem quiser pode chegar, oh, recebe a firmeza minha filha. (Oh) 2x.
Na festa de Pombagira chegou primeiro... na umbanda a noite inteira.

Oh, tem festa de umbanda, é festa de Pombagiras. 2x.
Quem quiser pode chegar, oh, recebe a firmeza minha filha. (Oh) 2x.

Oh, tem festa de umbanda, é festa de Pombagiras. 2x.
Quem quiser pode chegar, oh, recebe a firmeza minha filha. (Oh) 2x.

Na festa de Pombagira chegou primeiro... na umbanda a noite inteira.

Oh, tem festa de umbanda, é festa de Pombagiras. (na) 2x.
Quem quiser pode chegar, oh recebe a firmeza minha filha. (Oh) 2x.

Oh, tem festa na umbanda, é festa de Pombagiras. 2x.
Quem quiser pode chegar, oh, recebe a firmeza minha filha. (Oh) 2x.

QUANDO A GIRA ACABOU

Quando o tambor parou, quando a gira acabou
Eu tirei minha roupa branca e fui pro meu cazuá
No caminho eu senti, o meu peito agoniou
A saudade da umbanda, que a gira me deixou. 2x.

Sou umbanda êeeh, sou filho de santo, meu senhor,
Na umbanda tenho amor, meu coração ficou por lá. 2x.

Quando o tambor parou, quando a gira acabou
Eu tirei minha roupa branca e fui pro meu cazuá
No caminho eu senti, o meu peito agoniou
A saudade da umbanda, que a gira me deixou. 2x.
Sou umbanda, êeeh, sou filho de santo, meu senhor,
Na umbanda tenho amor, meu coração ficou por lá. 3x.

Meu coração ficou por lá! 3x.

EXU REI

Ele reina na encruzilhada, com fé meu pedido lá eu deixei
Proteção no caminho, na estrada, no padê a firmeza a Exu Rei
Sete velas pretas queimando, a fumaça da pólvora espalhada no ar
Exu Rei, receba a firmeza, respeita a Alteza que Exu vai chegar. 2x.

Ele reina na encruzilhada, Exu Rei! No terreiro faz chegada, Exu Rei!
Quem tem fé faz a firmeza, um pedido pra Alteza, Exu vai escutar! 2x.
Ele reina na encruzilhada, com fé meu pedido lá eu deixei
Proteção no caminho, na estrada, no padê a firmeza a Exu Rei
Sete velas pretas queimando, a fumaça da pólvora espalhada no ar
Exu Rei, receba a firmeza, respeita a Alteza que Exu vai chegar. 2x.

Ele reina na encruzilhada, Exu Rei! No terreiro faz chegada, Exu Rei!
Quem tem fé faz a firmeza, um pedido pra Alteza, Exu vai escutar! 2x.
Ele reina na encruzilhada, com fé meu pedido lá eu deixei
Proteção no caminho, na estrada, no padê a firmeza a Exu Rei
Sete velas pretas queimando, a fumaça da pólvora espalhada no ar
Exu Rei, receba a firmeza, respeita a alteza que Exu vai chegar.

ROSA CAVEIRA

No cemitério nasceu uma rosa, em cima da cova um pé de roseira
É casa de Pombagira, quem mora é Rosa Caveira
Sete velas vermelhas queimando, na foto da tumba uma moça tão bela (na tumba)
Quem passar no cemitério, acende uma vela pra ela. 2x.

Ela mora no cemitério, debaixo do pé da roseira
Quem passar por lá, recebe a firmeza de Dona Caveira
Ela mora no cemitério, na cova uma foto, uma moça tão bela
Quem passar por lá, acende uma vela pra ela.

Ela mora no cemitério, debaixo do pé da roseira
Quem passar por lá, recebe a firmeza de Dona Caveira
Ela mora no cemitério, na cova uma foto tão bela
Quem passar por lá, acende uma vela pra ela.

No cemitério nasceu uma rosa, em cima da cova um pé de roseira
É casa de Pombagira, quem mora é Rosa Caveira
Sete velas vermelhas queimando, na foto da tumba uma moça tão bela (na tumba)
Quem passar no cemitério, acende uma vela pra ela. 2x.

Ela mora no cemitério, debaixo do pé da roseira
Quem passar por lá, recebe a firmeza de Dona Caveira
Ela mora no cemitério, na cova uma foto tão bela

Quem passar por lá, acende uma vela pra ela. (2x)
Quem passar por lá, acende uma vela pra ela. (2x)

EXU PINGA FOGO

Tem fogo, no meio da encruzilhada, (oh)
Pinga Fogo passou, quem com fé lhe chamou
No escuro da noite, ele vem trabalhar, ele vem na calada. 2x.

Laroyê, Pinga Fogo, ele vem na encruzilhada, carregando os pedidos,
Na fogueira de Exu a maldade é queimada.

Tem fogo, no meio da encruzilhada, (oh)
Pinga Fogo passou, quem com fé lhe chamou
No escuro da noite, ele vem trabalhar, ele vem na calada. 2x.

Laroyê, Pinga Fogo, ele vem na encruzilhada, carregando os pedidos,
Na fogueira de Exu a maldade é queimada. 2x.

Tem fogo, no meio da encruzilhada, (oh)
Pinga Fogo passou, quem com fé lhe chamou
No escuro da noite, ele vem trabalhar, ele vem na calada. 2x.

Oh, tem fogo!!! em fogo!!!

MARIA PADILHA

Oh, Maria Padilha, eu vim te ver, eu fiz oferenda, champanhe
Tem rosa vermelha para você.
Oh, Maria Padilha, eu vim te ver, sou firmada (o) no santo
Eu vim nessa gira te receber. 2x.

Oh, Maria Padilha já chegou, quem quiser pode chegar
O cavalo já virou, a Padilha vai falar
Oh, firma essa gira de umbanda, ôooh deixa girar
A Padilha aqui chegou nesse terreiro trabalhar.

Oh, Maria Padilha já chegou, quem tem fé pode chegar

O cavalo já virou, a Padilha vai falar
Oh, firma essa gira de umbanda, ôooh deixa girar
A Padilha aqui chegou nesse terreiro trabalhar.

Oh, Maria Padilha, eu vim te ver, eu fiz oferenda,
Tem rosa vermelha para você.
Oh, Maria Padilha, eu vim te ver, sou firmada (o) no santo
Eu vim nessa gira te receber. 2x.

Oh, Maria Padilha já chegou, quem quiser pode chegar (A Padilha já chegou)
O cavalo já virou, a Padilha vai falar
Oh, firma essa gira de umbanda, ôooh deixa girar
A Padilha já chegou nesse terreiro trabalhar. 2x.

Oh, Maria Padilha, eu vim te ver, eu fiz oferenda,
Tem rosa vermelha para você.
Oh, Maria Padilha, eu vim te ver, sou firmada (o) no santo
Eu vim nessa gira te receber. 2x.

CANTO AOS ORIXÁS

Zambi tá no céu, Oxalá tá no ar, Ogum tá na lua, Iemanjá está no mar,
Onde as ondas batem nas pedras de Xangô, trazidas pela força de Iansã vento soprou.
A palmeira morre, em palha já virar, Obaluaê transforma a palha pra curar.
E quando escurecer a noite é de Omulu, nas matas de Oxóssi, Buruquê Luz de Exu.
E quando anoitecer a noite é de Omulu, nas matas de Oxóssi, Buruquê Luz de Exu.
Zambi tá no céu, Oxalá tá no ar, Ogum tá na lua, Iemanjá tá lá no mar,
Aonde as ondas batem nas pedras de Xangô, trazidas pela força de Iansã vento soprou
A palmeira morre, em palha já virar, Obaluaê transforma a palha pra curar.
E quando anoitecer a noite é de Omulu, nas matas de Oxóssi, Buruquê Luz de Exu. 2x.
Zambi tá no céu, Oxalá tá no ar, Ogum tá na lua, Iemanjá tá lá no mar,
Aonde as ondas batem nas pedras de Xangô, trazidas pela força de Iansã vento soprou.
A palmeira morre, em palha já virar, Obaluaê transforma a palha pra curar.
E quando anoitecer a noite é de Omulu, nas matas de Oxóssi, Buruquê Luz de Exu. 2x.

MARIA FARRAPO

Ela quebra o feitiço, a magia, a quiumba, na boca do sapo
Canta meu terreiro, que vem chegando Maria Farrapo.
Ela vem da encruza trazendo a firmeza nesse cazuá
Se tem fé no terreiro Maria Farrapo o mal vai levar. 2x.

Oh, Maria Farrapo leva o mal, a inveja, a quiumba quem mandou
Oh, devolve a oferenda, esse padê, ao Egum que o pedido aceitou
Sem saber que essa filha é de Maria, ôh, Pombagira não gostou
E foi buscar esse egum, oh, de Exu um escravo ele virou.

Ela quebra o feitiço, a magia, a quiumba, na boca do sapo
Canta meu terreiro, que vem chegando Maria Farrapo.
Ela vem da encruza trazendo a firmeza nesse cazuá
Se tem fé no terreiro Maria Farrapo o mal vai levar. 2x.

Oh, Maria Farrapo leva o mal, a inveja, a quiumba quem mandou
Oh, devolve a oferenda, esse padê, ao egum que o pedido aceitou
Sem saber que essa filha é de Maria, ôh, Pombagira não gostou
E foi buscar esse egum, oh, de Exu um escravo ele virou.

Dona Maria leva o mal, a inveja, a quiumba quem mandou
Ôh devolve a oferenda, esse padê, ao egum que o pedido aceitou
Sem saber que essa filha é de Maria, oh, Pombagira não gostou
E foi buscar esse egum, oh, de Exu um escravo ele virou.
Ela quebra o feitiço, a magia, a quiumba... o mal vai levar. 2x.

ROSA VERMELHA

Foi bonito de ver quando ela chegou, o vestido, o cabelo, uma rosa,
Uma flor, seu perfume, sua graça espalhava no ar.
O terreiro cantava pra Pombagira, sorrindo dançava,
Quanta magia, essa moça trouxe venha ver.
Rosa Vermelha Pombagira
Que cruza e guarda suas filhas, quanto amor vem de você!

Ofereço uma rosa, pra uma Rosa receber
Eu recebo uma rosa, minha rosa é você! 2x.

Foi bonito de ver quando ela chegou, o vestido, o cabelo, uma rosa,
Uma flor, seu perfume, sua graça espalhada no ar.
O terreiro cantava pra Pombagira, sorrindo dançava,
Quanta magia, essa moça trouxe venha ver.
Rosa Vermelha Pombagira
Que cruza e guarda suas filhas, quanto amor vem de você!

Foi bonito de ver quando ela chegou... filhas, quanto amor vem de você!

Ofereço uma rosa, minha Rosa é você!
Eu recebo uma rosa, minha rosa é você!

Ofereço uma rosa, pra uma Rosa receber!
Eu recebo uma rosa, minha rosa é você!

TRANCA-RUA É MOJUBÁ

Seu Tranca-Rua, quem pede o mal pra você
Tem dó de um filho, que tem muito a aprender, ôooh! 2x.

Não peça mal a Exu, a Exu a alguém o mal levar
Se for filho de santo Exu não carrega, não vai entregar.
Oh, o mundo dá volta, quanta volta o mundo dá
Quem pediu a maldade, um dia mais tarde, o mal vai voltar.

Ele é Mojubá, êeeh, é Mojubá! Oh, seu Tranca-Rua, é Mojubá!
Não peça mal a Exu, a Exu a alguém o mal levar... o mal vai voltar.
Ele é Mojubá, êeeh, é Mojubá! Oh, seu Tranca-Rua, é Mojubá! 2x.
Oh, Seu Tranca-Rua, quem pede o mal pra você
Tem dó de um filho, que tem muito a aprender, ôooh! 2x.
Não peça mal a Exu, a Exu a alguém o mal levar ... o mal vai voltar.
Não peça mal a Exu, a Exu a alguém o mal levar
Se for filho de santo, Exu não carrega, o mal vai levar.
Oh, o mundo dá volta, quanta volta o mundo dá
Quem pediu a maldade, um dia mais tarde, o mal vai voltar.

Ele é Mojubá, êeeh, é Mojubá! Oh, seu Tranca-Rua, é Mojubá! 6x.

PERDÃO NA UMBANDA, OXALÁ VAI PERDOAR

(Falado: Eu vim no terreiro, de joelhos no chão, diante do altar eu peço perdão! A quem magoei, tristeza que dei, no rastro da vida a incompreensão).

Eu vim no terreiro, de joelhos no chão, diante das almas eu peço perdão
Oh, a quem magoei, tristeza que dei, no rastro da vida a incompreensão.
Eu me visto de branco, na cor do seu manto, ofereço meu pranto
Meu Pai Oxalá, no terreiro de umbanda eu peço pras almas me perdoar.

Oh, eu peço pras almas, para o povo de Aruanda,
O perdão na minha umbanda, muita luz no caminhar.
Oh eu peço pras almas, para o povo de Aruanda,
O perdão na minha Umbanda, Oxalá vai perdoar. 2x.

Eu vim no terreiro, de joelhos no chão, diante do altar eu peço perdão (Oh)
Oh, a quem magoei, tristeza que dei, no rastro da vida a incompreensão.
Eu me visto de branco, na cor do seu manto, ofereço meu pranto
Meu Pai Oxalá, no terreiro de umbanda eu peço pras almas me perdoar.
Oh, eu peço pras almas, para o povo de Aruanda,
O perdão na minha umbanda, muita luz no caminhar.
Oh, eu peço pras almas, para o povo de Aruanda,
O perdão na minha umbanda, Oxalá vai perdoar. 2x.

Oxalá vai perdoar! 8x.

EXU MEIA-NOITE

É no meio da noite, que Exu vai chegar! Quem baixou padê, pra Meia-Noite levar!

É no meio da noite, que Exu vai chegar. 2x.
Quem baixou padê, pra Meia-Noite levar! 2x.

Meia-Noite é Exu, na quimbanda, na umbanda, no candomblé
Ele guarda os caminhos e dá o destino pro filho de fé
Quem firmou com Exu quando for meia-noite ele vai confirmar.
É Exu Meia-Noite, que vem trabalhar.

Oh, Motumbá, êeeh, oh, Motumbá! Meia-Noite chegou pra trazer a firmeza

nesse cazuá!
Oh, Motumbá, êeeh, oh, Motumbá! Quem chamou por Exu, Seu Meia-Noite vem trabalhar!
Oh, Motumbá, êeeh, ôh Motumbá! Seu Meia-Noite traz a firmeza nesse cazuá!
Oh, Motumbá, êeeh, Motumbá! Quem chamou por Exu, Seu Meia-Noite vem trabalhar!

É no meio da noite, que Exu vai chegar! 2x. Quem baixou padê, pra Meia-Noite levar! 2x.
É no meio da noite, que Exu vai chegar! 2x. Quem baixou padê, pra Meia-Noite levar! 2x.

Meia-Noite é Exu, na quimbanda... É Exu Meia-Noite, que vem trabalhar.

Oh, Motumbá, êeeh, oh, Motumbá… chegou pra trazer a firmeza nesse cazuá!
Oh, Motumbá, êeeh, Motumbá... Seu Meia-Noite vem trabalhar!

Oh, Motumbá, êeeh, oh, Motumbá… traz a firmeza nesse cazuá ...Meia-Noite vem trabalhar!

É no meio da noite, que Exu vai chegar! 2x. Quem baixou padê, pra Meia-Noite levar! 2x.
É no meio da noite, que Exu vai chegar! 2x. Quem baixou padê, pra Meia-Noite levar! (pro). 2x.

Meia-Noite é Exu, na quimbanda, na umbanda... É Exu Meia-Noite, que vem trabalhar.

Oh, Motumbá, êeeh, oh, Motumbá… Meia-Noite que traz a firmeza nesse cazuá!
Oh, Motumbá, êeeh, Motumbá... chegou e trouxe a firmeza nesse cazuá!
Oh, Motumbá, êeeh, oh, Motumbá! Meia-Noite chegou pra trazer a firmeza nesse cazuá!
Oh, Motumbá, êeeh, Motumbá! Quem chamou Meia-Noite, ele chegou pra trabalhar!

É no meio da noite, que Exu vai chegar! 2x. Quem baixou padê, pra Meia-Noite levar! (pro). 2x.
É no meio da noite, que Exu vai chegar! 2x. Quem baixou padê, pra Meia-Noite levar! (pro). 2x.

MACUMBEIRO DE FÉ

Eu sou filho de umbanda, é de Aruanda, que vem a minha fé,
Eu sou do chão do terreiro, eu sou macumbeiro, Oxalá é meu Senhor! 2x.
Eu viro de Preto-Velho, Capangueiro de Ogum,
Oh! Baiano, Marinheiro, Boiadeiro e Exu!
Eu viro de Erê, Caboclo e Pombagira,
Oh, ser filho de umbanda, macumbeiro é minha sina! 2x.

Eu sou filho de umbanda, é de Aruanda, que vem a minha fé,
Eu sou do chão do terreiro, eu sou macumbeiro, Oxalá é meu Senhor! 2x.

Eu viro de Preto-Velho, Capangueiro de Ogum,
Oh, Baiano, Marinheiro, Boiadeiro e Exu!
Eu viro de Erê, Caboclo e Pombagira,
Oh, ser filho de umbanda, macumbeiro é minha sina! 2x.

Eu sou filho de Umbanda, é de Aruanda, que vem a minha fé,
Eu sou do chão do terreiro, eu sou macumbeiro, Oxalá é meu Senhor! 2x.

IEMANJÁ, UM CANTO LINDO VEM DO MAR

Que canto lindo vem do mar, nessa noite de luar,
É o canto da sereia, doce voz de odoyá!
Quem tem fé reza na areia e no mar vai se banhar,
Que as ondas trazem o amor de Iemanjá. 2x.

Ela mora no mar, ela é minha Mãe,
Oh, eu tenho fé, oh, Iemanjá. (em Iemanjá)
Ela mora no mar, ela vem escutar,
E quem reza na praia ela vem abençoar. (oh). 2x.

Que canto lindo vem do mar, nessa noite de luar,
É o canto da sereia, doce voz de Odoyá!
Quem tem fé reza na areia e no mar vai se banhar,
Que as ondas trazem o amor de Iemanjá. 2x.

Ela mora no mar, ela é minha Mãe,
Oh, eu tenho fé, em Iemanjá.

Ela mora no mar, ela vem escutar,
E quem reza na praia ela vem abençoar. (oh) 3x.

OBALUAÊ, UM CANTO DE FÉ

É um canto de fé, a Obaluaê!
É um canto de fé, pra quem quer se benzer. 2x.

Ó Senhor da Palha, vem curar esse povo humilde da umbanda
Que tem fé no Orixá, que respeita o santo de Aruanda
Que tem fé no caminhar, nessa luz que emana de você
Traz a cura pra esse povo, oh, meu Pai Obaluaê! 2x.

Ó Senhor da Palha, vem curar esse povo humilde da umbanda
Que tem fé no Orixá, que respeita as almas de Aruanda
Que tem fé no caminhar, nessa luz que emana de você
Traz a cura pra esse povo, oh, meu Pai Obaluaê!

É um canto de fé a Obaluaê!
É um canto de fé pra quem quer se benzer. 2x.

Ó Senhor da Palha, vem curar, esse povo humilde da umbanda
Que tem fé no Orixá, que respeita o santo de Aruanda
Que tem fé no caminhar, nessa luz que emana de você
Traz a cura pra esse povo, oh, meu Pai Obaluaê! 2x.

É um canto de fé a Obaluaê!
É um canto de fé pra quem quer se benzer. 3x.
Ó Senhor da Palha, vem curar esse povo humilde da umbanda
Que tem fé no Orixá, que respeita o santo de Aruanda
Que tem fé no caminhar, nessa luz que emana de você
Traz a cura pro seu povo, oh, meu Pai Obaluaê! (pra esse) 2x.

Ó meu Pai Obaluaê! 3x.

CASA DE POMBAGIRA

É casa de Pombagira, é casa de muita fé,
É casa de Pombagira, na casa só tem mulher. 2x.
Oh, Maria Padilha no tambor, Rosa Caveira na firmeza
Rosa Vermelha traz a flor e enfeita de rosa essa mesa
Maria Quitéria faz a porta que é pra Egum nenhum entrar
Maria Mulambo traz as moças do Reino de Exu pra trabalhar.

É casa de Pombagira, é casa de muita fé,
É casa de Pombagira, na casa só tem mulher. 2x.

Oh, Maria Padilha no tambor, Rosa Caveira na firmeza
Rosa Vermelha traz a flor e enfeita de rosa essa mesa
Maria Quitéria faz a porta que é pra Egum nenhum entrar
Maria Mulambo traz as moças do Reino de Exu pra trabalhar.

É casa de Pombagira, é casa de muita fé,
É casa de Pombagira, na casa só tem mulher. 3x.

Oh, Maria Padilha no tambor, Rosa Caveira na firmeza
Rosa Vermelha traz a flor e enfeita de rosa essa mesa
Maria Quitéria faz a porta que é pra Egum nenhum entrar
Maria Mulambo traz as moças do Reino de Exu pra trabalhar.
É casa de Pombagira, é casa de muita fé,
É casa de Pombagira, na casa só tem mulher. 4x.

PRETO-VELHO, ANJO DE LUZ

Eu vi uma luz no terreiro, quando o batuqueiro Preto-Velho cantou
Eu vi uma luz flutuar, diante lá do congá, essa luz clareou
Eu vi uma luz flutuar e do lado sentar do filho de santo trabalhador.
Era Preto-Velho, Anjo de Luz de Aruanda,
Humildade e fé que Zambi manda no terreiro trabalhar.
Era Preto-Velho, Anjo de Luz de Aruanda,
Que clareia os caminhos, traz a luz pra nossa umbanda. 2x.

Eu vi uma luz no terreiro, quando o batuqueiro Preto-Velho cantou
Eu vi uma luz flutuar, diante lá do congá, essa luz clareou

Eu vi uma luz flutuar e do lado sentar do Filho de Santo trabalhador. 2x.

Era Preto-Velho, Anjo de Luz de Aruanda,
Humildade e fé que Deus que manda, no terreiro trabalhar.
Era Preto-Velho, Anjo de Luz de Aruanda,
Que clareia os caminhos, traz a luz pra nossa umbanda. 2x.

DA CORRENTEZA DE OXUM AO MAR DE IEMANJÁ

Na correnteza do rio as tristezas são levadas
Nos braços de Oxum noite clara, rogo, peço,
Tenho fé meu Pai Ogum sua luz a Mãe do rio, vem me benzer
E deságua no mar nos braços de Mãe Iemanjá
O pedido de quem na beira do rio a Oxum foi levar.

Ó Rainha do Mar, peço sua luz abençoar
Quando a sua bença subir o rio e junto com Oxum me abençoar.
Na correnteza do rio as tristezas... e junto com Oxum me abençoar.

Na correnteza do rio as tristezas... na beira do rio a Oxum foi levar.

Ó Rainha do Mar, peço sua luz abençoar
Manda a sua bença subir o rio e junto com Oxum me abençoar.

E deságua no mar nos braços.... na beira do rio a Oxum foi levar.
Ó Rainha do Mar, peço sua luz abençoar
Manda a sua bença subir o rio e junto com Oxum abençoar.

Na correnteza do rio as tristezas são levadas
Nos braços de Oxum, noite clara, rogo, peço,
Tenho fé meu Pai Ogum, sua luz a Mãe do rio vai me benzer, (vem). 2x.

E deságua no mar nos braços... na beira do rio a Oxum foi levar.

Ó Rainha do Mar, peço sua luz abençoar
Manda a sua bença subir o rio e junto com Oxum me abençoar.

E deságua no mar nos braços... na beira do rio a Oxum foi levar.

Ó Rainha do Mar, peço sua luz abençoar
Manda a sua bença subir o rio e junto com Oxum abençoar.

EXU TIRIRI

Deram risada de madrugada, ôooh, tem alguém aí?
Exu baixou na encruzilhada, oh, Motumbá, é Seu Tiriri! 2x.
Eu deixei cachaça pra você, charuto de linha pra fumar,
Vela preta, pedido no padê, tenho fé, Motumbá, Exu levar!
Na encruzilhada tenho fé, os meus pedidos deixo tudo aqui (e os)
Oh, com muito respeito vem buscar Seu Tiriri! 2x.

Deram risada de madrugada, ôooh, tem alguém aí?
Exu baixou na encruzilhada, oh, Motumbá, é Seu Tiriri! 2x.

Eu deixei cachaça pra você, charuto de linha pra fumar,
Vela preta, pedido no padê, tenho fé, Motumbá, Exu levar!
Na encruzilhada tenho fé, os meus pedidos deixo aqui (e os)
Oh, com muito respeito vem buscar Seu Tiriri! 2x.

Deram risada de madrugada, ôooh, tem alguém aí?
Exu baixou na encruzilhada, oh, Motumbá, é Seu Tiriri! 2x.

O MOTUMBÁ CHEGOU

Oh! Motumbá chegou, meu nego, quem tem fé pode chegar.
Oh! Motumbá chegou, meu nego, quem quiser pode chegar.

Oh, quanta beleza tem Exu, na missão divina que Deus deu
A maldade tá na gente, oh, devolve o mal quem mereceu
Exu cumpre a Lei que vem do céu e quem merecer vem ajudar
Mas pra quem fez maldade nessa vida, oh, Motumbá Exu vem lhe cobrar. 2x.

Oh! Motumbá chegou, meu nego, se tem fé pode chegar.
Oh! Motumbá chegou, meu nego, se tem fé pode chegar.

Oh, quanta beleza tem Exu, na missão divina que Deus deu
A maldade tá na gente, oh, devolve o mal quem mereceu

Exu cumpre a Lei que vem do céu e quem merecer vem ajudar
Mas pra quem fez maldade nessa vida, oh, Motumbá Exu vem lhe cobrar. 2x.

Oh! Motumbá chegou, meu nego, quem tem fé pode chegar.
Oh! Motumbá chegou, meu nego, quem tem fé pode chegar. 3x.

EXU TRONQUEIRA

Que batuque bom de ouvir, quando a gira de umbanda começar
Exu vem chegando no terreiro, Pombagira vai rodar
Tem alguém que guarda a porta, que não deixa o mal entrar
Laroyê, Exu Tronqueira, que não deixa Egum passar. 2x.

Salve, Exu Tronqueira, guarda o meu terreiro e o meu cazuá
Pra Egum não entrar e os quiumbas levar.
Salve, Exu Tronqueira, guarda o meu terreiro e o meu cazuá
Pra Egum não entrar, pra quiumba levar.

Que batuque bom de ouvir, quando a gira de umbanda começar
Exu vem chegando no terreiro, Pombagira vai rodar
Tem alguém que guarda a porta, que não deixa o mal entrar
Laroyê, Exu Tronqueira, que não deixa Egum passar. 2x.
Salve, Exu Tronqueira, guarda meu terreiro e o meu cazuá
Pra Egum não entrar, pra quiumba levar. 3x.

Salve, Exu Tronqueira, guarda o meu terreiro e o meu cazuá
Pra Egum não entrar e o quiumba levar.

Que batuque bom de ouvir, quando a gira de umbanda começar
Exu vem chegando no terreiro, Pombagira vai rodar
Tem alguém que guarda a porta, que não deixa o mal entrar
Laroyê, Exu Tronqueira, que não deixa Egum passar. 2x.

O BARCO DE IEMANJÁ

Eu pulei as sete ondas, meu pedido foi pro mar,
No barquinho uma carta, escrita pra Iemanjá.
Vai embora meu barquinho, até eu não poder enxergar, Odoyá!

Tenho fé nos Marinheiros, pra levar o meu barquinho,
E entregar pra Iemanjá.

Salve, Mãe Rainha, o seu perfume tá no ar, (está)
Uma flor azul, que nasceu no mar.
No meu barco o pedido, o perfume, flores pra você,
No meu barco tem fé, minha mãe, oh, vem receber. 2x.

Eu pulei as sete ondas, meu pedido foi pro mar,
No barquinho uma carta, escrita pra Iemanjá.
Vai embora meu barquinho, até eu não poder enxergar, odoyá!
Tenho fé nos Marinheiros, pra levar o meu barquinho,
E entregar pra Iemanjá. 2x.

Salve, Mãe Rainha, o seu perfume está no ar,
Uma flor azul, que nasceu no mar.
No meu barco o pedido, o perfume, flores pra você,
No meu barco tem fé, minha mãe, oh, vem receber. 2x.

SETE CATACUMBAS

Tem fogo na encruzilhada, foi Exu que passou
Queimando a maldade do mundo,
Os pedidos que os filhos no padê deixou.
Exu tem palavra forte na encruzilhada o mal vem queimar
Sete Catacumbas queimou e a cinza na cova ele vai enterrar.

Tem fogo na encruzilhada, foi Exu que passou
Queimando a maldade do mundo,
Os pedidos que os filhos no padê deixou.
Exu tem palavra forte na encruzilhada o mal vem queimar
Catacumba queimou e a cinza na cova ele vai enterrar.

Catacumba passou, Catacumba levou, queimando a maldade do mundo
No fundo da cova Exu enterrou.
Catacumba passou, Catacumba levou, queimando a maldade do mundo
No fundo da cova a cinza enterrou.

Tem fogo na encruzilhada, foi Exu que passou
Queimando a maldade do mundo,
Os pedidos que os filhos no padê deixou.
Exu tem palavra forte na encruzilhada o mal vem queimar
Catacumba queimou e a cinza na cova ele vai enterrar. 2x.

Catacumba passou, Catacumba levou, queimando a maldade do mundo
No fundo da cova a cinza enterrou. (2ª vez — Exu enterrou).
Catacumba passou, Catacumba levou, queimando a maldade do mundo
No fundo da cova Exu enterrou. 2x. (2ª vez — cinza enterrou).

Tem fogo na encruzilhada, foi Exu que passou!
Tem fogo na encruzilhada, foi Exu que passou!

Catacumba passou, Catacumba levou, queimando a maldade do mundo
No fundo da cova a cinza enterrou
Catacumba passou, Catacumba levou, queimando a maldade do mundo
No fundo da cova Exu enterrou.

MARIA PADILHA

Deixa essa moça entrar, ela é dona da gira,
Deixa essa moça entrar, é Maria Padilha. 2x.

Eu deixei champanhe pra você, um vestido vermelho pra usar
Uma rosa adornar os seus cabelos
E de flor cobri o chão e cantei o ponto com emoção
Pra Padilha vir no meu terreiro! 2x.

Deixa essa moça entrar, ela é dona da gira,
Deixa essa moça entrar, é Maria Padilha. 2x.

Eu deixei champanhe pra você, um vestido vermelho pra usar
Uma rosa adornar os seus cabelos
E de flor cobri o chão e cantei o ponto com emoção
Pra Padilha vir no meu terreiro! 2x.

Deixa essa dama entrar, ela é dona da gira,
Deixa essa moça entrar, é Maria Padilha. 2x.

EXU MARABÔ

O terreiro cantou pra Exu Marabô, quem tava na gira se arrepiou
Quando na porta um vulto passou, um vulto passou. 2x.

Quem chegou na umbanda pra trabalhar, ôooh, é Seu Marabô
Candomblé na quimbanda, tem fé em Exu, respeita o Senhor!

Ele vem trabalhar, ôooh, é Seu Marabô,
Nessa casa de santo, Exu faz encanto a quem lhe cantou!
Ele vem trabalhar, ôooh, é Seu Marabô,
Candomblé na quimbanda, tem fé em Exu, respeita o Senhor!
Ele vem trabalhar, ôooh, é Seu Marabô,
Nessa casa de santo, Exu faz encanto a quem lhe chamou!

O terreiro cantou, pra Exu Marabô, quem tava na gira se arrepiou
Quando na porta um vulto passou, um vulto passou. 2x.

Quem chegou na umbanda pra trabalhar, ôooh, é Seu Marabô
Candomblé na quimbanda, tem fé em Exu, respeita o Senhor!

Ele vem trabalhar, ôooh, é Seu Marabô,
Nessa casa de santo, Exu faz encanto a quem lhe cantou!
Ele vem trabalhar, ôooh, é Seu Marabô,
Candomblé na quimbanda, tem fé em Exu, respeita o Senhor!
Ele vem trabalhar, ôooh, é Seu Marabô,
Nessa casa de santo, Exu faz encanto a quem lhe chamou!

O terreiro cantou, pra Exu Marabô, quem tava na gira se arrepiou
Quando na porta um vulto passou, um vulto passou. 3x.

POMBAGIRA VAI EMBORA

Quando acaba a gira, a filha chora, Pombagira vai embora. 2x.

Agradeço às moças que chegaram pra trazer a firmeza e o axé
Oh! Menina, flor de encruzilhada, escuta, ajuda a quem tem fé
Nessa noite quem chegou do reino de Exu só foi mulher
Pombagira vai embora, não chora filha eu deixo o axé!

Quando acaba a gira a filha chora, Pombagira vai embora. 2x.

Agradeço às moças que chegaram pra trazer a firmeza e o axé
Oh! Menina, flor de encruzilhada, escuta, ajuda a quem tem fé
Nessa noite quem chegou, oh do reino de Exu só foi mulher
Pombagira vai embora, não chora filha eu deixo o axé!
Quando acaba a gira a filha chora, Pombagira vai embora. 3x.

Agradeço às moças que chegaram pra trazer a firmeza e o axé
Oh! Menina, flor de encruzilhada, escuta, ajuda a quem tem fé
Nessa noite quem chegou, oh do reino de Exu só foi mulher
Pombagira vai embora, não chora filha eu deixo o axé! 2x

Quando acaba a gira a filha chora, Pombagira vai embora. 3x.

ANJO NEGRO DE LUZ

Foi no meio da noite, acordei com uma voz me chamando, êeeh
Acorda, filho de santo, Oxalá manda um anjo lhe benzer
Eu chorei de emoção, segurei sua mão, era um Preto-Velho
Anjo Negro de Luz, a bença, meu Pai Oxalá, eu te peço!

Foi no meio da noite, acordei com uma voz me chamando, êeeh
Oh! filho de santo, Oxalá manda um anjo lhe benzer
Eu chorei de emoção, segurei sua mão, era um Preto-Velho
Anjo Negro de Luz, a bença, meu Pai Oxalá, eu te peço!

Oxalá mandou um Preto-Velho vim me ver
No meu cazuá, esse nego me benzer
Pra trazer a luz e a força de Aruanda
Dar firmeza pra esse filho, coroado na umbanda. 2x.

Foi no meio da noite, acordei com uma voz me chamando, êeeh
Acorda, filho de santo, Oxalá manda um Anjo lhe benzer
Eu chorei de emoção, segurei sua mão, era um Preto-Velho
Anjo Negro de Luz, a bença, meu Pai Oxalá, eu te peço! 2x.

Oxalá mandou um Preto-Velho vim me ver
No meu cazuá, esse nego me benzer

Pra trazer a luz e a força de Aruanda
Dar firmeza pra esse filho, coroado na umbanda. 2x.

Pra trazer a luz e a força de Aruanda
Dar firmeza pra esse filho, coroado na umbanda!

JOÃO CAVEIRA

Salve, João, do lado esquerdo da Tronqueira,
De cartola e capa preta, firma o ponto é Caveira!
Salve, João, do lado esquerdo da Tronqueira,
Quem tem fé, saúda Exu, bota marafo e vela preta! 2x.

O Caveira já chegou, pra demanda o mal levar
E quem mandou o mal pra mim, peço o Caveira encontrar
E o que eu não vejo no caminho, João Caveira pode ver
Alupandê na fé de Exu, peço pra Tu, pra proteger. 2x.

Salve, João, do lado esquerdo da Tronqueira,
De cartola e capa preta, firma o ponto é Caveira!
Salve, João, do lado esquerdo da Tronqueira,
Quem tem fé, saúda Exu, bota marafo e vela preta! 2x.

O Caveira já chegou, pra demanda o mal levar
E quem mandou o mal pra mim, o Caveira vai encontrar
E o que eu não vejo no caminho, o Caveira pode ver
Alupandê na fé de Exu, peço pra Tu, pra proteger.

O Caveira já chegou, pra demanda, o mal levar
E quem mandou o mal pra mim, peço o Caveira encontrar
E o que eu não vejo no caminho, João Caveira pode ver
Alupandê na fé de Exu, peço pra Tu, pra proteger.

Salve, João, do lado esquerdo da Tronqueira,
De cartola e capa preta, firma o ponto é Caveira!
Salve, João, do lado esquerdo da Tronqueira,
Quem tem fé, saúda Exu, bota marafo na vela preta! (e) 2x.

GIRA DE ERÊ

Deixa as almas brincar, filho de Oxalá, deixa as almas brincar
Deixa as almas benzer, filho de umbanda, é gira de Erê! 2x.
As crianças vêm do céu, a pedido de Oxalá
No terreiro de umbanda, deixa Erê brincar
Quando brinca faz a fé, em cada abraço que ele dá
Nessa gira de umbanda, é Erê que vai chegar! 2x.

Oh, deixa as crianças brincar, ôooh, deixa as crianças benzer.
Oh, deixa as crianças brincar, ôooh, é gira de Erê! 2x.

Deixa as almas brincar, filho de Oxalá, deixa as almas brincar
Deixa as almas benzer, filho de umbanda, é gira de Erê! 2x.

As crianças vêm do céu, a pedido de Oxalá
No terreiro de umbanda, deixa Erê brincar
Quando brinca faz a fé, em cada abraço que ele dá
Nessa gira de umbanda, é Erê que vai chegar! 2x.

Oh, deixa as crianças brincar, ôooh, deixa as crianças benzer.
Deixa as crianças brincar, ôooh, é gira de Erê! 2x.

A LUZ DE OGUM

Ogum, Ogum iê! Meu Senhor, traga a força, meu benzer!
Oxalá lhe deu a luz de Aruanda, pra benzer seus filhos nos terreiros de umbanda!
Ogum, Ogum iê! No clarão da lua, tenho fé, posso te ver! 2x.

Ogum, Ogum iê! Meu Senhor, traga a força, meu benzer!
Oxalá lhe deu a luz de Aruanda, pra benzer seus filhos nos terreiros de umbanda!
Ogum, Ogum iê! No clarão da lua, tenho fé, posso te ver!

Tenho fé, posso te ver! 2x.

CAVALO DE EXU

Oh, segura o cavalo pra não cair, oh, meu nego, é Exu que vem aí! 4x.

Quando toca o tambor e o filho rodou
Na quimbanda, na umbanda, é Exu que chegou
Quando tocou o tambor, firma, filho de santo, é Exu que baixou.

Quando tocou o tambor e o filho rodou
Na quimbanda, na umbanda, é Exu que chegou
Quando o tambor tocou, firma, Filho de Santo, é Exu que baixou.

Oh, segura o cavalo pra não cair, oh, meu nego, é Exu que vem aí! 2x.
Quando toca o tambor, o filho rodou
Na quimbanda, na umbanda, é Exu que chegou
Quando tocou o tambor, firma, Filho de Santo, é Exu que baixou.

Quando tocou o tambor e o filho rodou
Na quimbanda, na umbanda, é Exu que chegou
Quando tocou o tambor, firma, filho de santo, é Exu que baixou.

Oh, segura o cavalo pra não cair, oh, meu nego, é Exu que vem aí! 4x

Quando toca o tambor, o filho rodou
Na quimbanda, na umbanda, é Exu que chegou
Quando tocou o tambor, firma, filho de santo, é Exu que baixou.

Quando tocou o tambor e o filho rodou
Na quimbanda, na umbanda, é Exu que chegou
Quando tocou o tambor, firma, filho de santo, é Exu que baixou.

Quando tocou o tambor, firma, filho de santo, é Exu que baixou. 2x.

ROSA VERMELHA

Balançou a roseira, Pombagira no terreiro, vem trazer muita firmeza. (Oh)
Balançou a roseira, firma o ponto no tambor, que chegou Rosa Vermelha.

Oh, Rosa Vermelha vem dançar, vem trazer a beleza nessa gira
E o mal vem carregar, proteção nos caminhos dessas filhas
Que acende vela pra você, lá no pé da roseira, na encruzilhada.
Foi no chão do meu terreiro, que a Roseira foi plantada. 2x.
Balançou a roseira, Pombagira no terreiro, vem trazer muita firmeza. (Oh)

Balançou a roseira, firma o ponto no tambor, que chegou Rosa Vermelha. (Oh). 2x.

Oh, Rosa Vermelha vem dançar, vem trazer a beleza nessa gira
E o mal vem carregar, proteção no caminho dessas filhas
Que acende vela pra você, lá no pé da roseira, na encruzilhada.
Foi no chão do meu terreiro, que a Roseira foi plantada. 2x.

Balançou a roseira, Pombagira no terreiro, vem trazer muita firmeza. (Oh)
Balançou a roseira, firma o ponto no tambor, quem chegou foi Rosa Vermelha. (Oh)
Balançou a roseira, Pombagira no terreiro, pra trazer muita firmeza. (Oh)
Balançou a roseira, Pombagira no terreiro, quem chegou foi Rosa Vermelha. (Oh)

CABOCLA JUREMA

Ecoou, no meio da mata ecoou, era um canto de fé,
Espírito Santo Jurema cantou! 2x.

Caçadora tenho fé, quem lhe deu essa luz foi Oxalá
Filha de guerreiro, de Oxóssi, Pai Tupinambá
Flor de jambo, luz da mata, que perfuma o luar
Nos terreiros de umbanda, vem Jurema abençoar! 2x.

Ecoou, no meio da mata ecoou, era um canto de fé,
Espírito Santo Jurema cantou! 2x.

Caçadora tenho fé, quem lhe deu essa luz foi Oxalá
Filha de guerreiro, de Oxóssi, Pai Tupinambá
Flor de jambo, luz da mata, que perfuma o luar
Nos terreiros de umbanda, vem Jurema abençoar! 2x.

Ecoou, no meio da mata ecoou, era um canto de fé,
Espírito Santo Jurema cantou! 4x.

Ecoou, no meio da mata ecoou, era um canto de fé,
Espírito Santo Jurema cantou! 2x.

ZÉ PRETINHO

(Falado: Salve, Zé Pretinho!)

Salve a banda do Zé Pretinho, malandragem na umbanda
Que ensina os caminhos, que carrega as demandas
Salve toda a malandragem, os malandros da umbanda
Zé Pretinho firma o ponto, Zé Pilintra é quem manda! 2x

Salve, Zé Pretinho, traz a luz na nossa umbanda
A firmeza nos terreiros que dança no chão lá da quimbanda
Salve, Zé Pretinho, vem trazer esse axé
Zé Pilintra dá firmeza, Zé Pretinho faz a fé! 2x.

Salve a Banda do Zé Pretinho, malandragem na umbanda
Que ensina os caminhos, que carrega as demandas
Salve toda a malandragem, os malandros da umbanda
Zé Pretinho firma o ponto, Zé Pilintra é quem manda! 2x

Salve, Zé Pretinho, traz a luz na nossa umbanda
A firmeza nos terreiros que dança no chão lá da quimbanda
Salve, Zé Pretinho, vem trazer esse axé
Zé Pilintra dá firmeza, Zé Pretinho faz a fé! 2x.

A LUZ DE ZAMBI

Tem lua bonita no céu, Luz de Zambi, meu Pai, Oxalá
E as estrelas cadentes que caem são as almas que mandam pra cá
Pra trazer a luz de Aruanda e a bença dos orixás
Cada vela que acende e quem canta essa prece a Zambi levar. 2x.

Zambi, meu Pai, é Rei de Aruanda
Cada estrela do céu é uma alma da umbanda. 2x.

Tem lua bonita no céu, Luz de Zambi, meu Pai, Oxalá
E as estrelas cadentes que caem são as almas que mandam pra cá
Pra trazer a luz de Aruanda e a bença dos orixás
Cada vela que acende e quem canta essa prece a Zambi levar. 2x.

Zambi, meu Pai, é Rei de Aruanda
Cada estrela do céu é uma alma da umbanda. 4x.

Cada estrela do céu é uma alma da umbanda! 2x.

CASA DE EXU

É casa de Exu, é Mojubá, não tem porta nem janela
Quem tem fé pode entrar.
É casa de Exu, é Mojubá, quem tem fé saúda Motumbá
Quem não tem, melhor não olhar. 2x.

Oh, Exu conhece a verdade e sabe quando um filho mente
Mesmo vestido de branco, calado ele enxerga a maldade na mente
Dum filho que engana um irmão e lá no terreiro sem fé vai rezar
Exu tira o filho da casa e entrega nas trevas para Egum carregar. 2x.

É casa de Exu, é Mojubá, não tem porta e nem janela
Quem tem fé pode entrar.
É casa de Exu, é Mojubá, quem tem fé saúda Motumbá
Quem não tem, melhor não olhar. 2x.

Oh, Exu conhece a verdade e sabe quando um filho mente
Mesmo vestido de branco, calado ele enxerga a maldade na mente
Dum filho que engana um irmão e lá no Terreiro sem fé vai rezar
Exu tira o filho da casa e entrega nas trevas para Egum carregar. 2x

É casa de Exu, é Mojubá, não tem porta e nem janela
Quem tem fé pode entrar.
É casa de Exu, é Mojubá, quem tem fé saúda Motumbá
Se não tem, melhor não olhar. (Quem) 2x.

EXU MEIA-NOITE

Eu tenho uma casinha, aonde eu vou rezar
Onde faço minha fé, meu pedido, Motumbá, meu axé, para Exu vim carregar.
Eu tenho uma casinha, aonde eu vou rezar
Não tem porta e nem janela, fica lá no pé da serra, Meia-Noite mora lá.

É Meia-Noite, é Exu, é mojubá, se tu tem fé, na sua casa vem morar. 4x

Eu tenho uma casinha, aonde vou rezar
Onde faço minha fé, meu pedido, Motumbá, meu axé, para Exu carregar.
Eu tenho uma casinha, aonde eu vou rezar
Não tem porta e nem janela, fica lá no pé da serra, Meia-Noite mora lá.

É Meia-Noite, é Exu, é mojubá, se tu tem fé, na sua casa vem morar. 4x
É Meia-Noite, é Exu, é mojubá, se tu tem fé, na sua casa vem morar. 2x
Se tu tem fé, na sua casa vem morar! 2x.

FILHO DE SANTO TAMBÉM CHORA

Tem dia que vou sorrir, tem dia que vou chorar,
Tem dia que dou um abraço, preciso de alguém pra me abraçar.
Tem dia que eu tenho fé, no dia que a fé faltar
No terreiro de umbanda, eu vou me abençoar. 2x

Eu sou filho de santo, meu Senhor,
Meu caminho na umbanda é de amor
Quando eu cair, Oxalá vai levantar
Filho de santo também chora, mas na fé vai caminhar. 2x
Tem dia que eu vou sorrir, tem dia que eu vou chorar,
Tem dia que dou um abraço, preciso de alguém pra me abraçar.
Tem dia que eu tenho fé, no dia que a fé faltar
No terreiro de umbanda, eu vou me abençoar. 2x

Eu sou filho de santo, meu Senhor,
Meu caminho na umbanda, é de amor
Quando eu cair, Oxalá vai levantar
Filho de Santo também chora, mas na fé vai caminhar. 2x

PRETO EXU

Um preto fugiu da senzala, foi pra mata e não voltou
Deixe esse preto morrer, o bicho comer, o branco falou
O mundo dá voltas, meu branco, e na encruzilhada uma noite passou
Quando viu um preto parado, assustado, era o preto que tanto surrou.

O cavalo não deu mais um passo, a noite era fria, o mormaço virou
Quando a mão quente do preto, deixou de joelhos aquele senhor
Que levava a tristeza pro nego, amarrado no tronco os pretos matou
Nessa noite eu vim lhe buscar, sou feito de Exu teu dia chegou.

Um preto fugiu da senzala, foi pra mata e não voltou
Deixe esse preto morrer, s bichos comerem, o branco falou
O mundo dá voltas, meu nego, e na encruzilhada uma noite passou
Quando viu um preto parado, assustado, era o preto que tanto surrou.

O cavalo não deu mais um passo... sou feito de Exu teu dia chegou.

Um preto fugiu da senzala, foi pra mata e não voltou
Deixe esse preto morrer, os bichos comerem, o branco falou
O mundo dá voltas meu nego e na encruzilhada uma noite passou
Quando viu um preto parado, assustado, era o preto que tanto surrou.

Um preto fugiu da senzala, foi pra mata e não voltou
Deixe esse Preto morrer, o bicho comer, o branco falou
O mundo dá voltas, meu nego, e na encruzilhada uma noite passou
Quando viu um preto parado, assustado, era o preto que tanto surrou.

O cavalo não deu mais um passo, a noite era fria, o mormaço virou
Quando a mão quente do preto, deixou de joelhos aquele senhor
Que levava a tristeza pros negos, amarrado no tronco os pretos matou
Nessa noite eu vim lhe buscar, sou feito de Exu teu dia chegou.

Exu, êeeh! Ôooh, Exu! Exu, êeeh! Ôooh Exu!
Exu, êeeh! O preto Exu virou! Exu, êeeh! O preto Exu virou!

Um preto fugiu da senzala, foi pra mata e não voltou
Deixe esse preto morrer, o bicho comer, o branco falou
O mundo dá voltas, meu branco, e na encruzilhada a noite passou
Quando viu um preto parado, assustado, era o preto que tanto surrou.

O cavalo não deu mais um passo, a noite era fria, o mormaço virou
Quando a mão quente do preto, deixou de joelhos aquele Senhor
Que levava a tristeza pro nego, amarrado no tronco os pretos matou
Nessa noite eu vim lhe buscar, sou feito de Exu teu dia chegou.

JUSTIÇA DE EXU

Se tu fez a maldade, a Justiça de Exu não tem pressa nem hora
Quem andou nesse mundo enganando os irmãos uma hora vai embora
E no fim da sua vida Exu vem te ver, acabar a ilusão
Quem te vela, não reza, o povo de Exu lhe carrega o caixão. 2x.

Oh, laroyê, mojubá, Exu, êh!
Tem justiça no Reino de Exu, quem fez a maldade vai receber.
Oh, laroyê, mojubá, Exu, êh!
Não tem reza que salva quem mente, a cova tá quente esperando você. 2x.

Se tu fez a maldade, a Justiça de Exu não tem pressa, nem hora
Quem andou nesse mundo enganando os irmãos uma hora vai embora
E no fim da sua vida Exu vem te ver, acabar a ilusão
Quem te vela, não reza, o povo de Exu lhe carrega o caixão. 2x.

Oh, laroyê, mojubá, Exu, êh!
Tem justiça no Reino de Exu, quem fez a maldade vai receber.
Oh, laroyê, mojubá, Exu, êh!
Não tem reza que salva quem mente, a cova tá quente esperando você. 2x.

Se tu fez a maldade a Justiça de Exu não tem pressa, nem hora
Quem andou nesse mundo enganando os irmãos uma hora vai embora
E no fim da sua vida Exu vem te ver, acabou a ilusão
Quem te vela, não reza, o povo de Exu lhe carrega o caixão.

Quem te vela, não reza, o povo de Exu lhe carrega o caixão!
Quem te vela, não reza, o povo de Exu lhe carrega o caixão!

OGUM MALEI

Malei, é que vem sarava, ôoh! É Ogum Malei, ilumina meu congá! 2x.
Eu sou filho de santo da casa de Lei, da força de Zambi, meu Pai Oxalá
De um guerreiro forjado na fé, dos ventos que sopram de Mãe Egunitá
A licença à luz de Xangô, Cavaleiro de Luz, no terreiro ele é Rei
Dá firmeza no ponto, quem chegou? Ogum Malei!

Malei, é que vem sarava, ôoh! É Ogum Malei, ilumina meu congá! 2x.
Eu sou filho de santo da casa de Lei, da força de Zambi, meu Pai Oxalá
De um guerreiro forjado na fé, dos ventos que sopram de Mãe Egunitá
A licença à luz de Xangô, Cavaleiro de Luz, no terreiro ele é Rei
Dá firmeza no ponto, quem chegou? Ogum Malei! 2x.

Malei, é que vem sarava, ôoh! É Ogum Malei, ilumina meu congá! 2x.
Eu sou filho de santo da Casa de Lei, da força de Zambi, meu Pai Oxalá
De um guerreiro forjado na fé, dos ventos que sopram de Mãe Egunitá
A licença à luz de Xangô, Cavaleiro de Luz, no terreiro ele é Rei
Dá firmeza no ponto, quem chegou? Ogum Malei!

Dá firmeza no ponto, quem chegou? Ogum Malei!
Dá firmeza no ponto, quem chegou? Ogum Malei!

ERÊS DE UMBANDA

Oh, quem chegou, as crianças venham ver
No terreiro de umbanda, é gira de Erê! 2x.

Oh, deixa as crianças brincarem, nessa gira de umbanda
Alma Clara de Oxalá, os piás de Aruanda.
Deixa as crianças brincarem, nessa gira de umbanda
No abraço faz a fé, dá firmeza e carrega as demandas. 2x.

Oh, quem chegou, as crianças venham ver
No terreiro de umbanda, é gira de Erê! 4x.

Oh, deixa as crianças brincarem, nessa gira de umbanda
Alma Clara de Oxalá, os piás de Aruanda.
Deixa as crianças brincarem, nessa gira de umbanda
No abraço faz a fé, dá firmeza e carrega as demandas. 2x.

Oh, quem chegou, as crianças venham ver
No terreiro de umbanda, é gira de Erê! 2x.

No terreiro de umbanda, é gira de Erê!

MARIA QUITÉRIA

Meia-noite madrugou, Pombagira que chegou
No terreiro de umbanda, é Quitéria que baixou. 2x.

Oh, Dona Quitéria, venha ver, vem trazer pra esse povo esse axé
Oh, Rainha da Encruzilhada, dá força e guarda quem tem fé
Oh, Maria Quitéria, do Cruzeiro das Almas, o terreiro se encanta
O pedido quem canta com fé e te saúda! 2x. (lhe saúda).

Meia-noite madrugou, Pombagira que chegou
No terreiro de umbanda, é Quitéria que baixou. 2x.

Oh, Dona Quitéria, venha ver, vem trazer pra esse povo teu axé
Oh, Rainha da Encruzilhada, dá força e guarda quem tem fé
Oh, Maria Quitéria, do Cruzeiro das Almas, o terreiro se encanta
O pedido quem canta com fé e lhe saúda! 2x. (lhe saúda).
Meia-noite clareou, Pombagira que chegou, (madrugou)
No terreiro de umbanda, é Quitéria que baixou. 2x.

Meia-noite madrugou, Pombagira que chegou,
No terreiro de umbanda, é Quitéria que baixou. 3x.

A JUSTIÇA DE XANGÔ

Oh, leva pra lá, a maldade, a inveja, o agô
Minha casa é guardada por meu Pai Xangô. 2x.

Oh, Senhor da Verdade e da Justiça, que na pedreira foi morar
Sob a bença e a Luz de Oxalá!
Xangô, ôooh, Xangô, na pedreira, Zambi, meu Pai, te clareou.

Oh, leva pra lá, a maldade, a inveja, afasta de mim esse agô
Minha casa é guardada pelo Pai Orixá, meu Santo é Xangô.
Oh, Senhor da Verdade e da Justiça, que na pedreira foi morar
Sob a bença e a Luz de Oxalá! 2x.

Oh, leva pra lá, a maldade, a inveja, o agô
Minha casa é guardada por meu Pai Xangô. 2x.

Oh, Senhor da Verdade e da Justiça, que na pedreira foi morar
Sob a luz, a bença de Oxalá!
Xangô, ôooh, Xangô, na pedreira, Zambi meu Pai, te clareou.

Oh, leva pra lá, a maldade, a inveja, afasta de mim esse agô
Minha casa é guardada pelo Pai Orixá, meu santo é Xangô.
Oxalá a verdade da Justiça, que na pedreira foi morar
Sob a bença e a Luz de Oxalá!

Oh, leva pra lá, a maldade, a inveja, afasta de mim esse agô
Minha casa é guardada pelo Pai Orixá, meu santo é Xangô.
Oxalá a verdade da Justiça, que na pedreira foi morar
Sob a Luz, a bença de Oxalá!
Sob a Luz, a bença de Oxalá!

FESTA DE EXU E POMBAGIRA

Hoje tem festa de Exu e Pombagira
O terreiro se infesta, queima pólvora e faz magia
Hoje tem festa de Exu e Pombagira
E só vão embora quando amanhecer o dia. 2x.

Oh, Senhor Marabô, Tiriri, Ganga,
Sete Covas, Exu Rei, Seu Tranca-Rua,
Exu Meia-Noite, Sete Porteiras, Exu Aroeira, Sete Catacumbas,
Rosa Vermelha, Caveira, Padilha,
Maria Mulambo, as moças de lá.
Oh, segura o Filho de Santo, que o povo de Exu vai baixar.

Hoje tem festa de Exu e Pombagira
O terreiro se infesta, queima pólvora e faz magia
Hoje tem festa de Exu e Pombagira
E só vão embora quando amanhecer o dia. (nascer o dia). 2x.

Oh, Senhor Marabô, Tiriri, Ganga,
Sete Covas, Exu Rei, Seu Tranca-Rua,
Exu Meia-Noite, Sete Porteiras, Exu Aroeira, Sete Catacumbas,
Rosa Vermelha, Caveira, Padilha,
Maria Mulambo, as moças de lá.

Oh, segura o filho de santo, que o povo de Exu vai chegar. (vai baixar). 2x

Hoje tem festa de Exu e Pombagira
O terreiro se infesta, queima pólvora e faz magia
Hoje tem festa de Exu e Pombagira
E só vão embora quando amanhecer o dia. 2x.

EXU TE ESCUTOU

(Falado: Laroyê, Mestre Exu!)

O ponteiro ajuntou, meia-noite, meu nego, hora grande chegou, (juntou)
Abre a gira de umbanda que o povo de Exu já vem trabalhar
A mão do ogã vira fogo no couro do tambor
Quem cantar com fé, ele vem ajudar, Exu escutou. (cantou). 2x

Laroyê! Mojubá! Salve, Exu!
Ele vem na bença de Omulu, na firmeza, na fé de Pai Ogum,
Na humildade de Zambi, Oxalá! Laroyê! Mojubá! Oh, Salve, Exu! Oh!
Na tua presença, teu povo espera o ponteiro ajuntar! 2x.
O ponteiro ajuntou, meia-noite, meu nego, hora grande chegou,
Abre a gira de umbanda que o povo de Exu já vem trabalhar
A mão do ogã vira fogo no couro do tambor
Quem cantou com fé, ele vem ajudar, Exu escutou.

O ponteiro ajuntou, meia-noite, meu nego, hora grande chegou,
Abre a gira de umbanda que o povo de Exu já vem trabalhar
A mão do ogã vira couro no fogo do tambor
Quem cantou com fé, ele vem ajudar, Exu escutou.

Laroyê! Mojubá! Salve, Exu!
Ele vem na bença de Omulu, na firmeza, na fé de Pai Ogum,
Na humildade de Zambi, Oxalá! Laroyê! Mojubá! Oh, Salve Exu!
É a tua presença, teu povo espera o ponteiro ajuntar! 2x.

O ponteiro ajuntou, meia-noite, meu nego, hora grande chegou,
Abre a gira de umbanda que o povo de Exu já vem trabalhar
A mão do ogã vira fogo no couro do tambor
Quem cantou com fé, ele vem ajudar, Exu escutou.

ESPEITA A CASA DE UMBANDA

Oh, respeita minha casa, meu senhor, minha gira de umbanda. 2x.
Das almas que vêm lá do céu, do Pai, do filho de Aruanda!
Do povo que vem da encruzilhada, do Reino de Exu mistura umbanda.
Oh, respeita minha casa, meu senhor, minha gira de umbanda. (a casa) 2x.
Das almas que vêm lá do céu, do Pai, do filho de Aruanda! Oh!
Do povo que vem da encruzilhada, do Reino de Exu mistura umbanda.

Oh, respeita minha casa, meu senhor, se tu não tem fé, não vem rezar
Oh, não fala mal do meu terreiro, onde as almas de luz vêm trabalhar
Eu carrego com fé nesse meu peito a bandeira de Oxalá
Na fé de Zambi, Pai da umbanda, este mundo clarear.

Oh, respeita minha casa, meu senhor, minha gira de umbanda. 2x.
Das almas que vêm lá do céu, do Pai, do Filho de Aruanda! Oh!
Do povo que vem da encruzilhada, do Reino de Exu mistura umbanda.

Oh, respeita a casa, meu senhor, minha gira de umbanda. 2x.
Das almas que vêm lá do céu, oh do Pai, do Filho de Aruanda! Oh!
Do povo que vem da encruzilhada, do Reino de Exu mistura umbanda.

Oh, respeita minha casa, meu senhor, se tu não tem fé, não vem rezar (Oh, se tu)
Oh, não fala mal do meu terreiro, onde as almas de luz vêm trabalhar
Eu carrego com fé nesse meu peito a Bandeira de Oxalá
Na fé de Zambi, Pai da umbanda, este mundo clarear. 2x.

Oh, respeita minha casa, meu senhor, minha gira de umbanda. 2x.
Das almas que vêm lá do céu, do Pai, do Filho de Aruanda! Oh!
Do povo que vem da encruzilhada, do Reino de Exu mistura umbanda.

Oh, respeita minha casa, meu senhor, minha gira de umbanda. 2x.
Das almas que vêm lá do céu, do Pai, do filho de Aruanda! Oh!
Do povo que vem da encruzilhada, do Reino de Exu mistura umbanda.

EZA DE EXU

Quem mandou a maldade pra mim, oh, meu nego, a maldade não chegou (oh)
Oh, Exu que guarda meus caminhos apagou a vela e soprou
Devolveu a maldade a quem pediu, ao Egum que o pedido aceitou
E na casa de quem pediu maldade, a justiça de Exu, o mal voltou.

Oh, não mexe com filho de santo, senhor, oh, que Exu vem cobrar
Ele leva a maldade na porta, quem fez um pedido, dez vezes faz voltar.
Oh, não mexe com Filho de Santo, senhor, oh que Exu vem cobrar
Pra quem fez a maldade pros outros, na porta da casa, Exu vai rezar.

Quem mandou a maldade pra mim, oh, meu nego, a maldade, meu nego, não chegou (Oh)
Oh, Exu que guarda meus caminhos apagou a vela e soprou
Devolveu a maldade a quem pediu, ao Egum que o pedido aceitou
E na casa de quem pediu maldade, a justiça de Exu, o mal voltou.

Quem mandou a maldade pra mim, oh, meu nego, a maldade não chegou (oh)
Oh, Exu que guarda meus caminhos apagou a vela e soprou
Devolveu a maldade a quem pediu, ao Egum que o pedido aceitou
E na casa de quem pediu maldade, a justiça de Exu, o mal voltou.

Oh, não mexe com filho de santo, senhor, oh, que Exu vem cobrar
Ele leva a maldade na porta, quem fez um pedido, dez vezes faz voltar.
Oh, não mexe com filho de santo, senhor, oh, que Exu vem cobrar
Pra quem fez a maldade pros outros, na porta da casa, Exu vai rezar.

Oh, não mexe com filho de santo, senhor, oh, que Exu vem cobrar
Ele guarda a porta da casa, os caminhos que o Filho e o seu cazuá.
Oh, não mexe com filho de santo, senhor, oh, que Exu vem cobrar
Pra quem pede a maldade pros outros, na porta da casa, Exu vai rezar.

FLOR DE FÉ DA UMBANDA

Eu sou semente de umbanda, que no terreiro Ogum plantou
Flor de fé, uma luz que brilha, Oxalá que me aguou.

Eu sou raiz de umbanda, minha terra é de fé,

Pés descalços na terra do terreiro, de onde vem o meu axé,
Onde acendo vela pra preto-velho, Capangueiro de Ogum,
Oh, Caboclo, Baiano, Marinheiro, Pombagira e Exu. 2x.

Eu sou semente de umbanda, que no terreiro Ogum plantou
Flor de fé, uma luz que brilha, Oxalá que me aguou. 2x.

Eu sou raiz de umbanda, minha terra é de fé, (da umbanda)
Pés descalços na terra do terreiro, de onde vem o meu axé,
Onde acendo vela pra preto-velho, Capangueiro de Ogum,
Oh, Caboclo, Baiano, Marinheiro, Pombagira e Exu. 2x.

Eu sou semente de umbanda, que no terreiro Ogum plantou
Flor de fé, uma luz que brilha, Oxalá que me aguou. 4x.

BATUQUE DE UMBANDA

Eu sou do batuque, meu senhor, o tambor não vai parar
Enquanto Exu tiver em terra, eu não paro de tocar.
Eu sou do batuque, meu senhor, o tambor não vai parar
Pombagira tá em terra, eu não paro de tocar.

Meu tambor não vai parar porque Pombagira já baixou
E o povo de Ganga do Reino de Exu no terreiro encostou
Meu tambor tem axé, minha voz eu carrego a firmeza, a fé
Eu canto a umbanda, a quimbanda e candomblé. 2x.

Eu sou do batuque, meu senhor, o tambor não vai parar
Enquanto Exu tiver em terra, eu não paro de tocar.
Eu sou do batuque, meu senhor, o tambor não vai parar
Pombagira tá em terra, eu não paro de tocar.

Meu tambor não vai parar porque Pombagira já baixou
E o povo de Ganga do Reino de Exu no terreiro encostou
Meu tambor tem axé, minha voz eu carrego a firmeza, a fé
Eu canto a umbanda, a quimbanda e candomblé. 2x.

GIRA DE POMBAGIRA

Gira boa de Pombagira, defuma o terreiro pras moças chegar
Acende vela vermelha nos quatro cantos, oh
Estoura champanhe pra elas brindar
Quem tá dentro da gira não quer sair, oh, quem tá fora não pode entrar.

Na gira de Pombagira, o mal não pode entrar
Ela vem cuidar das filhas, traz a força e a magia
Os caminhos vem guardar. 2x.

Gira boa de Pombagira, defuma o terreiro pras moças chegar
Acende vela vermelha nos quatro cantos
Estoura champanhe pra elas brindar
Quem tá dentro da gira não quer sair, oh, quem tá fora não pode entrar. 2x.

Gira de Pombagira, o mal não pode entrar
Ela vem cuidar das filhas, traz a força e a magia
Os caminhos vem guardar. 2x.

Gira boa de Pombagira, defuma o terreiro pras moças chegar
Acende vela vermelha nos quatro cantos
Estoura champanhe pra elas brindar
Quem tá dentro da gira não quer sair, oh, quem tá fora não pode entrar.

EXU MARABÔ, OS QUATRO CANTOS

Oh, quem manda na encruzilhada é Exu Marabô,
Oh, quem manda na encruzilhada é Motumbá, senhor! 2x.

Encruzilhada tem quatro cantos, quatro cantos pra firmar
Numa ponta acendo vela, noutra ponta vou rezar
Do outro lado: meu padê, meus pedidos, oferenda vou entregar.
E no canto que sobrou, Marabô, meu tambor pra Tu cantar.

Oh, quem manda na encruzilhada é Exu Marabô,
Oh, quem manda na encruzilhada é Motumbá, senhor! 2x.

Encruzilhada tem quatro cantos, quatro cantos pra firmar

Numa ponta acendo a vela, noutra ponta vou rezar
Do outro lado: meu padê, meus pedidos, oferenda vou entregar.
E no canto que sobrou, Marabô, meu tambor pra Tu cantar.

Oh, quem manda na encruzilhada é Exu Marabô,
Oh, quem manda na encruzilhada é Motumbá, senhor! (quem manda) 2x.

SANTO OGUM

Ogum, Ogum iê!
Oxalá lá do céu, no sangue da guerra, deu nome pro homem
Deu luz na espada de Ogum iê!

Santo Ogum, Ogum iê! 2x

Ogum, Ogum iê!
Oxalá lá do céu, no sangue da guerra, deu nome pro homem
Deu Luz na espada de Ogum iê!

Santo Ogum, Ogum iê! 2x

Ogum, Ogum iê!
Oxalá lá do céu, no sangue da guerra, deu nome pro homem
Deu luz na espada de Ogum iê!

Santo Ogum, Ogum iê! Santo Ogum, Ogum iê!
Santo Ogum, Ogum iê! Santo Ogum, Ogum iê!

NA PALHA FRIA DA SENZALA

Eu nasci na palha fria da senzala, mas meu pai não conheci,
Morreu antes de eu nascer, meu destino foi assim.
No tronco a morte anunciava, pra minha mãe, meu pai falou:
Nessa noite eu vou morrer, esse filho na barriga, do céu vou ver crescer.

E foi morar em Aruanda, foi nos braços de Oxalá,
Quando tem noite de lua, ele vem me visitar,
E foi morar em Aruanda, foi nos braços de Oxalá,

Conheci meu pai no tronco, no dia da minha morte, o meu pai veio buscar.

Eu nasci na palha fria da senzala, mas meu pai não conheci,
Morreu antes de eu nascer, meu destino foi assim.
No tronco a morte anunciava, pra minha mãe, meu pai falou:
Nessa noite eu vou morrer, esse filho na barriga, do céu vou ver crescer.

E foi morar em Aruanda, foi nos braços de Oxalá,
Quando tem noite de lua, ele vem me visitar,
E foi embora pra em Aruanda, foi nos braços de Oxalá,
Conheci meu pai no tronco, no dia da minha morte, meu pai veio buscar.

Eu nasci na palha fria da senzala, mas meu pai não conheci,
Morreu antes de eu nascer, meu destino foi assim!

NO ALTO DA MONTANHA DE OXALÁ

Lá no alto da montanha, onde moram os orixás
Toda vez que a lua é cheia, pra lá eu vou rezar
Ilumina o meu caminho, as santas almas me guiar
Lá no alto da montanha, tô mais perto de Oxalá! 2x.

Oxalá, meu Pai, deu luz pros orixás,
Orixás deram luz pras almas, pra na umbanda trabalhar
E as almas fazem bondade, levam a paz pra quem escutar
Trazem a bença, a caridade, pede a Exu pra lhe guardar. 2x.

Lá no alto da montanha, onde moram os orixás
Toda vez que a lua é cheia, pra lá eu vou rezar
Ilumina o meu caminho, as santas almas me guiar
Lá no alto da montanha, tô mais perto de Oxalá! 2x.
Oxalá, meu Pai, deu luz pros orixás,
Orixás deram luz pras almas, pra na umbanda trabalhar
E as almas fazem bondade, levam a paz pra quem escutar
Trazem a bença, a caridade, pede a Exu pra lhe guardar. 2x.

TRANCA-RUA, CACHOEIRA DA MACUMBA

Na Cachoeira da Macumba, eu deixei pedido lá,
Tranca-Rua meu pedido, tenho fé, vai vir buscar. 2x.

Eu deixei pedido na Cachoeira, vem buscar,
Na folha de bananeira, pra agradar
Meu respeito é grande por Exu, Motumbá!
Recebe a oferenda desse filho, vem buscar! 2x.

Na Cachoeira da Macumba, eu deixei pedido lá,
Tranca-Rua meu pedido, tenho fé, vai vir buscar. 2x.

Eu deixei pedido na cachoeira, vem buscar,
Na folha de bananeira, pra agradar
Meu respeito é grande por Exu, Motumbá!
Recebe a oferenda desse filho, vem buscar! 2x.

Na Cachoeira da Macumba, eu deixei pedido lá,
Tranca-Rua meu pedido, tenho fé, vai vir buscar. x.

Cachoeira da Macumba, eu deixei pedido lá,
Tranca-Rua meu pedido, tenho fé, vai vir buscar. 2x.

ROSA CAVEIRA

Nasceu uma rosa no terreiro, foi Exu que plantou,
Flor de Exu de encruzilhada, Rosa Caveira que deu flor. 2x.

E quem tem fé pode chegar, peça pra Caveira lhe benzer
Firmeza que vem da encruzilhada pra seus caminhos proteger
E quem tem fé Dona Caveira venha ver
Recebe o passe e dá um abraço e leva uma rosa com você.
Recebe o passe e dá um abraço e leva uma rosa com você.

Nasceu uma rosa no terreiro, foi Exu que plantou,
Flor de Exu de encruzilhada, Rosa Caveira que deu flor. 2x.

E quem tem fé pode chegar, peça pra Caveira lhe benzer

Firmeza que vem da encruzilhada pra seus caminhos proteger
E quem tem fé Dona Caveira venha ver
Recebe o passe e dá um abraço e leva uma rosa pra você.
Recebe o passe e dá um abraço e leva uma rosa pra você.
Recebe o passe e dá um abraço e leva uma rosa pra você.

Nasceu uma rosa no terreiro, foi Exu que plantou,
Flor de Exu de encruzilhada, Rosa Caveira que deu flor. 2x.
Rosa Caveira que deu flor!

FILHO DE ORIXÁS

Eu sou de Ogum, eu sou de Oxum, Obaluaê
Sou de Oxóssi, Iansã, de Mãe Nanã Buruquê
Eu sou de Xangô, eu sou de Mãe Iemanjá
Eu sou de Omulu, eu sou de Exu! Eu sou da umbanda! 2x.

Eu sou da umbanda, ôoooh, eu sou umbanda
Eu acendo vela pra todos os santos de Aruanda!
Eu sou da umbanda, ôoooh, eu sou umbanda
Meu respeito, minha fé, a todos os Santos de Aruanda!

Eu sou de Ogum, eu sou de Oxum, Obaluaê
Sou de Oxóssi, Iansã, de Mãe Nanã Buruquê
Eu sou de Xangô, eu sou de Mãe Iemanjá
Sou de Omulu, eu sou de Exu! Eu sou da umbanda! 2x.

Eu sou da umbanda, ôoooh, eu sou umbanda
Eu acendo vela pra todos os santos de Aruanda!
Eu sou da umbanda, ôoooh, eu sou umbanda
Meu respeito, minha fé, a todos os santos de Aruanda!

Eu sou da umbanda, ôoooh, eu sou da umbanda
Eu acendo vela pra todos os santos de Aruanda!
Eu sou da umbanda, ôoooh, eu sou da umbanda
Eu respeito, minha fé, a todos os santos de Aruanda!

Eu sou de Ogum, eu sou de Oxum, Obaluaê
Sou de Oxóssi, Iansã, de Mãe Nanã Buruquê

Eu sou de Xangô, eu sou de Mãe Iemanjá
Sou de Omulu, eu sou de Exu! Eu sou da umbanda! 2x.

NO CHÃO DO TERREIRO EU CHOREI

E no chão do terreiro eu chorei de tanta emoção
O meu corpo tremia, o tambor batia no meu coração
Sob um canto de fé que louvava os santos e os orixás
A luz, a magia do povo da umbanda, eu sentia no ar.

É meu Pai Ogum que vinha firmar a minha coroa
Véu dourado de Oxum, meu caminho a seguir na luz da umbanda
De cantar pras almas, Exu, Pombagira e Orixá
Foi no chão da Umbanda que um filho perdido foi se encontrar.

E no chão do terreiro eu chorei de tanta emoção
O meu corpo tremia, no tambor batia no meu coração
Sob um canto de fé que louvava os santos e os orixás
A luz, a magia do povo da umbanda, eu sentia no ar.

É meu Pai Ogum que vinha firmar a minha coroa (que veio)
Véu dourado de Oxum, meu caminho a seguir na luz da umbanda
De cantar pras almas, Exu, Pombagira e Orixá
Foi no chão da umbanda que um filho perdido foi se encontrar. 2x.

E no chão do terreiro eu chorei de tanta emoção
O meu corpo tremia, o tambor batia o meu coração
Sob um canto de fé que louvava os santos e os orixás
A luz, a magia do povo da umbanda, eu sentia no ar.
E no chão do terreiro eu chorei de tanta emoção
O meu corpo tremia, o tambor batia no meu coração
Sob um canto de fé que louvava os santos e os orixás
A luz da umbanda, do povo da umbanda, eu sentia no ar.
É meu Pai Ogum que vinha firmar a minha coroa
Véu dourado de Oxum, meu caminho a seguir na luz da umbanda
De cantar pras almas, Exu, Pombagira e Orixá
Foi no chão da umbanda que um filho perdido foi se encontrar. 2x.

ACENDI VELA NA PRAIA PARA EXU

Acendi uma vela na praia, ôoh, pra Exu vir buscar. 2x.
Vem, Exu, vem trazer a firmeza e peça licença à Iemanjá. 2x.

É no meio da noite que Exu chegou, ele veio na brisa, na beira do mar,
É Exu Meia-Noite, senhor, que vem nessa praia a demanda levar.
Salve o povo do Reino de Exu, senhor!
Salve, Exu Meia-Noite, que vem ajudar!
Peço a luz, proteção no caminho, me banho nas águas de Iemanjá.

É no meio da noite que Exu chegou, ele veio na brisa, na beira do mar,
É Exu Meia-Noite, senhor, que vem nessa praia a demanda levar.
Salve o povo do Reino de Exu, senhor!
Salve, Exu Meia-Noite, que vem ajudar!
Peço luz, proteção no caminho, me banho nas águas de Iemanjá.
Acendi uma vela na praia, ôoh, pra Exu vir buscar. 2x.
Vem, Exu, vem trazer a firmeza e peça licença à Iemanjá. 2x.

Acendi uma vela na praia, ôoh, pra Exu vir buscar. 2x.
Vem, Exu, vem trazer a firmeza e peça licença à Iemanjá. 2x.

É no meio da noite que Exu chegou, ele veio na brisa, na beira do mar,
É Exu Meia Noite Senhor que vem nessa praia a demanda levar.
Salve o povo do Reino de Exu, Senhor!
Salve, Exu Meia Noite, que vem ajudar!
Peço a luz, proteção no caminho, me banho nas águas de Iemanjá.

É no meio da noite que Exu chegou, ele veio na brisa, na beira do mar,
É Exu Meia-Noite, senhor, que vem nessa praia a demanda levar.
Salve o povo do Reino de Exu!
Salve, Exu Meia-Noite que vem ajudar!
Peço a luz, proteção no caminho, me banho nas águas de Iemanjá.

Acendi uma vela na praia, ôoh, pra Exu vir buscar. 2x.
Vem, Exu, vem trazer a firmeza e peça licença à Iemanjá. 2x.

IEMANJÁ

Um perfume vem do mar, foi uma moça que deixou,
Rosa branca no cabelo, pela areia caminhou.
Seu vestido azul-celeste, rastro no mar ela deixou,
Na luz da lua foi embora e pro mar ela voltou. (luz da lua) 2x.
Ela mora no mar ou na luz do luar,
Eu vou me benzer na beira da praia,
O perfume, a bênção de Iemanjá. 2x.

Um perfume vem do mar, foi uma moça que deixou,
Rosa branca no cabelo, pela areia caminhou.
Seu vestido azul-celeste, rastro no mar ela deixou,
Na luz da lua foi embora e pro mar ela voltou.

Ela mora no mar ou na luz do luar,
Eu vou me benzer na beira da praia,
O perfume, a bênção de Iemanjá. 2x.

EU VI UM PRETO-VELHO CHORAR

Eu vi um preto-velho chorar, mas não era de dor
Preto-Velho chorava (oh) de pena do branco que lhe matou. 2x.

Preto-Velho rezava pra Zambi, pedia bença a meu Pai Oxalá
Perdoa esse branco, meu Pai, que deu esse preto pra morte levar
Tenho fé nas almas do céu e peço descanso na paz de Omulu
Que Xangô faça justiça, que o branco receba a verdade de Exu.

Eu vi um preto-velho chorar, mas não era de dor
Preto-Velho chorava, oh, de pena do branco que lhe matou. 2x.

Preto-Velho rezava pra Zambi, pedia bença a meu Pai Oxalá
Perdoa esse branco, meu Pai, que deu esse preto pras almas levar
Tenho fé nas almas do céu e peço descanso na paz de Omulu
Que Xangô faça justiça, que o branco receba a verdade de Exu.

Eu vi um preto-velho chorar, mas não era de dor
Preto-Velho chorava, oh, de pena do branco que lhe matou. 2x.

POMBAGIRA EU CANTEI

Estourei champanhe na encruzilhada, sete rosas vermelhas eu deixei
No clarão da lua de madrugada, Pombagira eu cantei! (eu)
Salve, Moça da Encruzilhada, escuta meu canto de fé
Pombagira, essa rosa é pra Tu meu axé! 2x.

Pombagira essa rosa, ôooh, é pra tu meu axé!
Pombagira essa rosa, ôooh, é pra tu meu axé!

Estourei champanhe na encruzilhada, sete rosas vermelhas eu deixei
No clarão da lua de madrugada, Pombagira cantei!
Salve, Moça da Encruzilhada, escuta eu canto de fé
Pombagira essa rosa, ôooh, é pra Tu meu axé!

Pombagira essa rosa, ôooh, é pra tu meu axé!
Pombagira essa rosa, ôooh, é pra tu meu axé!
É pra tu meu axé!!!!

O RIO DE MÃE OXUM

No Rio de Mãe Oxum, na Cachoeira, no Rio de Mãe Oxum eu me banhei
No Rio de Mãe Oxum, o teu amor, no Rio de Mãe Oxum, Mãe encontrei. 2x.

Oh, me deixe banhar nas águas do rio, na luz de Ogum
Em noite de lua cheia, colho lírios pra Oxum. 2x.

No Rio de Mãe Oxum, na Cachoeira, no Rio de Mãe Oxum eu me banhei
No Rio de Mãe Oxum, o teu amor, no Rio de Mãe Oxum, Mãe encontrei. 2x.

Ôoooh,
Oh, me deixe banhar nas águas do rio, na luz de Ogum
Em noite de lua cheia, colho lírios pra Oxum. 2x.

Em noite de lua cheia, colho lírios pra Oxum!

A CASA DOS SETE EXUS

Eu tenho sete Exus confirmados, assentados na tronqueira
Uma estrela de sete pontas, em cada ponta uma vela vermelha
E no centro oferenda, na porta pólvora pra queimar
Sete pedidos, com sete orações, pros sete levarem. (Oh) 2x.
Meu pedido é do bem, não há mal a ninguém
Eu só peço a Exu meus caminhos guardar
Meu pedido é do bem, não há mal a ninguém
Eu só peço a Exu da mentira livrar
Meu pedido é do bem, não há mal a ninguém
Sete velas eu acendo pra me clarear
Sete velas na tronqueira, põe fogo na pólvora pro corpo fechar.

Meu pedido é do bem, não há mal a ninguém
Eu só peço a Exu meus caminhos guardar
Meu pedido é do bem, não há mal a ninguém
Eu só peço a Exu a mentira livrar
Meu pedido é do bem, não há mal a ninguém
Sete velas eu acendo pra me clarear
Sete Exus na tronqueira, põe fogo na pólvora pro corpo fechar. 2x.

Eu tenho sete Exus confirmados, assentados na tronqueira
Uma estrela de sete pontas, em cada ponta uma vela vermelha
E no centro oferenda, na porta pólvora pra queimar
Sete pedidos, com sete orações, pros sete levarem. (Oh). 2x.

Meu pedido é do bem, não há mal a ninguém
Eu só peço a Exu meus caminhos guardar
Meu pedido é do bem, não há mal a ninguém
Eu só peço a Exu da mentira livrar
Meu pedido é do bem, não há mal a ninguém
Sete velas eu acendo pra me clarear
Sete Exus na tronqueira, põe fogo na pólvora pro corpo fechar.

Sete Exus na tronqueira, põe fogo na pólvora pro corpo fechar!

SOU DO MORRO DA MACUMBA

Sou do Morro da Macumba, onde moram os orixás,
Em noite de lua cheia, é pra lá que eu vou cantar.
Sou do Morro da Macumba, onde moram os orixás,
Se cantar com fé, meu nego, santo vem te escutar. 2x.

Vem, Ogum, Obaluaê, vem, Oxum, vem, Mãe Iemanjá,
Iansã, minha Mãe Buruquê, Oxóssi, Omulu pra me guardar
Na justiça de Xangô, luz de Zambi, meu Pai Oxalá,
É no Morro da Macumba, peço Exu pra me guardar. (Lá) 2x.

Lá no Morro da Macumba, onde moram os orixás, (Sou)
Em noite de lua cheia, é pra lá que eu vou cantar.
Sou do Morro da Macumba, onde moram os orixás,
Se cantar com fé, meu nego, santo vem te escutar. 2x.

Vem, Ogum, Obaluaê, vem, Oxum, vem, Mãe Iemanjá,
Iansã, minha Mãe Buruquê, Oxóssi, Omulu pra me guardar
Na justiça de Xangô, Luz de Zambi, meu Pai Oxalá,
É no Morro da Macumba, peço Exu pra me guardar. 2x.

Peço Exu pra me guardar!

EXU VENTANIA

Ventou na encruzilhada, na noite escura o vento assobia
Oh, quem passou foi Exu, ôooh, o vento que sopra é Exu Ventania. 2x.

Vem, Exu, vem no vento levar, a maldade do mundo põe fim
Que o vento apague essa vela, a maldade pra longe de mim
Tu tem força na encruza, meu Rei, guarda minha porta do meu cazuá
Tá ventando à meia-noite, Exu Ventania que vem ajudar.

Ventou na encruzilhada, a noite escura o vento assobia
Oh, quem passou foi Exu, ôooh, o vento que sopra é Exu Ventania. 2x.

Vem, Exu, vem no vento levar, a maldade no mundo põe fim
Que o vento apague essa vela, a demanda pra longe de mim

Tu tem força na encruza, meu Rei, guarda minha porta do meu cazuá
Tá ventando à meia-noite, Exu Ventania que vem ajudar.

Ventou na encruzilhada, a noite escura o vento assobia
Oh, quem passou foi Exu, ôooh, o vento que sopra é Exu Ventania. 2x.

PONTO EM HOMENAGEM À MÃE HILDA

Tem lua bonita no céu, olhe que coisa mais linda
No terreiro uma flor que se foi, uma estrela que brilha
Foi nos braços de Oxum, vai deixar saudade nessa gira
A mandinga, a mironga, a bondade, a bença de Mãe Hilda. 2x.

Vai com Deus, minha Mãe, vai nos braços de Oxalá,
Que Oxum lhe entregue a Zambi, em Aruanda vai morar.
Vai com Deus, minha Mãe, vai nos braços de Oxalá,
No terreiro de Tomé, a luz de Hilda vai ficar.

Vai com Deus, minha Mãe, vai nos braços de Oxalá,
Que Oxum lhe entregue a Zambi, em Aruanda vai morar.
Vai com Deus, minha Mãe, vai na luz de Oxalá,
No terreiro de Tomé, a luz de Hilda vai ficar.

Tem lua bonita no céu, olhe que coisa mais linda
No terreiro uma flor que se foi, uma estrela que brilha
Foi nos braços de Oxum, vai deixar saudade nessa gira
A mandinga, a mironga, a bondade, a bença de Mãe Hilda. 2x.

Vai com Deus, minha Mãe, vai na luz de Oxalá,
Que Oxum lhe entregue a Zambi, em Aruanda vai morar.
Vai com Deus, minha Mãe, vai na luz de Oxalá,
No terreiro de Tomé, a luz de Hilda vai ficar.

Vai com Deus, minha Mãe, vai na luz de Oxalá,
Que Oxum lhe entregue a Zambi, em Aruanda vai morar.
Vai com Deus, minha Mãe, vai na luz de Oxalá,
No terreiro de Tomé, a luz de Hilda vai ficar.

NOITE DE AMACI

Eu nasci, eu nasci, numa casa de umbanda, renasci,
Pai Ogum minha cabeça, me benzi,
Meu batismo na umbanda, Amaci. 2x.

No Sagrado Santo me batizar, ôooh, água santa no meu ori,
No clarão da luz da umbanda, eu lavei minha cabeça,
Hoje é noite de Amaci. 2x.

Eu nasci, eu nasci, numa casa de umbanda, renasci,
Pai Ogum minha cabeça, me benzi,
Meu batismo na umbanda, Amaci. 2x.

No sagrado santo me batizar, ôooh, água santa no meu ori,
No clarão da luz da umbanda, eu lavei minha cabeça,
Hoje é noite de Amaci. 2x.

Hoje é noite de Amaci! Hoje é noite de Amaci!

MARIA NAVALHA

Chama Maria Navalha, que ela vem pra cortar todo mal pela raiz,
Não há mal que lhe chegue, se ela chegar.
Vem do Reino de Exu, salve, moça bonita, flor de encruzilhada,
Quem chamou por Maria, salve, Pombagira, bem-vinda à chegada. 2x.

Quem chamou por Maria não fica sozinho na caminhada
Ah! Tem moça bonita na encruzilhada
Quem chama com fé, ela vai ajudar.
Quem chamou por Maria não fica sozinho na caminhada
Oh! Tem moça bonita na encruzilhada
Oh, Maria Navalha vai chegar.

Chama Maria Navalha, que ela vem pra cortar todo mal pela raiz,
Não há mal que lhe chegue, se ela chegar.
Vem do Reino de Exu, salve, moça bonita, flor de encruzilhada,
Quem chamou por Maria, salve, Pombagira, bem-vinda à chegada. 2x.

Quem chamou por Maria não fica sozinho na caminhada
Oh! Tem moça bonita na encruzilhada
Quem chama com fé, ela vem ajudar.
Quem chamou por Maria não fica sozinho na caminhada
Oh! Tem moça bonita na encruzilhada
Oh, Maria Navalha vai chegar.

Chama Maria Navalha, que ela vem pra cortar, todo mal pela raiz,
Não há mal que lhe chegue, se ela chegar.
Vem do Reino de Exu, salve, Pombagira, flor de encruzilhada,
Quem chamou por Maria, salve, Pombagira, bem-vinda à chegada.

EXU CALUNGA

Quando anoiteceu foi que clareou, (quando escureceu).
Lá no cemitério um vulto passou e se levantou da cova funda.
A cova é cama de Exu, vem na bença de Pai Omulu,
Laroyê, oh, Motumbá, Exu Calunga. 2x.

Oh! Salve, Exu, vem na bença de Omulu,
E enterra essa maldade, sete palmos em cova funda.
Oh! Salve, Exu, vem na bença de Omulu,
Laroyê! Alupandê! Mojubá! Exu Calunga! 2x.

Quando anoiteceu foi que clareou,
Lá no cemitério um vulto passou e se levantou da cova funda.
A cova é cama de Exu, vem na bença de Pai Omulu,
Oh, Laroyê, oh, Motumbá, Exu Calunga. (Laroyê) 2x.

Oh! Salve, Exu, vem na bença de Omulu,
E enterra essa maldade, sete palmos em cova funda.
Oh! Salve, Exu, vem na bença de Omulu,
Laroyê! Alupandê! Mojubá! Exu Calunga! 2x.

PRETO, POR QUE CHORA MEU NEGO?

Oh, preto, por que chora, meu nego? Acabou a escravidão.
Preto-Velho falou: eu choro de emoção (choro)

Meu povo se libertou, da maldade da mão
Quantos pretos sofreram, quanto sangue no chão
Oxalá libertou-me da escravidão. (libertou) 2x.
Por isso, eu vim na umbanda trabalhar
Eu vim trazer a luz de Oxalá.
Me ensina a perdoar, como Ele me ensinou
No terreiro de umbanda, Preto-Velho voltou.

Oh, Preto, por que chora, meu nego? Acabou a escravidão.
Preto-Velho falou: choro de emoção
Meu povo se libertou, da maldade da mão
Quantos pretos sofreram, quanto sangue no chão
Oxalá libertou da escravidão.

Por isso eu vim na umbanda trabalhar
Eu vim trazer a luz de Oxalá.
Me ensina a perdoar, como Ele me ensinou
No terreiro de umbanda, Preto-Velho voltou.

POMBAGIRA MARIA DO CAIS

É da Linha dos Marinheiros, e morava na beira do cais,
Quem já viu sua beleza, não se esquece jamais. (esquece)
Pombagira Rainha de Encruza, que a maldade do mundo desfaz,
Foi no Reino de Exu coroada, Pombagira Maria do Cais! 2x.

Deixa essa moça rodar, deixa trazer esse axé,
Descarrega a demanda dos teus filhos, na baixada da maré.
Deixa essa moça chegar, na umbanda o mal desfaz,
Quando chega Pombagira, moça que mora lá no cais!

COISA DE MACUMBEIRO

É trabalho pra Exu, é coisa de macumbeiro
Não mexe, não toca, respeita a firmeza que vem do terreiro (Oh)
Foi filho de santo que fez oferenda pra Exu levar (Oh)
Respeita a macumba e saúda Exu e pode passar. (Oh) 2x.

Minha macumba é do bem, não faz mal a ninguém, eu peço pra mim,
No luar de Omulu, eu peço firmeza a Exu. (pra) 2x.

É trabalho pra Exu, é coisa de macumbeiro
Oh! Não mexe, não toca, respeita a firmeza que vem do terreiro
Oh! Foi filho de santo que fez oferenda pra Exu levar (Oh)
Oh! Respeita a macumba e saúda Exu e pode passar. 2x.

Minha macumba é do bem, não faz mal a ninguém, eu peço pra mim,
No luar de Omulu, eu faço firmeza com Exu. (pra) 4x.

É trabalho pra Exu, é coisa de macumbeiro
Não mexe, não toca, respeita a firmeza que vem do terreiro
Foi filho de santo que fez oferenda pra Exu levar
Respeita a macumba e saúda Exu e pode passar!

CABOCLO SETE FLECHAS, SANTA MÃE DO RIBEIRA

Caboclo Sete Flechas bradou (Ôooh)
Santa Mãe da (do) Ribeira, na beira do rio rezou
Sob a luz de um Caboclo que bradava lá na mata
Santa Mãe lá do Ribeira, Sete Flechas abençoava. 2x.

Tem lua, ôooh, ôooh, clareou!
Santa Mãe lá do Ribeira, na beira do rio rezou.
Tem lua, ôooh, ôooh, clareou!
Caboclo Sete Flechas, Santa Mãe abençoou.

Caboclo Sete Flechas bradou,
Santa Mãe do Ribeira, na beira do rio rezou
Sob a luz de um Caboclo que bradava lá da mata
Santa Mãe lá do Ribeira, Sete Flechas abençoava. 2x.

Tem lua, ôooh, ôooh, clareou!
Santa Mãe lá do Ribeira, na beira do rio rezou.
Tem lua, ôooh, ôooh, clareou!
Caboclo Sete Flechas, Santa Mãe abençoou.

Santa Mãe abençoou! Santa Mãe abençoou!

GIRA DE OGUM, OBALUAÊ

Vou pedir pra rezar, vou pedir pra benzer, vou pedir pra Ogum, Obaluaê,
Vou pedir pra Exu, vou saudar sua banda, trazer a firmeza na gira de umbanda! 2x.

Obaluaê, Ogum, Pombagira, Erê, Exu! 2x.

Vou pedir pra rezar, vou pedir pra benzer, vou pedir pra Ogum, pra Obaluaê,
Vou pedir pra Exu, vou saudar sua banda, trazer a firmeza na gira de umbanda! 2x.

Obaluaê, Ogum, Pombagira, Erê, Exu! 4x.

Vou pedir pra rezar, vou pedir pra benzer, vou pedir pra Ogum, pra Obaluaê,
Vou pedir pra Exu, pra saudar sua banda, trazer a firmeza na gira de umbanda! 2x.

EXU CACHOEIRA

Água desce na montanha, despencou lá da pedreira
Desaguou na encruzilhada, onde Exu faz a firmeza
Quem baixou o seu padê e pediu a demanda carregar
Exu Cachoeira nessas águas vai levar. 2x.

É na cachoeira que faço a fé, vou me benzer,
Oh! Motumbá! Alupandê! Peço Exu, laroyê, vem me ajudar.
É na cachoeira, que faço a fé, vou me benzer,
Oh! Motumbá! Salve, Exu, Cachoeira minha fé vem em você!

Água desce na montanha, despencou lá da pedreira
Desaguou na encruzilhada, onde Exu faz a firmeza
Quem baixou o seu padê e pediu a demanda carregar
Exu Cachoeira nessa água vai levar. 2x.

É na cachoeira, que faço a fé, vou me benzer,
Oh! Motumbá! Alupandê! Peço Exu, laroyê, vem me ajudar.
É na cachoeira que faço a fé, vou me benzer,
Oh! Motumbá! Salve, Exu, Cachoeira minha fé vem em você!

CIGANA ROSA DOS VENTOS

Ventou lá na roseira e o seu perfume se espalhou pelo lugar
Rosa dos Ventos vem trazer sua firmeza, baila, Cigana, nessa noite de luar. 2x.

Oh! Vem, Cigana, vem trazer esse axé, benzer as rosas de cada filho que tem fé
E a sua voz vai escutar no pensamento, oh, vem, Cigana, vem benzer Rosa dos Ventos.

Ventou lá na roseira e o seu perfume se espalhou pelo lugar
Rosa dos Ventos vem trazer sua firmeza, baila, Cigana nessa noite de luar. 2x.

Oh! Vem, Cigana, vem trazer esse axé, benzer as rosas de cada filho que tem fé
E a sua voz vai escutar no pensamento, oh, vem, Cigana, vem benzer Rosa dos Ventos.

Ventou lá na roseira e o seu perfume se espalhou pelo lugar
Rosa dos Ventos vem trazer sua firmeza, baila, Cigana, nessa noite de luar. 2x.

Oh! Vem, Cigana, vem trazer esse axé, benzer as rosas de cada filho que tem fé
E a sua voz vai escutar no pensamento, oh, vem, Cigana, vem benzer Rosa dos Ventos.

Ventou lá na roseira!

ÁGUAS ABENÇOADAS DE IEMANJÁ

Eu rezo pra deusa que mora no mar, oh, oh, recebe o pedido que vim trazer,
Nas águas santas me abençoar, oh, Mãe Iemanjá, vem me benzer. 2x.

E no mar eu jogo flores e você devolve amor, a tristeza do meu peito,
A onda carrega a dor e o clarão da lua cheia, ilumina a madrugada,
Tenho fé, faço a firmeza, eu me banho nas águas abençoadas.

Eu rezo pra deusa que mora no mar, oh, oh, recebe o pedido que vim trazer,
Nas águas santas me abençoar, Mãe Iemanjá, vem me benzer. 2x

PRETO-VELHO DA MARÉ

Preto-Velho da Maré, em noite de lua cheia
Vai rezar de frente ao mar, onde mora a sereia
Os pedidos dos teus filhos, vai deixar lá na areia
Pra Iemanjá vir carregar e trazer muito axé, luz e firmeza. 2x.

Vai, Preto-Velho, vai levar pra Iemanjá
Os pedidos do terreiro, santo nego de Aruanda
Nessa praia vem rezar.
Vai Preto-Velho, vai rezar pra Iemanjá,
Os pedidos do terreiro, santo nego de Aruanda
Nessa praia vim rezar.

Preto-Velho da Maré, em noite de lua cheia
Vai rezar de frente ao mar, onde mora a sereia
Os pedidos dos teus filhos, vai deixar lá na areia
Pra Iemanjá vir carregar e trazer muito axé, luz e firmeza. 2x.

Vai, Preto-Velho, vai levar pra Iemanjá
Os pedidos do terreiro, santo nego de Aruanda
Nessa praia vim rezar.
Vai, Preto-Velho, vai levar pra Iemanjá,
Os pedidos do terreiro, santo nego de Aruanda
Nessa praia vai rezar.

EXU REI DAS SETE ENCRUZILHADAS

Por sete madrugadas eu deixei sete oferendas pra Exu vir carregar
Tenho fé, oh, Motumbá, Exu Rei das Sete Encruzilhas vir buscar.
Por sete madrugadas eu deixei, oferenda pra Exu vir carregar
Tenho fé, oh, Motumbá, Exu Rei das Sete Encruzilhas vir buscar.

Meu pedido aguarda no caminho, salve, Exu, não me deixe andar sozinho
Minha vela clareia a madrugada, das sete encruzilhadas, é Exu, é Mojubá!
Exu Rei das Sete Encruzilhadas, quem chamou lá no terreiro, ele vem pra trabalhar!
Exu Rei das Sete Encruzilhadas, laroyê! Salve, Exu, é Exu pode chegar.

Por sete madrugadas eu deixei, oferenda pra Exu vir carregar
Tenho fé, oh, Motumbá, Exu Rei das Sete Encruzilhas vir buscar.
Meu pedido aguarda no caminho, salve, Exu, não me deixe andar sozinho
Minha vela clareia a madrugada, das sete encruzilhadas, Exu Rei é Mojubá!
Exu Rei das Sete Encruzilhadas, quem chamou lá no terreiro, ele vem pra trabalhar!
Exu Rei das Sete Encruzilhadas, laroyê! Salve, Motumbá, oh, Exu pode chegar.
Exu Rei das Sete Encruzilhadas, quem chamou lá no terreiro, ele vem pra trabalhar!
Exu Rei das Sete Encruzilhadas, laroyê! Salve, Motumbá, é Exu pode chegar.

Por sete madrugadas eu deixei, oferenda pra Exu vir carregar
Tenho fé, oh, Motumbá, Exu Rei das Sete Encruzilhas, vir buscar. 2x.

POR QUE PRETO-VELHO TU CHORA?

Por que Preto-Velho Tu chora, na hora de ir embora, não faça eu chorar.
Eu choro, meu filho de umbanda, agradeço a Zambi, meu Pai Oxalá,
Sorrindo eu vou pra Aruanda, eu peço a Exu pra essa casa guardar! 2x.

Vou-me embora sorrindo, vou na luz de Oxalá
Não repare, meu filho, se esse preto chorar
O meu choro é divino, meu olhar de emoção
Quando vejo um filho na casa de umbanda pedindo perdão! 2x.

Por que Preto-Velho Tu chora, na hora de ir embora, não faça eu chorar.
Eu choro, meu filho de umbanda, agradeço a Zambi, meu Pai Oxalá,
Sorrindo eu vou pra Aruanda, eu peço a Exu pra essa casa guardar! 2x.

Vou-me embora sorrindo, vou na luz de Oxalá
Não repare, meu filho, se esse preto chorar
O meu choro é divino, meu olhar de emoção
Quando vejo um filho na casa de umbanda pedindo perdão! 2x.

Por que Preto-Velho Tu chora, na hora de ir embora, não faça eu chorar.
Eu choro, meu filho de umbanda, agradeço a Zambi, meu Pai Oxalá,
Sorrindo eu vou pra Aruanda e peço a Exu pra essa casa guardar!

BHETANIA LEMME VAI CANTAR EM ARUANDA

Filha de Iemanjá foi pro mar, foi morar em Aruanda
Foi contar pra Pai Ogum, nos braços de Mamãe Oxum
No céu da pátria da umbanda. 2x.

Vai cantar que o povo de Aruanda lhe chamou
Vai cantar pra Zambi, Oxalá, Nosso Senhor!
Vai cantar o canto da sereia em Aruanda
Vai, Bhetania, brilhar no céu da pátria da umbanda!

Vai cantar que o povo da umbanda lhe chamou
Vai cantar a Zambi, Oxalá, Nosso Senhor!
Vai cantar o canto da sereia em Aruanda
Vai, Bhetania, brilhar no céu da pátria da umbanda!
Filho de Iemanjá foi pro mar, foi morar em Aruanda (Filha)
Foi contar pra Pai Ogum, nos braços de Mamãe Oxum
No céu da pátria da umbanda. 2x.

Vai cantar que o povo da umbanda lhe chamou
Vai cantar pra Zambi, Oxalá, Nosso Senhor!
Vai cantar o canto da sereia em Aruanda
Vai Bhetania brilhar no céu da pátria da umbanda!

PAI OXÓSSI, REI DOS CABOCLOS

Foi no meio da mata, que falou Pai Oxóssi a todos os seus guerreiros (os)
Pra levar caridade na umbanda e mandou seus caboclos no terreiro! (pro). 2x.

Vai levar a caridade ao povo que pediu, vai, Caboclo, lá das matas
Na baixada lá no rio, vai levar a caridade, no terreiro de umbanda,
Pai Oxóssi quem mandou, os caboclos levar todas as demandas.

Foi no meio da mata, que falou Pai Oxóssi a todos os seus guerreiros
Pra levar caridade na umbanda e mandou seus caboclos pro terreiro! (no). 2x.

Vai levar a caridade para o povo que pediu, vai, Caboclo, lá das matas
Das baixadas lá no rio, vai levar a caridade, no terreiro de umbanda,
Pai Oxóssi quem mandou, os caboclos levar toda a demanda. 2x

Foi no meio da mata, que falou Pai Oxóssi a todos os seus guerreiros
Pra levar caridade na umbanda e mandou seus caboclos pro terreiro! 2x.

MÃE IEMANJÁ, NAS ÁGUAS ABENÇOAR

Toda vez que eu quero ver Minha Mãe eu vou pro mar,
Eu abraço suas águas, deixo as águas me abraçar,
E as tristezas do meu peito, sinto as ondas carregar, (a tristeza)
Santa Mãe na beira d'água vem o filho abençoar. 2x.

Oh, Iemanjá, Santa Mãe, quanta luz vem de você!
Oh, Iemanjá, abençoa esse povo que te crê!
Oh, Iemanjá, Santa Mãe, quanta luz vem de você,
Oh, Santa de umbanda, esse povo de fé vem proteger!

Toda vez que eu quero ver Minha Mãe eu vou pro mar,
Eu abraço suas águas, deixo as águas me abraçar,
E a tristeza do meu peito, sinto as ondas carregar,
Santa Mãe na beira d'água vem o filho abençoar. 2x.

Oh, Iemanjá, Santa Mãe, quanta luz vem de você!
Oh, Iemanjá, abençoa esse povo que te crê!
Oh, Iemanjá, Santa Mãe, quanta luz vem de você,
Oh, Santa de umbanda, esse povo de fé vem proteger!

Oh, Iemanjá, quanta luz vem de você!
Oh, Iemanjá, abençoa esse povo que te crê!
Oh, Iemanjá, Santa Mãe, quanta luz vem de você,
Oh, Santa de umbanda, esse povo de fé vem proteger!

O HINO DOS ORIXÁS

Se o luar é de Ogum, a cachoeira é de Oxum, o mar de Iemanjá
Se o vento é de Iansã, a terra é de Mãe Naná, Oxóssi reina lá nas matas
A pedreira é de Xangô, a palha de Obaluaê, a noite é de Omulu
A umbanda é das almas, este mundo é de Oxalá, a encruzilhada é de Exu!

Se o luar é de Ogum, cachoeira de Oxum, o mar de Iemanjá

O vento é de Iansã, a terra é de Mãe Nanã, Oxóssi reina lá nas matas
A pedreira é de Xangô, a palha de Obaluaê, a noite é de Omulu
A umbanda é das almas, este mundo é de Oxalá, a encruzilhada é de Exu!

Salve o povo de Aruanda, que vem nos ajudar
No terreiro de umbanda, santo vem abençoar.
Salve o povo de Aruanda, que vem nos ajudar
Nos terreiros de umbanda, santo vem pra abençoar.

Se o luar é de Ogum, a cachoeira é de Oxum, o mar de Iemanjá
O vento é de Iansã, a terra é de Mãe Nanã, Oxóssi reina lá nas matas
A pedreira é de Xangô, a palha de Obaluaê, a noite é de Omulu
A umbanda é das almas, esse mundo é de Oxalá, a encruzilhada é de Exu!

Se o luar é de Ogum, a cachoeira de Oxum, o mar de Mãe Iemanjá
O vento é de Iansã, a terra é de Mãe Nanã, Oxóssi reina lá nas matas
A pedreira é de Xangô, a palha de Obaluaê, a noite é de Omulu
A umbanda é das almas, este mundo é de Oxalá, a encruzilhada é de Exu!

MEU TERREIRO DE UMBANDA

Meu terreiro se encanta na gira de umbanda
As divinas almas que vêm de Aruanda vêm trazer sua bença nesse chão
Cada alma, em cada irmão, vem na gira trabalhar
Com a força de Ogum, com a bença de Oxalá.
Meu terreiro se encanta na gira de umbanda
As divinas almas que vêm de Aruanda vêm trazer sua bença nesse chão.
À cada alma, cada irmão, vem na gira trabalhar
Com a força de Ogum, Ogum iê! Sob a bença de Oxalá.

Meu terreiro se encanta na gira de umbanda
As divinas almas que vêm de Aruanda vêm trazer a bença nesse chão
Cada alma, cada irmão, vem na gira trabalhar
Com a força de Ogum, Ogum iê! Sob a bença de Oxalá.
Com a força de Oxum, oh, Mãenhê, com a luz de Iemanjá
Com a bença de Iansã, com a força de Oxóssi, sob a luz de Omulu
Força de Obaluaê, da firmeza de Exu!

POMBAGIRA DA PRAIA

Uma moça bonita na areia, ela vem abençoar
No clarão da lua cheia, nessa praia vem andar. 2x.

Acender vela pra ver, rosa branca pra ela enfeitar
Champanhe pra ela beber, que é assim que ela gosta de chegar
E quem tem fé em Pombagira faz a fé pra vir buscar
Pombagira lá da praia nesse terreiro vai chegar!

Uma moça bonita na areia, ela vem abençoar
No clarão da lua cheia, nessa praia vem andar. 2x.

Acender vela pra ver, rosa branca pra ela enfeitar
Champanhe pra ela beber, que é assim que ela gosta de chegar
E quem tem fé em Pombagira faz a fé pra vir buscar
Pombagira lá da Praia nesse terreiro vai chegar!

Pombagira lá da Praia nesse terreiro vai chegar!

Uma moça bonita na areia, ela vem abençoar
No clarão da lua cheia, nessa praia vem andar. 2x.

Nessa praia vem andar!

CIGANA ESMERALDA

Santa Sara mandou uma cigana no terreiro,
Bailando ela chegou de vestido, uma rosa nos negros cabelos.
Seus olhos azuis, a magia cigana, o brilho na alma,
Oh, na gira de umbanda, quem brilha essa noite é Cigana Esmeralda. 2x.

Lê, Cigana, minha mão, meu pensamento
Lê, Cigana, meu amor, meu sentimento
Lê, Cigana, meu destino, meu caminho
Tu é pedra preciosa, Esmeralda, ilumina meu caminho. 2x.

Santa Sara mandou uma cigana no terreiro,
Bailando ela chegou de vestido, uma rosa nos negros cabelos.

Os seus olhos azuis, a magia cigana, o brilho na alma,
Oh, na gira de umbanda, quem brilha essa noite é Cigana Esmeralda. 2x.

Lê, Cigana, minha mão, meu pensamento
Lê, Cigana, meu amor, meu sentimento
Lê, Cigana, meu destino, meu caminho
Tu é pedra preciosa, Esmeralda, ilumina meu caminho. 2x.

Santa Sara mandou uma cigana no terreiro,
Bailando ela chegou de vestido, uma rosa nos negros cabelos.
Os seus olhos azuis, a magia cigana, o brilho na alma,
Oh, na gira de umbanda, quem brilha essa noite é Cigana Esmeralda. 2x.

Lê, Cigana, minha mão, meu pensamento
Lê, Cigana, meu amor, meu sentimento
Lê, Cigana, meu destino, meu caminho
Tu é pedra preciosa, Esmeralda, ilumina meu caminho. 2x.

Santa Sara mandou uma cigana no terreiro,
Bailando ela chegou de vestido, uma rosa nos negros cabelos.
Os seus olhos azuis, a magia cigana, o brilho na alma,
Oh, na gira de umbanda, quem brilha essa noite é Cigana Esmeralda!

CACHOEIRA DE OXUM

Eu vi seu amor descer a cachoeira nas águas douradas da pedreira
Na lua clara de Ogum.
Eu vi o seu amor na cachoeira, um rio dourado na pedreira
Fiz oferenda pra Oxum.
Oh, minha Mãe, jogo flores pra você, eu me banho nessas águas
Meu pedido é o bem querer.
Oh, minha Mãe, jogo flores pra você, no clarão da luz de Ogum
Minha Mãe Oxum vem me benzer.

Eu vi o seu amor na cachoeira, água dourada na pedreira
Na lua clara de Ogum.
Eu vi o seu amor na cachoeira, um rio dourado na pedreira
Fiz oferenda pra Oxum.

Oh, minha Mãe, jogo flores pra você, eu me banho nessas águas
Meu pedido é o bem querer.
Oh, minha Mãe, jogo flores pra você, no clarão da luz de Ogum
Minha Mãe Oxum vem proteger.

Eu vi o seu amor descer a cachoeira, água dourada na pedreira
Na lua clara de Ogum.
Eu vi o seu amor na cachoeira, um rio dourado na pedreira
Fiz oferenda pra Oxum.

NA PEDREIRA DE XANGÔ

Uma voz lá na pedreira ecoou, santo de umbanda na pedreira é que falou.
Uma voz lá na pedreira ecoou, a Justiça desse mundo é de Xangô! 2x.

Eu pedi para Xangô, me defenda com uma pedra
Ou de quem me pede o mal, da maldade que carrega.
Eu pedi para Xangô, me defenda com uma pedra
Ou de quem me pede o mal, Xangô da Justiça se encarrega.
Uma voz lá na pedreira ecoou, santo de umbanda na pedreira é quem cantou. (falou)
Uma voz lá na pedreira ecoou, a Justiça desse mundo é de Xangô! 2x.

Eu pedi para Xangô, me defenda com uma pedra
Ou de quem me pede o mal, da maldade que carrega.
Eu pedi para Xangô, me defenda com uma pedra
Ou de quem me pede o mal, Xangô da Justiça se encarrega.

Uma voz na pedreira ecoou, santo de umbanda na pedreira é que falou
Uma voz lá na pedreira ecoou, a Justiça desse mundo é de Xangô! 2x.

GRANDE OGUM

É trabalho pra Ogum venha ver
Oh, se tu tem fé, meu filho, vem se benzer
Ele vem de Aruanda nesse terreiro pra ajudar
Oh, filho de umbanda, escuta o brado, acabou de chegar.

Ogum iê! É trabalho pra Ogum venha ver
Oh, se tu tem fé, meu filho, vem se benzer
Ele vem de Aruanda nesse terreiro pra ajudar
Oh, se o Filho tem fé, escuta o brado, acabou de chegar.

Ogum iê! Ogum iê! Ogum iê!
Ele vem no terreiro pra trabalhar, pra demanda dos filhos vir carregar
Oh, na luz, na espada de Ogum iê!
Ogum iê! Ogum iê!
Abençoa o terreiro esse povo de fé, veio te ver. 2x.

É trabalho pra Ogum venha ver
Oh, se o filho tem fé, vem se benzer
Ele vem de Aruanda e nesse terreiro pra ajudar
Oh, filho de umbanda, escuta o brado, acabou de chegar.
Ogum iê! É trabalho pra Ogum venha ver
Oh, se tu tem fé, meu filho, vem se benzer
Ele vem de Aruanda nesse terreiro pra ajudar
Oh, filho de umbanda, escuta o brado, acabou de chegar.

Ogum iê! Ogum iê! Ogum iê! (2ª vez — Ogum iê! Ogum iê!)
Ele vem no terreiro pra trabalhar, pra demanda dos filhos vir carregar
Oh, na luz, na espada de Ogum iê!
Ogum iê! Ogum iê!
Abençoa o terreiro esse povo de fé, veio te ver. 2x.

IANSÃ, FILHA DO RAIO E DO VENTO

Minha Mãe é sentimento, sou filha do raio e do vento, (oh)
Que lava esse mundo quando deságua,
Raio que ilumina o escuro da alma. (das almas)
Minha Mãe vem de Aruanda, é filha de Zambi, meu Pai Oxalá. (oh)
Minha Mãe é Iansã, ôh, Eparrei! Oyá! 2x.

Eparrei! Iansã! Vem me abençoar!
No terreiro de umbanda seu doce canto quero escutar. (vim escutar)
Minha Mãe Iansã, vem no vento minha dor carregar,
Tempestade da vida minha Mãe Iansã vai me livrar. (na vida) 2x.

Minha Mãe, oh, é sentimento, sou filha do raio e do vento
Que lava esse mundo quando deságua
Raio que ilumina o escuro das almas
Minha Mãe vem de Aruanda, é filha de Zambi, meu Pai Oxalá.
Minha Mãe é Iansã, oh, Eparrei! Oyá! 2x.
Eparrei! Iansã! Vem me abençoar!
No terreiro de umbanda seu doce canto vem escutar
Minha Mãe Iansã, no vento minha dor carregar
Tempestade da vida minha Mãe Iansã vai me livrar.

EXU BRASA

Tem fogo no chão da encruzilhada, meia-noite do nada começou a queimar
Foi Exu que botou fogo pra queimar, as demandas dos seus filhos, Exu Brasa vai levar. 2x.

Oh, tem fogo no chão lá da encruzilhada,
Pra queimar a maldade no fogo de Exu virá pó nessa brasa.
Oh, tem fogo no chão lá na encruzilhada
Exu passa descalço, andando sorrindo em cima da brasa. 2x.

Tem fogo no chão da encruzilhada, meia-noite do nada começou a queimar
Foi Exu que botou fogo pra queimar, as demandas dos seus filhos, Exu Brasa vai levar. 2x.

Oh, tem fogo no chão lá da encruzilhada,
Pra queimar a maldade no fogo de Exu virá pó nessa brasa.
Oh, tem fogo no chão lá na encruzilhada
Exu passa descalço, andando sorrindo em cima da brasa. 2x.

ALTAR DE POMBAGIRAS

Eu tenho um altar com Rosa Caveira, Rosa Vermelha e Maria Padilha.
Oh! Eu tenho um altar com Maria Mulambo, Maria Quitéria, Pombagira Menina.
Oh! Eu tenho um altar com todas as moças do Reino de Exu pra me ajudar.
Quando for meia-noite acendo as velas pras moças chegar.

Oh! Eu tenho um altar com Rosa Caveira, Rosa Vermelha e Maria Padilha.
Oh! Eu tenho um altar com Maria Mulambo, Maria Quitéria, Pombagira Menina.
Oh! Eu tenho um altar com todas as moças do Reino de Exu pra me ajudar.
Quando for meia-noite acendo as velas pras moças chegar.

Põe champanhe pra beber, deixa as moças chegar
Oh! Na força da gira de umbanda, Pombagira vai girar.
Oh! Põe champanhe pra beber, deixa as moças chegar
Oh! Na força da gira de umbanda, Pombagira vai girar.

Oh! Eu tenho um altar com Rosa Caveira, Rosa Vermelha e Maria Padilha.
Oh! Eu tenho um altar com Maria Mulambo, Maria Quitéria, Pombagira Menina.
Oh! Eu tenho um altar com todas as moças do Reino de Exu pra me ajudar.
Quando for meia-noite acendo as velas pras moças chegar. 2x.

Põe champanhe pra beber, deixa as moças chegar
Oh! Na força da gira de umbanda, Pombagira vai girar.
Oh! Põe champanhe pra beber, deixa as moças chegar
É na força da gira de umbanda, Pombagira vai girar.

EXU MANGUEIRA

Vou tocar tambor a noite inteira cantando pra Exu lá da Tronqueira
Filho de Santo baixou oferenda em cima da folha de bananeira
Eu canto com fé pra Exu vir na linha da umbanda dar firmeza
Laroyê! Motumba! Exu tá em Terra chegou Exu Mangueira. 2x.
Exu Mangueira chegou pra trazer a firmeza a quem tem fé
Na umbanda, quimbanda e candomblé, Exu Mangueira vem guardar.
Exu Mangueira chegou pra trazer a firmeza a quem tem fé
Na umbanda, quimbanda e candomblé, se tem fé em Exu vem ajudar.

Vou tocar tambor a noite inteira cantando pra Exu lá da Tronqueira
Filho de Santo baixou oferenda em cima da folha de bananeira
Eu canto com fé pra Exu vir na linha da umbanda dar firmeza
Laroyê! Motumbá! Exu tá em terra chegou Exu Mangueira. 2x.

Exu Mangueira chegou pra trazer a firmeza a quem tem fé
Na umbanda, quimbanda e candomblé, Exu Mangueira vem guardar.
Exu Mangueira chegou pra trazer a firmeza a quem tem fé

Na umbanda, quimbanda e candomblé, se tem fé em Exu vem ajudar. 2x.

Vou tocar tambor a noite inteira cantando pra Exu lá da Tronqueira
Filho de Santo baixou oferenda em cima da folha de bananeira
Eu canto com fé pra Exu vir na linha da umbanda dar firmeza
Laroyê! Motumbá! Exu tá em terra chegou Exu Mangueira.

CIGANA MARIA ROSA

Oh, Maria Rosa Cigana, vem no terreiro dançar,
Maria Rosa Cigana, vem o filho abençoar. 2x.

Vem, Cigana, abençoa a quem tem fé e carrega a demanda no bailar
Santa Sara manda na umbanda, o povo cigano pra ajudar
Linda Rosa Maria Cigana, vem teu povo abençoar
A demanda nessa noite, a Cigana vai levar. 2x.

Oh, Maria Rosa Cigana, vem no terreiro dançar,
Oh, Maria Rosa Cigana, vem o filho abençoar. 2x.

Vem, Cigana, abençoa a quem tem fé e carrega a demanda no bailar
Santa Sara manda na umbanda, o povo cigano pra ajudar
Linda Rosa Maria Cigana, vem teu povo abençoar
A demanda nessa noite, a Cigana vai levar. 2x.

Oh, Maria Rosa Cigana, vem no terreiro dançar,
Oh, Maria Rosa Cigana, vem o filho abençoar. 3x.

Vem o filho abençoar! Vem o filho abençoar!

PRETO-VELHO VEM NA GIRA VER

Oh, preto, vem na gira ver, oh, preto, esse povo benzer
Oh, preto, vem na gira de umbanda
Abençoa os seus filhos e carrega os quiumbas, as demandas. 2x.

Vem, meu preto benzer, a mironga, a magia carregar
Preto-Velho de fé, é feiticeiro, o feitiço, a maldade vai quebrar

Anjo Negro que vem de Aruanda e quem mandou foi Oxalá
No terreiro de umbanda, Preto-Velho pra ajudar!

Vem na gira, meu preto, benzer, a mironga, a magia carregar
Preto-Velho de fé, é feiticeiro, o feitiço, a maldade vai quebrar
Anjo Negro que vem de Aruanda e quem mandou foi Oxalá
No terreiro de umbanda, os Pretos-Velhos pra ajudar!

Oh, preto, vem na gira ver, oh, preto, esse povo benzer
Oh, preto, vem na gira de umbanda
Abençoa seus filhos e carrega os quiumbas, as demandas. 2x.

Vem na gira, meu preto, benzer, a mironga, a magia carregar
Preto-Velho de fé, é feiticeiro, o feitiço, a maldade vai quebrar
Anjo Negro que vem de Aruanda, quem mandou foi Oxalá
No terreiro de umbanda, Preto-Velho trabalhar! (Pra ajudar). 2x.
Oh, preto, vem na gira ver, oh, preto esse povo benzer
Oh, preto, vem na gira de umbanda
Abençoa seus filhos e carrega os quiumbas, as demandas. 2x.

PRETO-VELHO ME ENSINA A PERDOAR

Preto-Velho chorou quando se lembrou lá da senzala
A noite era fria, na palha dormia, os pretos gemiam (Oh)
Com as pernas feridas, acorrentadas.
Preto-Velho rezava, pedia pra Zambi a maldade dos brancos
As santas almas perdoar.
Preto-Velho, na umbanda, nos ensina a perdoar. 2x.

Me ensina a perdoar, meu Preto-Velho, a maldade que eu fiz a outro alguém
Que Tu leve o meu perdão a quem fiz mal, me perdoe também. 2x.

Preto-Velho chorou quando se lembrou lá da senzala
A noite era fria, na palha dormia, os pretos gemiam (Oh)
Com as pernas feridas, acorrentadas.
Preto-Velho rezava, pedia pra Zambi a maldade do branco
As santas almas perdoar.
Preto-Velho, na umbanda, nos ensina a perdoar.

Me ensina a perdoar, meu Preto-Velho, a maldade que eu fiz a outro alguém
Que Tu leve o meu perdão a quem fiz mal, me perdoe também. 2x.

EXU SETE DA LIRA

Bota fé nesse tambor, que Exu já vai chegar
Oh, quem chama com respeito, ele vem pra ajudar
Na umbanda, quimbanda, quem mandou a maldade me chegar
Firma o ponto nessa gira, Sete da Lira vai quebrar. 2x.

Toca, Seu Sete, o som dessa lira, traz no terreiro a sua magia. 3x.

Traz sua luz no chão da umbanda, Exu que encanta é Seu Sete da Lira! 2x.

Bota fé nesse tambor, que Exu já vai chegar
Oh, quem chama com respeito, ele vem pra ajudar
Na umbanda, quimbanda, quem mandou a maldade me chegar
Firma o ponto nessa gira, Sete da Lira vai quebrar. 2x.

Toca Seu Sete, o som dessa lira, traz no terreiro a sua magia. 7x.

Traz sua luz no chão da umbanda, Exu que encanta é Seu Sete da Lira!

Bota fé nesse tambor, que Exu já vai chegar
Oh, quem chama com respeito, ele vem pra ajudar
Na umbanda, quimbanda, quem mandou a maldade me chegar
Firma o ponto nessa gira, Sete da Lira vai quebrar.

EXU SETE DA LIRA

Nessa noite tem magia, Exu vem pra trabalhar
Saracura Sete Lira, ele é Rei nesse Congá. 3x.

Põe marafo pra beber que essa noite é fogo de quimbanda
Sete Lira vem da encruza, do Reino de Exu, povo de Ganga
Vela preta e vermelha, faz pedido e saúda a banda
Saracura Sete Lira, Rei da encruza da quimbanda. 2x.

Nessa noite tem magia, Exu vem pra trabalhar
Saracura Sete Lira, ele é Rei nesse Congá. 2x.

Põe marafo pra beber que essa noite é fogo de quimbanda
Sete Lira vem da encruza, do Reino de Exu, povo de Ganga
Vela preta e vermelha, faz pedido e saúda a Banda
Saracura Sete Lira, Rei da encruza da Quimbanda. 1x.

Nessa noite tem magia, Exu vem pra trabalhar
Saracura Sete Lira, ele é Rei nesse Congá. 2x.

MARINHEIRO VEM NA AREIA

Ele mora no mar, ele vem na areia,
Quem mandou Marinheiro no chão da umbanda é Sereia! 2x.

Ele vem do mar pra ajudar, vem o filho de umbanda benzer
Oh, na luz do amor de Iemanjá, Marinheiro abençoa quem crê. 2x.

Ele mora no mar, ele vem na areia,
Quem mandou Marinheiro no chão da umbanda é sereia! 4x.

Ele vem do mar pra ajudar, vem o filho de umbanda benzer
Oh, na luz do amor de Iemanjá, Marinheiro abençoa quem crê. 2x.

Ele mora no mar, ele vem na areia,
Quem mandou Marinheiro no chão da umbanda é sereia! 4x.

Ele vem do mar pra ajudar, vem o filho de umbanda benzer
Oh, na luz do amor de Iemanjá, Marinheiro abençoa quem crê!

VAI COM DEUS MARINHEIRO

Salve, Marinheiro, Oxalá eu te agradeço
Sua bença na umbanda, pra subir eu rezo o terço. 4x.

Vá em paz, meu Marinheiro, a Rainha do Mar, a Mãe te chama
No navio das santas almas, carrega a tristeza e a demanda

Cambono Pai, Filho de Santo, quem tem fé na nossa umbanda
Vai em paz, meu Marinheiro, pro mar do céu de Aruanda.

Salve, Marinheiro, Oxalá eu te agradeço
Sua bença na umbanda, pra subir eu rezo o terço. 4x.

Vá em paz, meu Marinheiro, a Rainha do Mar, a Mãe te chama
No navio das santas almas, carrega a tristeza e as demandas
Cambono Pai, Filho de Santo, quem tem fé na nossa umbanda
Vai em paz, meu Marinheiro, pro mar do céu de Aruanda.

Vá em paz, meu Marinheiro, a Mãe do Mar lá te chama
Oh, no Céu de Aruanda, estrela, luz que Deus que manda
Cambono Pai, Filho de Santo, quem tem fé em Aruanda
Vai em paz, meu Marinheiro, pro mar do céu de Aruanda.

Salve, Marinheiro, Oxalá eu te agradeço!

SANTO PRETO-VELHO

Êeeh! Preto-Velho bradou antes de morrer
Êeeh! Santo incorporou pra proteger. 2x.

Pendurado no tronco ele gritou para o branco lhe ouvir
Esse preto foi embora, é um santo que tá aqui
Acende vela, faz a prece, peça perdão a Oxalá
Pois o dia da tua morte, é Exu que vem buscar. 2x.

Êeeh! Preto-Velho bradou antes de morrer, (falou)
Êeeh! Santo incorporou pra proteger. 2x.

Pendurado no tronco ele gritou para o branco lhe ouvir
Esse preto foi embora, é um santo que tá aqui
Acende vela, faz a prece, peça perdão a Oxalá
Pois o dia da tua morte, é Exu que vem buscar.
Êeeh! Preto-Velho bradou antes de morrer,
Êeeh! Santo incorporou pra proteger. 2x.

Pendurado no tronco ele gritou para os brancos todos lhe ouvir
Esse preto foi embora, é um santo que tá aqui
Acende vela, faz a prece, peça perdão a Oxalá
Pois o dia da tua morte, é Exu que vem buscar.

ZÉ PILINTRA

Fizeram um trabalho pra me derrubar, mas não sabem que eu ando com Zé Pilintra
Essa maldade nunca vai chegar, Ele guarda os caminhos na volta e na ida. 2x.
Zé Pilintra, uma alma de fé, Rei do Samba no passo da malandragem
Nos caminhos da vida me guarda, olho grande, inveja, a maldade
Sexta-feira ofereço cachaça, boto cigarro pra fumar
Tô virado em Zé Pilintra, ele vem da encruza pra me ajudar.

Fizeram um pedido pra me derrubar, mas não sabem que eu ando com Zé Pilintra
Essa maldade nunca vai chegar, Ele guarda os caminhos na volta e na ida. 2x.

Zé Pilintra, uma alma de fé, Rei do Samba no passo da malandragem
Nos caminhos da vida me guarda, olho grande, inveja, a maldade
Sexta-feira ofereço cachaça, boto cigarro pra fumar
Tô virado em Zé Pilintra, ele vem da encruza pra me ajudar. 2x.

Fizeram um pedido pra me derrubar, mas não sabem que eu ando com Zé Pilintra
Essa maldade nunca vai chegar, Ele guarda os caminhos na volta e na ida. 2x.

MINHA UMBANDA, AGRADEÇO A PRETO-VELHO

Agradeço aos Pretos-Velhos, pelo amor que recebi
Encontrei a minha umbanda, quando no mundo me perdi. 3x.

No caminho dessa vida, o que encontrei foi solidão
Perdido nas palavras dos homens sem fé, religião
Que mentiam por dinheiro, sem amor no coração
Foi quando perdi a fé, foi muita desilusão.

Eu vaguei por esse mundo, sem saber por onde andar
Os caminhos dessa vida, na umbanda fui levar.
Eu pisei no terreiro de umbanda, Preto-Velho me chamou

Eu sentei naquele banco, aquele preto me abraçou
E a tristeza do meu peito, a bença, Mão Santa carregou
Preto-Velho olhou nos olhos e me disse tua fé tu encontrou. 2x.

Agradeço aos Pretos-Velhos, pelo amor que recebi
Encontrei a minha umbanda, quando no mundo me perdi. 2x.
No caminho dessa vida, o que encontrei foi solidão
Perdido nas palavras dos homens sem fé, religião
Que mentiam por dinheiro, sem amor no coração
Foi quando perdi a fé, foi muita desilusão.

Eu vaguei por esse mundo, sem saber por onde andar
Nos caminhos dessa vida, na umbanda fui levar.

Eu pisei no terreiro de umbanda, Preto-Velho me chamou
Eu sentei naquele banco, aquele preto me abraçou
E a tristeza do meu peito, a bença, Mão Santa carregou
Preto-Velho olhou nos olhos e me disse tua fé tu encontrou.

POMBAGIRA DA CALUNGA

Na encruzilhada tem macumba, fizeram pra Moça da Calunga. 2x.

Fizeram um pedido no padê, na taça champanhe pra beber
Sete rosas vermelhas, cigarrilha, pra Pombagira receber.

Na encruzilhada tem macumba, fizeram pra Moça da Calunga. 2x.

Deram um pedido no padê, na taça champanhe pra beber
Sete rosas vermelhas, cigarrilha, oh, pra Pombagira receber.

Oh, do Reino de Exu se abriu a tumba pra Moça da Calunga. 2x.

Proteção pra quem tem fé, luz, axé, firmeza na umbanda!
Pombagira da Calunga, Laroyê! Salve sua banda!

Oh, do Reino de Exu se abriu a tumba pra Moça da Calunga. 2x.
Proteção pra quem tem fé, luz, axé, firmeza na umbanda!
Pombagira da Calunga, Laroyê! Salve sua banda!

Oh, na encruzilhada tem macumba, fizeram pra Moça da Calunga. 2x.
Fizeram um pedido no padê, na taça champanhe pra beber
Sete rosas vermelhas, cigarrilha, pra Pombagira receber.
Oh, na encruzilhada tem macumba, fizeram pra Moça da Calunga. 2x.
Fizeram um pedido no padê, na taça champanhe pra beber
Sete rosas vermelhas, cigarrilha, oh, pra Pombagira receber.
Oh, do Reino de Exu se abriu a tumba pra Moça da Calunga. 2x.
Proteção pra quem tem fé, luz, axé, firmeza na umbanda!
Pombagira da Calunga, Laroyê! Salve sua banda!

Oh, do Reino de Exu se abriu a tumba pra Moça da Calunga. 2x.

Proteção pra quem tem fé, luz, axé, firmeza na umbanda!
Pombagira da Calunga, Laroyê! Salve sua banda!

EXU DO LODO

Oh! Laroyê! Ele vem da encruza pra proteger!
Oh! Laroyê! Oh! Laroyê! É Exu do Lodo venha ver! 2x.

Ele vem pra transformar a tristeza em felicidade
Oh, de quem lhe manda o mal, purifica a magia em bondade
Quem tem fé em Exu do Lodo, abre a gira pra firmar
Oh, Filho de Santo, pede Exu pra te ajudar!

Oh! Laroyê! Ele vem da encruza pra proteger!
Oh! Laroyê! Oh! Laroyê! É Exu do Lodo venha ver! 2x.
Ele vem pra transformar a tristeza em felicidade
Oh, de quem lhe manda o mal, purifica a magia em bondade
Quem tem fé em Exu do Lodo, abre a gira pra firmar
Oh, Filho de Santo, pede Exu pra te ajudar! 2x.

Oh! Laroyê! Ele vem da encruza pra proteger!
Oh! Laroyê! Oh! Laroyê! Ele vem da encruza pra te ver!
Oh! Laroyê! Ele vem da encruza pra proteger!
Oh! Laroyê! Oh! Laroyê! É Exu do Lodo venha ver!

Ele vem pra transformar a tristeza em felicidade
Oh, de quem lhe manda o mal, purifica a magia em bondade

Quem tem fé em Exu do Lodo, abre a gira pra firmar
Oh, Filho de Santo, pede Exu pra te ajudar!

OXUM E IEMANJÁ

(Falado: Salve, minha Mãe Oxum! Salve, minha Mãe Iemanjá!
Que o meu pedido possa descer a correnteza e encontrar o mar).

Luz de ouro no rio da correnteza, um cesto de flor desceu
Rosa branca e amarela, foi Mãe Oxum que recebeu.
Carrega, minha Mãe Oxum, até os braços de Iemanjá, ôooh!
E deságua lá no mar, onde minha Mãe Oxum encontra com Mãe Iemanjá. 2x.

Oh, Iemanjá, Oxum! Oh, vem receber,
O pedido do filho que na correnteza do rio foi descer.
Oh, Iemanjá, Oxum! Vem abençoar,
O pedido do filho que desceu o rio encontrou o mar.

Luz de ouro no rio da correnteza, um cesto de flor desceu
Rosa branca e amarela, foi Mãe Oxum que recebeu.
Carrega minha Mãe Oxum, até os braços de Iemanjá, ôooh!
E deságua lá no mar, onde minha Mãe Oxum encontra com Mãe Iemanjá. 2x.

Oh, Iemanjá, Oxum! Oh, vem receber,
O pedido do filho que na correnteza do rio foi descer.
Oh, Iemanjá, Oxum! Vem abençoar,
O pedido do filho que desceu o rio encontrou o mar. 2x.

Luz de ouro no rio da correnteza, um cesto de flor desceu
Rosa branca e amarela, foi Mãe Oxum que recebeu.
Carrega, minha Mãe Oxum, até os braços de Iemanjá, ôooh!
E deságua lá no mar, onde minha Mãe Oxum encontra com Iemanjá!

PAI OGUM

Um guerreiro de fé, pediu a Zambi lhe escutar, pra que mandasse a luz pra lutar.

E se morrer na fé, em nome de Pai Oxalá, com sua espada na mão, sua vida ia dar.

Mas os anjos ouviram o guerreiro gritar, com sua espada na mão, em nome de Oxalá.

Pai Ogum lutar, Pai Ogum em nome de Oxalá. Pai Ogum lutar, pela fé! 2x. Pela fé!

E se morrer na fé, em nome de Pai Oxalá, com sua espada na mão, sua vida ia dar.
Mas os anjos ouviram o guerreiro gritar, com sua espada na mão, em nome de Oxalá.

Pai Ogum lutar, Pai Ogum em nome de Oxalá, Pai Ogum lutar, pela fé!
Pela fé! Pela fé! Pela fé! Pai Ogum!

PRETO-VELHO ME PERDOE

(Falado: Assim disse o Preto-Velho: "Perdoe todos os irmãos, não deseje mal a ninguém, cada pessoa que você fizer chorar, eu vou chorar também").

Preto-Velho, me perdoa, o que eu fiz foi sem querer, ôooh
Magoei outra pessoa, mas quem chora é você. 2x.

Você me disse pra andar, os irmãos eu perdoar, não fazer mal a ninguém,
Que toda vez que alguém chorar, Preto-Velho ia escutar e chorar também. 2x.

Preto-Velho, me perdoa, o que eu fiz foi sem querer, ôooh
Magoei outra pessoa, mas quem chora é você. 2x.

Você me disse para andar, os irmãos eu perdoar, não fazer mal a ninguém,
Que toda vez que alguém chorar, Preto-Velho ia escutar e chorar também.
Você me disse para andar, pros irmãos eu perdoar, não fazer mal a ninguém, ôoh
Que toda vez que alguém chorar, esse preto ia escutar e chorar também.

POMBAGIRA MIRONGUEIRA

Uma moça bonita chegou, tá em frente à porteira
Deixa entrar, Pombagira Mirongueira!
Oh, uma moça bonita já chegou, tá na frente da porteira
Deixa entrar, Pombagira Mirongueira!

Oh, faz reza brava pra quebrar a magia, o feitiço, quem mandou
A moça que guarda meus caminhos, a mironga, meu corpo ela fechou.
Na mironga a magia do feitiço, Pombagira me guardou
Oh, Exu, abre a porteira, Mirongueira aqui chegou.

Uma moça bonita chegou, lá na frente da porteira
Deixa entrar, Pombagira Mirongueira!
Oh, uma moça bonita já chegou, tá na frente da porteira
Deixa entrar, Pombagira Mirongueira!

Oh, faz reza brava pra quebrar a magia, o feitiço, quem mandou
Oh, moça que guarda meu caminho, a mironga, meu corpo ela fechou.
Na mironga a magia do feitiço, Pombagira me guardou
Oh, Exu, abre a porteira, Mirongueira aqui chegou.
Uma moça bonita chegou, lá na frente da porteira
Deixa entrar, Pombagira Mirongueira!

Uma moça bonita chegou, tá na frente da porteira
Deixa entrar, Pombagira Mirongueira! 2x.

Oh, faz reza brava pra quebrar a magia, o feitiço, quem mandou
Oh, moça que guarda meu caminho, a mironga, meu corpo ela fechou.
A mironga a magia do feitiço, Pombagira me guardou
Oh, Exu, abre a porteira, Mirongueira aqui chegou.

IEMANJÁ, MÃE DO MAR

Uma deusa que mora no mar, em noite de luar
Vai rezar na beira da praia, abençoar, quem rezou por Iemanjá!
Uma deusa que mora no mar, em noite de luar
Vai andar na beira da praia, abençoar, quem rezou por Iemanjá!

Vai abençoar, quem rezou por Iemanjá,
Vai abençoar, Mãe do Mar! 2x.

Uma deusa que mora no mar, em noite de luar
Vai rezar na beira da praia, abençoar, quem rezou por Iemanjá!

TAMBOR ABRE AS PORTAS DO CÉU

Tambor, abre as portas do céu, oh, tambor, pro povo da umbanda chegar
Quem tem fé, pede às almas, pede a bença aos orixás,
Canta, filho de santo, que é pra Zambi escutar.
Tambor, abre as portas do céu, oh, tambor, traz as almas pra cá.

Tambor, abre as portas do céu, oh, tambor, pro povo da umbanda chegar
Quem tem fé, pede às almas, pede a bença aos orixás,
Canta, filho de santo, que é pra Zambi escutar.
Tambor, abre as portas do céu, oh, tambor, manda as almas pra cá.

Vai chegar Preto-Velho, Capangueiro de Ogum,
Vai baixar Pombagira, todo o povo de Exu,
Marinheiro, Caboclo, Boiadeiro, os Erês que vão chegar.
Quem é filho saúda a Mãe, saúda Pai, vem saudar seu Orixá!

Tambor, abre as portas do céu, oh, tambor, pro povo da umbanda chegar
Quem tem fé, pede às almas, peça a bença aos Orixás,
Canta, filho de santo, que é pra Zambi escutar.
Tambor, traz as Almas do Céu, oh, tambor, manda as almas pra cá.

Tambor, abre a porta do céu, oh, tambor, pro povo da umbanda chegar
Quem tem fé saúda as almas, peça a bença aos orixás,
Canta, filho de santo, que é pra Zambi escutar.
Tambor, traz as almas do céu, oh, tambor, manda as almas pra cá.

Vai chegar Preto-Velho, Capangueiro de Ogum,
Vai baixar Pombagira, todo o povo de Exu,
Marinheiro, Caboclo, Boiadeiro, os Erês que vão chegar.
Quem é filho saúda a Mãe, saúda Pai, vem saudar seu orixá! (seus orixás) 2x.

MÃE OXUM VEM ABENÇOAR

No Rio de Mãe Oxum eu lavo meu rosto pra me abençoar
No berço da correnteza um ramo de flores pra te entregar.
Escuta minha Mãe meu pedido, vem me ajudar
Minha Mãe, teu amor é tão lindo, vem me guiar.

Pelos caminhos da vida guia os meus passos por onde eu andar
E a quem magoei eu peço perdão, minha Mãe vai levar.
Minha Mãe, em nome de Ogum, da luz do luar
Eu entrego minha vida em suas mãos, vem me guiar.

Mãe Oxum, vem ajudar, meu pedido escutar,
Teu amor carregar, minha vida abençoar. 2x.

Mãe Oxum!

No Rio de Mãe Oxum eu lavo meu rosto pra me abençoar
No berço da cachoeira um ramo de flores pra te entregar.
Escuta, minha Mãe, meu pedido, vem me ajudar
Minha Mãe, teu amor é tão lindo, vem me guiar.

Mãe Oxum, vem me ajudar, meu pedido escutar,
Teu amor carregar, minha vida abençoar. 2x.

Mãe Oxum!

XANGÔ

Por onde eu andar, neste mundo, onde eu for, Pai Xangô!

Eu me guardo à sombra da Justiça do teu amor!
Pai Xangô, tenho fé!
Oh! Eu te guardarei, aonde eu for,
Faz justiça, meu Senhor, meu caminho, minha fé!
Meu Pai é Xangô, te guardarei aonde for,
Faz justiça, meu Senhor, meu caminho, minha fé!
Meu Pai é Xangô! Xangô! Meu caminho, minha fé!
Pai Xangô!

Por onde eu andar, por este mundo, onde eu for, Pai Xangô!

Eu me guardo à sombra da justiça do teu amor!
Pai Xangô, tenho fé!
Oh! Eu te guardarei, aonde eu for,
Faz justiça, meu Senhor, meu caminho, minha fé!

Meu Pai é Xangô, te guardarei por onde for,
Faz justiça, meu Senhor, meu caminho, minha fé!
Oh, meu Pai Xangô! Te guardarei aonde eu for!
Faz justiça, meu Senhor, meu caminho, minha fé!
O meu Pai é Xangô! O meu Pai é Xangô! Xangô!

CABOCLO, PRETO-VELHO E EXU

Abre a gira de umbanda, risca o ponto quem tem fé
É Caboclo Ubiratã, Preto-Velho, Pai Guindo de Guiné.

Firma a gira de Umbanda, risca o ponto quem tem fé
É Caboclo Ubiratã, Preto-Velho, Pai Guindo de Guiné. 2x.

Um caboclo bradou lá no meio da mata, Preto-Velho escutou
Na encruza do rio, na cascata Exu Mangueira firmou
O caminho do Pai que era Filho de Santo
Na gira de umbanda o Pai que virou,
Salve, Exu Mangueira, Pai Guindo Guiné, Ubiratã quem bradou!

Firma a gira de umbanda, risca o ponto quem tem fé
É Caboclo Ubiratã, Preto-Velho, Pai Guindo Guiné. 2x.
Um caboclo bradou lá no meio da mata, Preto-Velho escutou
Na encruza do rio, na cascata Exu Mangueira firmou
O caminho do Pai que era filho de santo
Na gira de umbanda o Pai que virou,
Salve, Exu Mangueira, Pai Guindo de Fé, Ubiratã que bradou!

Um caboclo bradou lá mata, Preto-Velho escutou
Na encruza do rio, na cascata Exu Mangueira firmou
O caminho do Pai que era Filho de Santo
Na gira de umbanda o Pai que virou,
Salve, Exu Mangueira, Pai Guindo Guiné, Ubiratã quem bradou!

Firma a gira de umbanda, risca o ponto quem tem fé (firma)
É Caboclo Ubiratã, Preto-Velho, Pai Guindo Guiné. 4x.

PRA SEMPRE NO CÉU DE ARUANDA

Se um dia a morte chegar, eu vou pedir pra Oxalá
Me deixe na gira de umbanda depois Tu me leva pra Zambi encontrar.
Me deixe beijar esse chão, a bença no meu congá
E mesmo que seja um espírito, na gira de umbanda me deixe passar.

Adeus de umbanda, eu sempre vou lembrar,
No céu de Aruanda, eu sempre vou rezar.
Adeus de umbanda, pra sempre vou lembrar,
No céu de Aruanda, eu sempre vou me lembrar.

Se um dia a morte chegar, eu vou pedir pra Oxalá
Me deixe na gira de umbanda depois Tu me leva pra Zambi encontrar.
Me deixe beijar esse chão, a bença no meu congá
E mesmo que seja um espírito, na gira de umbanda me deixe passar.
Adeus de umbanda, pra sempre vou levar,
No céu de Aruanda, eu sempre vou lembrar.
Adeus de umbanda, pra sempre vou levar,
No céu de Aruanda, eu sempre vou me lembrar.
Adeus de umbanda, pra sempre vou levar,
No Céu de Aruanda, eu sempre vou lembrar.

Sempre vou lembrar! Sempre vou lembrar!

EXU PEDRA NEGRA

Eu baixei padê, oh, lá na pedreira, pra Exu vir buscar
Salve, Pedra Negra! Eu baixei padê!
Eu baixei padê, oh, lá na pedreira, pra Exu vir buscar
Salve, Pedra Negra!

Meu Pai Xangô, vem me ajudar, manda Exu das Pedras socorrer
Já botei a pólvora pra queimar, sete velas pretas pra acender
E no marafo me banhar, salve, Exu Motumbá da Pedreira
Oh, meu Pai Xangô, na sombra da Pedra, Pedra Negra.

Eu baixei padê, oh, lá na pedreira, pra Exu vir buscar
Salve, Pedra Negra! Eu baixei padê!

Eu baixei padê, oh, lá na pedreira, pra Exu vir buscar
Salve, Pedra Negra!

Meu Pai Xangô, vem me ajudar, manda Exu da Pedra socorrer, (Oh)
Já botei a pólvora pra queimar, sete velas pretas pra acender
E no marafo me banhar, salve, Exu Motumbá da Pedreira
Oh, meu Pai Xangô, na sombra da Pedra é Pedra Negra. 2x.

Eu baixei padê, oh, lá na pedreira, pra Exu vir buscar
Salve, Pedra Negra! Eu baixei padê!
Eu baixei padê, oh, lá na pedreira, pra Exu vir buscar
Salve, Pedra Negra! 2x.

PRETO-VELHO VEM DESCENDO A LADEIRA

Um preto vem descendo a ladeira, no terreiro de umbanda quem chamou
Trazendo na sacola a mironga, abençoa todos os filhos que rezaram. Um Preto-Velho!
Um preto vem descendo a ladeira, no terreiro de umbanda quem chamou
Trazendo na sacola a mironga, abençoa todos os filhos que rezou.

Salve, Preto-Velho, adorei as almas! Santo Nego vai chegar,
No terreiro de umbanda, ele vem abençoar, oh, Nego!
Oh, nego velho, vem trazer no cazuá, sua bença vem nos dar
A dor da alma vem curar.

Salve, Preto-Velho! Santo Nego vai chegar,
No terreiro de umbanda, ele vem abençoar, oh, Nego!
Oh, nego velho, vem trazer no cazuá, sua bença vem nos dar
A dor da alma vem curar.

Um preto vem descendo a ladeira, no terreiro de umbanda quem chamou
Trazendo na sacola a mironga, abençoa todos os filhos que rezou. Um Preto-Velho!
Um preto vem descendo a ladeira, no terreiro de umbanda quem chamou
Trazendo na sacola a mironga, abençoa todos os filhos que rezou.

Salve, Preto-Velho, adorei as almas! Santo Nego vai chegar,
No terreiro de umbanda, ele vem abençoar, oh, Nego!

Oh, nego velho, vem trazer no cazuá, sua bença vem nos dar
A dor da alma vem curar.

Salve, Preto-Velho! Santo Nego vai chegar,
No terreiro de umbanda, ele vem abençoar, oh, nego!
Oh, nego velho, vem trazer no cazuá, sua bença vem nos dar
A dor da alma vem curar.

Um preto vem descendo a ladeira, no terreiro de umbanda quem chamou
Trazendo na sacola a mironga, abençoa todos os filhos que rezou. Um Preto-Velho!
Um preto vem descendo a ladeira, no terreiro de umbanda quem chamou
Trazendo na sacola a mironga, abençoa todos os filhos que rezou.

Abençoa todos os filhos que rezou!

EXU CAVEIRA

Ele é Rei da Encruzilhada, firma o ponto pra chegar
Quem chamou Exu Caveira pra demanda carregar. 2x.

Oh, Exu Caveira já chegou, vem saudar
É Caveira, salve, Exu! Motumbá!
Respeita Exu de encruzilhada, Mojubá!
Ele baixa no terreiro pra demanda carregar!

Ele é Rei da Encruzilhada, firma o ponto pra chegar
Quem chamou Exu Caveira pra demanda carregar. 2x.

Oh, Exu Caveira já chegou, vem saudar
É Caveira, salve, Exu! Mojubá!
Respeita Exu de encruzilhada, Mojubá!
Ele baixa no terreiro pra demanda carregar!

O Caveira leva egum, vem buscar
Sob a bença de Ogum, vem levar. 2x.

Ele é Rei da Encruzilhada, firma o ponto pra chegar
Quem chamou Exu Caveira pra demanda carregar. 2x.

EXU E POMBAGIRA NA PORTEIRA

(Falado: Oh, quiumba, não olhe pra mim que a tua maldade para na porteira. Nessa casa tem Exu e Pombagira assentados na tronqueira).

Oh, quiumba, não olha pra mim que a maldade para na porteira
Tem Exu e Pombagira assentados na tronqueira. 2x.

Seu Tranca-Rua, fecha a porta, que é pro mal nenhum chegar
Sete Porteiras, fecha a tranca pra egum nenhum passar
Galo cantou de madrugada, Meia-Noite vai chegar
Oh, Maria Padilha, Rosa Caveira o egum carregar.

Oh, quiumba não olha pra mim que a maldade para na porteira
Tem Exu e Pombagira assentados na tronqueira. 2x.

Seu Tranca-Rua, fecha a porta, que é pro mal nenhum chegar
Sete Porteiras, fecha a tranca pra egum nenhum passar
Galo cantou de madrugada, Exu Meia-Noite vai chegar
Oh Maria Padilha, Rosa Caveira os eguns carregar.

,
Oh, quiumba, não olha pra mim que a maldade para na porteira
Tem Exu e Pombagira assentados na tronqueira. 4x.

Seu Tranca-Rua, fecha a porta, que é pro mal nenhum chegar
Sete Porteiras, fecha a tranca pra egum nenhum passar
Galo cantou de madrugada, Exu Meia-Noite vai chegar
Oh, Maria Padilha, Rosa Caveira os eguns carregar.

REZA A OBALUAÊ

Vou pedir pra Tu curar, minha reza, meu Senhor
Meus caminhos Tu guardar, com a luz do teu amor
Peço a Zambi, Oxalá, tua palha proteger
Santas almas do Cruzeiro de meu Pai Obaluaê! De Obaluaê!
E me cobre com sua palha, sua bença vem me dar
A doença, a dor da alma, teu amor vem me curar
Como o sol que nasce no escuro e clareia o amanhecer
Quem tem fé na luz da cura pede a Obaluaê!

A Obaluaê! Obaluaê! Escuta o canto de fé!
Oh, meu Pai, Obaluaê! Obaluaê! Obaluaê! Obaluaê!

Vou pedir pra Tu curar, minha reza, meu Senhor
Meus caminhos Tu guardar, com a luz do teu amor
Peço a Zambi, Oxalá, tua palha proteger
Santas almas do Cruzeiro, meu Pai Obaluaê! Meu Pai Obaluaê!

E me cobre com sua palha, sua bença vem me dar
A doença, a dor da alma, teu amor vem me curar
Como o sol que nasce no escuro e clareia o amanhecer
Quem tem fé na luz da cura pede a Pai Obaluaê!
A Obaluaê! Obaluaê! Escuta, meu Pai, Obaluaê! Obaluaê!
Oh, meu Pai vem me ver, vem me ver Obaluaê!

CABOCLO SETE FLECHAS

O céu escuro iluminou, quando as flechas de fogo passaram
É pedido de filho de santo no meio da mata Caboclo entregou
Flecha dourada de fogo cruzou as montanhas na grota firmou (a montanha)
Foi Caboclo Sete Flechas um arco de fogo que jogou. 2x.

Foi Caboclo Sete Flechas que jogou! Foi Caboclo Sete Flechas que jogou!
Carregando os pedidos dos seus filhos, Sete Flechas ele lançou
As demandas no seu arco Sete Flechas abençoou. 2x.

O céu escuro iluminou, quando as flechas de fogo passaram
É pedido de filho de santo no meio da mata Caboclo entregou
Flecha dourada de fogo cruzou as montanhas na grota firmou
Foi Caboclo Sete Flechas com arco de fogo que jogou. 2x.
Foi Caboclo Sete Flechas que jogou! Foi Caboclo Sete Flechas que jogou!
Carregando os pedidos dos seus filhos, Sete Flechas ele lançou
As demandas no seu arco Sete Flechas abençoou. 3x.

LUZ DE PRETO-VELHO

Vou pra gira de umbanda encontrar meu nego, (na gira)
Vou pedir pra Preto-Velho me benzer

Me defuma, meu nego, com as ervas da Jurema
Oh, na gira de umbanda vou viver. 2x.

Vou andar com os pés descalços, me benzer naquele chão
Peço a bença a Preto-Velho, escuta a humilde oração
Calmaria no meu peito, esse amor vem de você.
Preto-Velho, luz da umbanda, nessa noite eu vim te ver. 2x.

Vou pra gira de umbanda encontrar meu nego, (na gira)
Vou pedir pra Preto-Velho me benzer
Me defuma, meu nego, com as ervas da Jurema
Oh, na gira de umbanda vou viver. 2x.

Vou andar com os pés descalços, me benzer naquele chão
Peço a bença ao Preto-Velho, escuta a humilde oração
Calmaria no meu peito, esse amor vem de você.
Preto-Velho, luz da umbanda, nessa noite eu vim te ver. 2x.

Vou pra gira de umbanda encontrar meu nego, (na gira)
Vou pedir pra Preto-Velho me benzer
Me defuma, meu Nego, com as ervas da Jurema
Oh, na gira de umbanda eu vou viver. 2x.

CIGANA MADALENA

Numa festa cigana te vi bailar, quanta beleza
Numa noite de luar, em volta da fogueira
A magia cigana, no olhar o doce amor de Madalena.
Enquanto dançava olhava pra mim e sorria
Levando a tristeza, trazendo a alegria
A magia cigana, teu olhar, o doce amor de Madalena.

Oh, Madalena! Oh, Cigana Madalena!
Madalena! Oh, Cigana Madalena!

Numa festa cigana te vi bailar, quanta beleza
Numa noite de luar, em volta da fogueira
A magia cigana, no olhar o doce amor de Madalena.
Enquanto dançava olhava pra mim e sorria

Levando a tristeza, trazendo a alegria
A magia cigana, teu olhar, o doce amor de Madalena.

Oh, Madalena! Oh, Cigana Madalena!
Madalena! Oh, Cigana Madalena!

Oh, Madalena! Oh, Cigana Madalena! Madalena!

EXU SETE CAVEIRAS

Faz sete covas no chão, põe marafo no fundo pra ferver, (Sete)
Acende charuto nos cantos, no fundo da cova põe padê.
Sete velas pretas por cima das covas na firmeza
Pra deitar as sete de Exu Sete Caveiras. 2x.

Oh, Sete Caveiras recebe o padê, oh, Motumbá!
Sete covas lá no chão, meus pedidos pra Tu me ajudar.
Oh, Sete Caveiras, recebe o padê, oh, Motumbá!
No terreiro de umbanda, Sete Caveiras vai chegar. (o Caveira) 2x.
Sete covas no chão, põe marafo no fundo pra benzer, (ferver)
Acende charuto nos cantos, no fundo da cova põe padê.
Sete velas pretas por cima das covas na firmeza
Pra deitar as sete de Exu Sete Caveiras. 2x.

Oh, Sete Caveiras recebe o padê, oh, Motumbá!
Sete covas lá no chão, meus pedidos pra Tu me ajudar.
Oh, Sete Caveiras recebe os pedidos, oh, Motumbá!
No terreiro de umbanda, os (o) Caveiras vão chegar. 2x.

Faz Sete covas no chão, põe marafo no fundo pra ferver
Acende o charuto nos cantos, no fundo da cova põe padê.
Sete velas pretas por cima das covas na firmeza
Pra deitar as sete de Exu Sete Caveiras.

EXU MEIA-NOITE

Eu vi um soldado lutando na guerra, (Eu vi).
Por bravura a cruz de ferro ganhou.

Meia-Noite escutou e deixou alma marcada,
E o dia do fundo da cova buscou. 2x.

É Meia-Noite! É Meia-Noite! É Exu! É Mojubá!
Quem pediu escuta Exu, a cruz de ferro vem mostrar.
É Meia-Noite! É Meia-Noite! Salve, Exu! É Mojubá!
O soldado lá da guerra da encruza foi morar.

É Meia-Noite! É Exu! É Mojubá!
Quem pediu escuta Exu, a cruz de ferro vem mostrar.
É Meia-Noite! É Meia-Noite! Salve, Exu! É Mojubá!
O soldado lá da guerra Meia-Noite foi virar.

Eu vi um soldado lutando na guerra,
Por bravura a cruz de ferro ganhou.
Meia-Noite escutou e deixou alma marcada,
E o dia do fundo da cova buscou. 2x.

É Meia-Noite! É Meia-Noite! É Exu! É Mojubá!
Quem pediu escuta Exu, a cruz de ferro vem mostrar.
É Meia-Noite! É Meia-Noite! Salve, Exu! É Mojubá!
O soldado lá da guerra da encruza foi morar.

É Meia-Noite! É Exu! É Mojubá!
Quem pediu escuta Exu, a cruz de ferro vem mostrar.
É Meia-Noite! É Meia-Noite! Salve, Exu! É Mojubá!
O soldado lá da guerra Meia-Noite foi virar.

EXU DO OURO

Ele vem pra abrir os caminhos da vida, (Ele vem pra abrir)
A riqueza escondida faz o filho encontrar.
Quem tem fé em Exu na encruza venha ver
E se o filho merecer, Exu do Ouro vai lhe dar. 2x.

Oh, Exu do Ouro, luz é vida, guarda o caminho a seguir
Oh, ensina a verdade da guarida, merecer o que pedir
Na encruzilhada dessa vida, os meus passos vem guiar
E se o filho merecer, Exu do Ouro vai lhe dar.

Ele vem pra abrir! Ele vem pra abrir os caminhos da vida,
A riqueza escondida faz o filho encontrar.
Quem tem fé em Exu na encruza venha ver
E se o filho merecer, Exu do Ouro vai lhe dar. 2x.

Oh, Exu do Ouro, luz é vida, guarda o caminho a seguir
Oh, ensina a verdade da guarida, merecer o que pedir
Na encruzilhada dessa vida, os meus passos vem guiar
E se o filho merecer, Exu do Ouro vai lhe dar.
Ele vem pra abrir! Ele vem pra abrir os caminhos da vida,
A riqueza escondida faz o filho encontrar.
Quem tem fé em Exu na encruza venha ver
E se o filho merecer, Exu do Ouro vai lhe dar.

Oh, Exu do Ouro, luz é vida, guarda o caminho a seguir
Oh, ensina a verdade da guarida, merecer o que pedir
Na encruzilhada dessa vida, os meus passos vem guiar
E se o filho merecer, Exu do Ouro vem lhe dar.

CIGANA KÉLIDA

Em noite de lua cheia, ela vem na areia bailar
No cabelo uma rosa vermelha, seu vestido a rodar.

É cigana que vem na areia, trazendo a magia, o perfume no ar
A alegria do povo cigano, seu nome é Cigana Kélida. 2x.
Em noite de lua cheia, ela vem na areia bailar
No cabelo uma rosa vermelha, seu vestido a rodar.

É cigana que vem na areia, trazendo a magia, o perfume no ar
A alegria do povo cigano, seu nome é Cigana Kélida. 2x.

Kélida! Oh, Cigana! Seu nome é Kélida!
Oh, Cigana! Seu nome é Kélida!

Em noite de lua cheia, ela vem na areia bailar
No cabelo uma rosa vermelha, o vestido a rodar.

É cigana que vem na areia, trazendo a magia, o perfume no ar
A alegria do povo cigano, seu nome é Cigana Kélida.

EXU CASCAVEL

Oh, quem tem maldade tem fel, (oh) quem guarda a porta é fiel
A maldade, a quiumba nunca vai chegar, ôooh!
Exu guarda a porta, lá na porteira de meu cazuá
No Reino de Exu veio a serpente, oh, Exu Cascavel vai te esperar. 2x.

Oh, não manda a maldade, meu nego, oh, que a cobra vai fumar
Tem Exu lá na porteira, pra guardar meu cazuá!
Oh, não manda a maldade, meu nego, oh, que a cobra vai fumar
Quem mexer com um filho seu, Cascavel vai encontrar.

Oh, quem tem maldade tem fel, oh, quem guarda a porta é fiel
A maldade, a quiumba nunca vai chegar, ôooh!
Exu guarda a porta, lá na porteira de meu cazuá
No Reino de Exu veio a serpente, oh, Exu Cascavel vai te esperar. 2x.

Oh, não manda a maldade, meu nego, oh, que a cobra vai fumar
Tem Exu lá na porteira, pra guardar meu cazuá!
Oh, não manda a maldade, meu nego, oh, que a cobra vai fumar
Quem mexer com um filho seu, Cascavel vai encontrar. 2x.

Oh, quem tem maldade tem fel, oh, quem guarda a porta é fiel
A maldade, a quiumba nunca vai chegar, ôooh!
Exu guarda a porta, lá na porteira de meu cazuá
No Reino de Exu veio a serpente, oh, Exu Cascavel vai te esperar. 2x.

Oh, quem tem maldade tem fel, oh, quem guarda a porta é fiel
A maldade, a quiumba nunca vai chegar, ôooh!
Exu guarda a porta, lá na porteira de meu cazuá
No Reino de Exu veio a serpente, oh, Exu Cascavel vai te esperar!

MÃE OXUM

Vou me benzer no Rio de Oxum, oh, na lua clara de Ogum
Vou fazer meu pedido, meu padê.
Com a palha seca eu vou fazer um cesto de Obaluaê, (Oh)
E botar na fé pro rio descer. 2x.
Oh, minha Mãe Oxum! Oyá! Jogo flores pra você!
Minha Mãe Oxum! Oyá! Nesse rio vem me benzer!
Minha Mãe Oxum! Oyá! Nos seus braços adormecer!
Oh, recebe o meu pedido, no cesto que fiz pra Obaluaê!

Vou me benzer no Rio de Oxum, oh, na lua clara de Ogum
Vou fazer meu pedido, meu padê.
Oh, com a palha seca eu vou fazer um cesto de Obaluaê,
E botar na fé pro rio descer. 2x.

Oh, minha Mãe Oxum! Oyá! Jogo flores pra você!
Minha Mãe Oxum! Oyá! Nesse rio vem me benzer!
Minha Mãe Oxum! Oyá! Nos seus braços adormecer!
Oh, recebe o meu pedido, no cesto que fiz pra Obaluaê! 2x.
Eu vou me benzer no Rio de Oxum, oh, na lua clara de Ogum
Vou fazer meu pedido, meu padê.
Oh, com a palha seca eu vou fazer um cesto de Obaluaê,
E botar na fé pro rio descer.

Eu vou me benzer!

Vou me benzer lá no Rio de Oxum, oh, na lua clara de Ogum
Vou fazer meu pedido, meu padê.
Oh, com a palha seca eu vou fazer um cesto de Obaluaê,
E botar na fé pro rio descer.

EXU DE OMULU

Tá escuro essa noite, meu senhor, na encruzilhada tem Exu,
Oxalá apagou a luz da lua e entregou essa noite a Omulu. 3x.

Oh, Exu que trabalha na linha de umbanda, que vem da Calunga pra nos ajudar
E traz a firmeza no chão do terreiro, povo de Ganga no chão pra pisar

Que carrega as demandas dos filhos de Santo na luz a firmeza, feitiço de Exu,
Salve a guarda ao Rei da Encruza, o povo que anda com Pai Omulu.

Tá escuro essa noite, meu senhor... essa noite a Omulu. 2x.

Oh, Exu que trabalha na linha de umbanda, que vem da Calunga pra nos ajudar
E traz a firmeza no chão do terreiro, povo de Ganga no chão pra pisar
Que carrega a demanda dos filhos de Santo na luz a firmeza, feitiço de Exu,
Salve a luz, a guarda ao Rei na Encruza, o povo que anda Omulu.

Tá escuro essa noite, meu senhor... essa noite a Omulu. 2x.

Oh, Exu que trabalha na linha de umbanda, que vem da Calunga pra nos ajudar
E traz a firmeza no chão do terreiro, o povo de Ganga no chão pra pisar
Que carrega as demandas dos filhos de Santo na luz a firmeza, feitiço de Exu,
Salve o Rei, a guarda à encruza, o povo que anda com Pai Omulu.

Tá escuro essa noite, meu senhor, na encruzilhada tem Exu,
Oxalá apagou a luz da lua e entregou essa noite a Omulu. 1x.

OMULU, OBALUAÊ

Omulu, aê! Obaluaê! Omulu, aê! Obaluaê!
Oh, quem pede sua cura a você, a palha cobre e cura quem crê
A reza humildade divina de Oxalá,
Minha prece, meu Pai Omulu, vem curar.

Obaluaê! Omulu! Obaluaê! Omulu! Obaluaê!
Oh, quem pede sua cura a você, a palha cobre e cura quem crê
A reza humildade divina de Oxalá,
Minha prece, meu Pai Omulu, vem curar.

Obaluaê! Oh, meu Pai Omulu! Obaluaê!
Oh, derrama essa palha sobre mim, vem me benzer.
Oh, meu Pai Omulu! Oh, meu Pai Omulu, Obaluaê!
Oh, derrama essa palha sobre mim, vem me benzer.

Omulu, aê! Obaluaê! Omulu, aê! Obaluaê!
Oh, quem pede sua cura a você, a palha cobre e cura quem crê

A reza humildade divina de Oxalá,
Minha prece, meu Pai Omulu vem curar.

Obaluaê! Oh meu Pai Omulu! Obaluaê!
Oh, derrama essa palha sobre mim, vem me benzer.

Oh, meu Pai Omulu! Obaluaê!
Oh, derrama essa palha sobre mim, vem me benzer. 3x.

TEM EXU NA PORTEIRA

Oh, tá na porteira quem toma conta de meu cazuá
Quem cuida de mim não dorme, não deixa a maldade passar. 2x.

Sete Catacumbas, Exu Rei, Tranca-Rua,
Marabô, Tiriri, Do Lodo, Sete Porteiras,
Eu acendo minhas velas com respeito à tronqueira
Se a maldade me chegar, oh, meu nego, não passa da porteira. 2x.

Oh, tá na porteira quem toma conta de meu cazuá
Quem cuida de mim não dorme, não deixa a maldade passar. 2x.

Sete Catacumbas, Exu Rei, Tranca-Rua,
Marabô, Tiriri, Do Lodo, Sete Porteiras,
Eu acendo minhas velas com respeito à tronqueira
Se a maldade me chegar, oh, meu nego, ela para na porteira. (não passa). 2x.

Oh, tá na porteira quem toma conta de meu cazuá
Quem cuida de mim não dorme, não deixa a maldade passar. 2x.

Quem cuida de mim não dorme, não deixa a maldade passar! 2x.

REZA

Se tu pede pra mim, o bem pra você e não pede perdão, a quem fez sofrer
E acende as velas, pra te iluminar e deixa no escuro quem não perdoar. 2x.

Oh, meu Pai Xangô, me ensina a perdoar, a justiça desse mundo só você pode falar

Minha Mãe Iemanjá, Pai Ogum, Oxum, Oxalá, Luz de Zambi, Omulu, peço Exu pra me ajudar.

Se tu pede pra mim, o bem pra você e não pede perdão, a quem fez sofrer
E acende as velas, pra te iluminar e deixa no escuro quem não perdoar.

Se tu pede pra mim, o bem pra você e não pede perdão, a quem fez sofrer
E acende as velas, pra te perdoar e deixa no escuro quem não perdoar.

Oh, meu Pai Xangô, me ensina a perdoar, a justiça desse mundo só você pode falar
Minha Mãe Iemanjá, Pai Ogum, Oxum, Oxalá, Luz de Zambi, Omulu, peço Exu pra me ajudar. 2x.

IEMANJÁ

Hoje vou me benzer, na areia, na beira no mar
Jogo flores pra minha Mãe, a bença de Iemanjá
Me banho nas águas santas
As tristezas do peito o mar vai levar. 2x.

Oh, carrega, minha Mãe, meus pedidos pro mar
Eu me banho nessas águas, sinto seus braços me abraçar
Nessa noite de fé teu amor que me cobre
Oh, na luz de Ogum lá do luar, na pureza das águas Santa Mãe abençoar.

Hoje vou me benzer, na areia, na beira no mar
Jogo flores pra minha Mãe, a bença de Iemanjá
Me banho nas águas santas
As tristezas do peito o mar vai levar. 2x.

Oh, carrega, minha Mãe, meus pedidos pro mar
Te abraço nessas águas, sinto seus braços me abraçar
Nessa noite de fé teu amor que me cobre, oh, na luz de Ogum lá do luar
Na pureza das águas, Santa Mãe abençoar. 2x.

Hoje vou me benzer, na areia, na beira no mar
Jogo flores pra minha Mãe, a bença de Iemanjá
Me banho nas águas santas
As tristezas do peito o mar vai levar. 2x.

TERREIRO DE UMBANDA

Eu vim num terreiro de umbanda me livrar das demandas, pras almas me ajudarem
A bença no chão do terreiro com amor e respeito, (com respeito), dá licença de eu entrar.
Eu sei, magoei tanta gente mas as almas entendem, quando o filho quer mudar
Por isso, eu vim nessa gira de umbanda
Aprender com as santas almas me ensinar a perdoar. 2x.

Peço às santas almas de Aruanda, oh, vim na gira de umbanda, pra me abençoar.
Peço às santas almas de Aruanda o perdão a quem fiz mal, me ensina a perdoar.

Eu vim num terreiro de umbanda me livrar...me ensinar a perdoar. 2x.

Peço às santas almas de Aruanda, oh, vim na gira de umbanda, pra me abençoar.
Peço às santas almas de Aruanda, o perdão a quem fiz mal, me ensina a perdoar. 2x.

Eu vim num terreiro de umbanda me livrar das demandas, pras almas me ajudarem
A bença no chão do terreiro com amor, com respeito, dá licença de eu entrar.
Eu sei, magoei tanta gente mas as almas entendem, quando o filho quer mudar
Por isso, eu vim nessa gira de umbanda
Aprender com as santas almas me ensinar a perdoar.

ABRAÇO DE PRETO-VELHO

Um abraço seu é bença de amor, oh, meu Preto-Velho, Deus abençoou. 2x.

Vem na gira, nego velho, vem benzer e carrega na magia meu lamento, meu sofrer
Na humildade do teu rosto, como é simples teu olhar
Oh, na gira de umbanda meu preto eu vim te abraçar.

Um abraço seu é bença de amor, oh, meu Preto-Velho, Deus abençoou. 2x.

Vem na gira, nego velho, vem benzer e carrega na magia meu lamento, meu sofrer
Na humildade do teu rosto, como é simples teu olhar
Nessa gira de umbanda meu preto eu vim te abraçar.

Um abraço seu é bença de amor, oh, meu Preto-Velho, Deus abençoou.

MARÉ DE IEMANJÁ

A maré tá cheia, noite de luar. A maré tá cheia, noite de luar.
Vou com fé, com o pé na areia, peço a bença lá no mar.
Proteção no meu caminho, muita luz de Iemanjá. 2x.

Oh, Iemanjá, é Rainha do Mar!
Abençoa esse filho que nas suas águas veio se banhar! 2x.
Oh, Iemanjá, é Rainha do Mar!
Eu me benzo nas águas, me banho de amor na luz do luar!

A maré tá cheia, noite de luar. A maré tá cheia, noite de luar.
Vou com fé, com o pé na areia, peço a bença lá no mar.
Proteção no meu caminho, muita luz a Iemanjá. 2x.

Oh, Iemanjá, oh, é Rainha do Mar!
Abençoa esse filho que nas suas águas veio se banhar!
Oh, Iemanjá, é Rainha do Mar!
Eu me benzo nas águas, me banho de amor na luz do luar! 2x.

A maré tá cheia, noite de luar. A maré tá cheia, noite de luar.
Vou com fé, com o pé na areia, peço a bença lá no mar.
Proteção no meu caminho, muita luz a Iemanjá. 2x.

POMBA-GIRA VIÚVA NEGRA

Pombagira, eu vim na encruza te encontrar
À meia-noite, na hora grande, eu vou tá lá, ôooh, (meia-noite)
Vou levar cigarro, piteira pra fumar, sete rosas negras pra enfeitar
Duas taças, champanhe pra brindar! 2x.

Oh, Viúva Negra, escuta o meu canto, o meu axé
O pedido do filho que tem fé, peço a Tu pra guardar meu cazuá
Pombagira, Rainha, Luz de Encruzilhada
Hora grande tá marcada, Viúva Negra vai chegar.

Pombagira, eu vim na encruza te encontrar
Meia-noite, na hora grande, eu vou tá lá, ôooh
Vou levar cigarro, piteira pra fumar, sete rosas negras pra enfeitar

Duas taças, champanhe pra brindar! 2x.
Oh, Viúva Negra, escuta meu canto, o meu axé
Meu pedido do filho que tem fé, (o pedido), peço a Tu pra guardar meu cazuá
Pombagira, Rainha, Luz de Encruzilhada
Hora grande tá marcada, Viúva Negra vai chegar. 2x.

Pombagira, eu vim na encruza te encontrar
Meia-noite, na hora grande, eu vou tá lá, ôooh
Vou levar cigarro, piteira pra fumar, sete rosas negras pra enfeitar
Duas taças, champanhe pra brindar! 2x.

CABOCLO ÁGUIA BRANCA

Voa, Caboclo, vem nesse terreiro,
Trazendo a força de Oxóssi, que é Pai dos guerreiros
Traz sua luz, toda a cura na linha de umbanda
Alma que voa nas matas é Caboclo Águia Branca. 2x.

Voa, Caboclo, vem nesse terreiro,
Voa, Caboclo Águia Branca, Tu é meu guerreiro
Voa, abençoa e guarda o povo da umbanda
Alma que voa nas matas é Caboclo Águia Branca.

Voa, Caboclo, vem nesse terreiro,
Trazendo a força de Oxóssi, que é Pai dos guerreiros
Traz sua luz, toda a cura na linha de umbanda
Alma que voa nas matas é Caboclo Águia Branca. 2x.

Voa, Caboclo, vem nesse terreiro,
Voa, Caboclo Águia Branca, Tu é meu guerreiro
Voa, abençoa e guarda o povo da umbanda
Alma que voa nas matas é Caboclo Águia Branca. 2x.

Voa, Caboclo, vem no meu terreiro,
Trazendo a força de Oxóssi, que é Pai dos guerreiros
Traz sua luz, toda a cura na linha de umbanda
Alma que voa nas matas é Caboclo Águia Branca.

CABOCLO DO CIPÓ

É na palha da samambaia ele fez uma corda e deu um nó
Feiticeiro lá das matas, é Caboclo do Cipó. 2x.

Tenho fé no meu guerreiro, me banho de Cipó Caboclo
Tô virado no meu santo, Caboclo no chão riscou o ponto.
E a corda lá das matas, amarrou deu sete nós
É mandinga de guerreiro, do Caboclo do Cipó.

É na palha da samambaia ele fez uma corda e deu um nó
Feiticeiro lá das matas, é Caboclo do Cipó. 2x.

Tenho fé no meu guerreiro, me banho no Cipó Caboclo
Tô virado no meu santo, Caboclo no chão riscou o ponto.
E a corda lá das matas, amarrou deu sete nós
É mandinga de guerreiro, do Caboclo do Cipó. 2x.
É na palha da samambaia ele fez uma corda e deu um nó
Feiticeiro lá das matas, é Caboclo do Cipó. 2x.

CABOCLA JUREMA

Oh, Jurema! Oh, Jurema! Oh, Cabocla! Oh, Jurema!
Oh, Jurema! Oh, Jurema! Oh, Cabocla! Jurema!

Ela é filha de Oxóssi, vem na luz de Oxalá!
Nos terreiros de umbanda, esse povo abençoar
Vem, Cabocla, lá das matas, a umbanda iluminar
O seu povo te espera, bota o pé nesse terreiro, Jurema!

Oh, Jurema! Oh, Jurema! Oh, Cabocla! Jurema!
Oh, Jurema! Jurema! Oh, Cabocla! Jurema!

Ela é filha de Oxóssi, vem na luz de Oxalá!
Nos terreiros de umbanda, esse povo abençoar
Vem, Cabocla, lá das matas, a umbanda iluminar
Esse povo te espera, bota o pé nesse terreiro, Jurema!

Oh, Jurema! Jurema! Oh, Cabocla! Jurema!
Oh, Jurema! Jurema! Oh, Cabocla! Jurema!

GIRA DE UMBANDA

É bonito de ver uma gira de umbanda, é bonito ver descer,
Quando as almas em terra vêm benzer, trazendo a luz de Aruanda. 2x.

Oh, alma de luz, vem benzer o meu terreiro
Eu sou filho de umbanda, eu sou macumbeiro. 2x.
É bonito de ver, uma gira de umbanda, é bonito ver descer,
Quando as almas em terra vêm benzer, trazendo a luz de Aruanda. 2x.

Oh, alma de luz, vem benzer o meu terreiro
Eu sou filho de umbanda, eu sou macumbeiro. 2x.

BENÇA DE UMBANDA

Eu vou me benzer, minha casa, minha fé,
Oh, meu chão, meu viver,
Meu terreiro de umbanda, onde saúdo minha banda,
É lá que eu encontro as almas de Aruanda. 2x.
Meu terreiro é um conto de fé,
Aonde encontro as almas e recebo o meu axé. 2x.

Eu vou me benzer, minha casa, minha fé,
Oh, meu chão, meu viver,
Meu terreiro de umbanda, onde saúdo minha banda,
É lá que eu encontro as almas de Aruanda. 2x.

Meu terreiro é um conto de fé,
Aonde encontro as almas e recebo o meu axé. 2x.

Eu vou me benzer, minha casa, minha fé,
Oh, meu chão, meu viver,
Meu terreiro de umbanda, onde saúdo minha banda,
É lá que eu encontro as almas de Aruanda.

ROSA CAVEIRA

Oh, me dê uma flor, Dona Rosa Vermelha, e me deixe tirar um botão da roseira.
Nessa noite é gira das moças bonitas feiticeiras
Essa rosa eu vou dar pra Rosa Caveira. 2x.

Uma rosa pra outra Rosa, pra trazer proteção e muita firmeza.
Uma rosa pra outra Rosa, essa rosa eu vou dar pra Rosa Caveira.

Oh, me dê uma flor, Dona Rosa Vermelha, e me deixe tirar um botão da roseira.
Nessa noite é gira das moças bonitas feiticeiras
Essa rosa eu vou dar para Rosa Caveira. 2x.

Uma rosa pra outra Rosa, pra trazer proteção e muita firmeza.
Uma rosa pra outra Rosa, essa rosa eu vou dar pra Rosa Caveira. 2x

Oh, me dê uma flor, Dona Rosa Vermelha, e me deixe tirar um botão da roseira.
Nessa noite é gira das moças bonitas feiticeiras
Essa rosa eu vou dar para Rosa Caveira.

Essa rosa eu vou dar para Rosa Caveira!

MARIA PADILHA

Laroyê! Dona Padilha no terreiro vai chegar
Trazendo as moças pra dentro da gira de umbanda
Pedindo Exu pra porteira da casa vir guardar. 2x.

Oh, Dona Padilha!
Dona Padilha, escuta meu canto de fé, eu vim me cruzar.
Dona Padilha, escuta o terreiro de pé te espera chegar.
Dona Padilha, escuta meu canto de fé eu vim me cruzar.
Dona Padilha, escuta o terreiro de pé te espera chegar.

Laroyê! Dona Padilha no terreiro vai chegar
Trazendo as moças pra dentro da gira de umbanda
Pedindo Exu pra porteira da casa vir guardar. Oh, Dona Padilha! 2x.

Oh, Dona Padilha!
Dona Padilha, escuta meu canto de fé, eu vim me cruzar.
Dona Padilha, escuta o terreiro de pé te espera chegar.
Dona Padilha, escuta meu canto de fé, eu vim me cruzar.
Dona Padilha, escuta o terreiro de pé te espera chegar.

Laroyê! Dona Padilha no terreiro vai chegar
Trazendo as moças pra dentro da gira de umbanda
Pedindo Exu pra porteira da casa vir guardar. 2x.

ORAÇÃO DE UMBANDA

Ora, meu filho, pras almas da umbanda, ora pra Preto-Velho lhe escutar
Ora, pede ao santo de Aruanda, a bença em nome de Oxalá! 2x.

Meu terreiro de umbanda é uma bença vem ver
As almas de luz virem na gira trabalhar
Não repare, meu Pai de Santo, se eu chorar
Humildade nessa casa eu vim orar.

Ora, meu filho pras almas da umbanda, ora pra Preto-Velho lhe escutar
Ora, pede ao santo de Aruanda, a bença em nome de Oxalá! 2x.

Meu terreiro de Umbanda é uma bença vem ver
As almas de luz virem na gira trabalhar
Não repare, meu Pai de Santo, se eu chorar
Humildade nessa casa eu vim orar. 2x.

Ora, meu filho, pras almas da umbanda, ora pra Preto-Velho lhe escutar
Ora, pede ao santo de Aruanda, a bença em nome de Oxalá!

Meu terreiro de umbanda é uma bença vem ver
As almas de luz virem na gira trabalhar
Não repare, meu Pai de Santo, se eu chorar
Humildade nessa casa eu vim orar.

EXU MAIORAL

Vem no terreiro, Ganga Exu, toda demanda vem carregar
Quem cruza umbanda na quimbanda, Seu Maioral mandou trabalhar. 2x.

Tranca-Rua, Marabô, vem rodar, Sete Covas, Tiriri, carregar
Sete Porteiras, Catacumbas enterrar, Exu Caveira, vem na gira pra levar.
Exu Figueira, Sete Liras, vem rodar, Exu do Lodo, das Pedreiras carregar
Seu Meia-Noite dá firmeza no cazuá, Seu Maioral mandou Exu pra trabalhar.

Vem no terreiro, Ganga Exu, toda demanda vem carregar
Quem cruza umbanda na quimbanda, Seu Maioral mandou trabalhar. 2x.

Tranca-Rua, Marabô, vem rodar, Sete Covas, Tiriri, carregar
Sete Porteiras, Catacumbas, enterrar, Exu Caveira vem na gira pra levar.
Exu Figueira, Sete Liras, vem rodar, Exu do Lodo, das Pedreiras carregar
Seu Meia-Noite dá firmeza no cazuá, Seu Maioral mandou os Exus pra trabalhar.

Vem no terreiro, Ganga Exu, toda demanda vem carregar
Quem cruza umbanda na quimbanda, Seu Maioral mandou trabalhar.

PAI OGUM

Tem lua no céu que ilumina a escuridão, é a Luz de Ogum!
Meu Santo Pai, escuta a prece, oração louvando a Pai Ogum!
Ogum iê!
Pai Ogum, me guarde de toda maldade de onde vier
Que eu me fortaleça na luz da espada da sua fé
Que o manto vermelho me cubra e me guarde de mal algum.

Tem lua no céu a meu Pai eu canto! Ogum! Ogum! Ogum!

A lua do céu que ilumina a escuridão é a luz de Ogum!
Meu Santo Pai, escuta a prece, oração louvando o Grande Ogum!
Ogum iê!

Pai Ogum, me guarde de toda maldade de onde vier
Que eu me fortaleça na luz da espada da sua fé
Que o manto vermelho me cubra e me guarde de mal algum.

Tem lua no céu eu canto a meu Pai! Ogum! Ogum! Ogum! Ogum!
Pai Ogum!

EXU MARABÔ

Oh, quem guarda minhas costas, o destino da vida, (Ele guarda), o caminho que eu vou,
Ele tá na porteira, é Rei da Tronqueira, é Seu Marabô!
Ele guia meus passos, a maldade do mundo não deixa chegar,
É Seu Marabô que tem a chave do meu cazuá! (Oh, Seu Marabô). 2x.

Oh, Seu Marabô, Tu pode entrar no meu cazuá,
Vem fazer magia nos quatro cantos,
Oh, não deixa a maldade, os quiumbas passar.
Vem, Seu Marabô, tem marafo, charuto pra fumar,
Com respeito esse filho guarda a fé! É Motumbá! É Exu! É Mojubá!

Oh, quem guarda minhas costas, o destino da vida, o caminho que eu vou,
Ele tá na porteira, é Rei da Tronqueira, é Seu Marabô!
Ele guia meu passo, a maldade do mundo não deixa chegar, (guarda)
É Seu Marabô que tem a chave do meu cazuá! 2x.

É Seu Marabô, que pode entrar no meu cazuá, (Vem Seu Marabô)
Vem fazer magia nos quatro cantos,
Oh, não deixa a maldade, os quiumbas passar. (o quiumba)
Vem, Seu Marabô, tem marafo, charuto pra fumar
Com respeito esse filho guarda a fé! É Motumbá! É Exu! É Mojubá! 2x.

Oh, quem guarda minhas costas, o destino da vida, (Ele guarda), o caminho que eu vou,
Ele tá na porteira, é Rei da Tronqueira, é Seu Marabô!
Ele guarda meu passo, a maldade do mundo não deixa chegar,
É Seu Marabô que tem a chave do meu cazuá! 2x.

EXU TREME-TERRA

O chão vai tremer quando ele chegar, (Oh), na gira de umbanda ele vem trabalhar
Salve, Motumbá, na força de Exu, Exu Treme-Terra vai vir carregar. 2x.

Oh, Motumbá, êh! Oh, escuta teu povo, Exu rezar
Põe charuto, marafo e vela preta nos quatro cantos pra queimar
Eu vou com fé, carrego axé, Mojubá, Exu vem proteger
Quando Exu pisar no chão, oh, meu nego, o terreiro vai tremer.

Oh, o chão vai tremer quando ele chegar, na gira de umbanda ele vem trabalhar
Salve, Motumbá, na força de Exu, Exu Treme-Terra vai vir carregar. 2x.

Oh, Motumbá, êh! Oh, escuta teu povo, Exu rezar
Põe charuto, marafo e vela preta nos quatro cantos pra queimar
Eu vou com fé, carrego axé, Mojubá, Exu vem proteger
Quando Exu pisar no chão, oh, meu nego, o terreiro vai tremer. 2x.

Oh, o chão vai tremer quando ele chegar, na gira de umbanda ele vem trabalhar
Salve, Motumbá, na força de Exu, Exu Treme-Terra vai vir carregar. 2x.

Oh, Motumbá, êh! Oh, escuta teu povo, Exu rezar
Põe charuto, marafo e vela preta nos quatro cantos pra queimar
Eu vou com fé, carrego axé, Mojubá, Exu vem proteger
Quando Exu pisar no chão, oh, meu nego, o terreiro vai tremer.

POMBAGIRA ROSA VERMELHA

Encontrei uma rosa vermelha e uma vela acesa na encruzilhada
Era mais de meia-noite, uma moça sorrindo do lado, parada
Ela disse, meu nego, é tarde da rua pra andar sozinho
Quem é filho de fé as almas acompanham por todo caminho.

Eu sou Pombagira, filha de Rosa, mãe da Roseira
Coroada na encruza eu trago no peito a Rosa Vermelha.
Na verdade, meu nego, eu vim da encruza lhe dizer
Que essa rosa vermelha é meu presente, a luz da vela é pra você.

Encontrei uma rosa vermelha e uma vela acesa na encruzilhada
Era meia-noite, uma moça sorrindo do lado, parada
Ela disse, meu nego, é tarde da rua pra andar sozinho
Quem é filho de fé as almas acompanham por todo caminho.

Eu sou Pombagira, filha de Rosa, mãe de Roseira

Coroada na encruza carrego no peito a Rosa Vermelha.
Na verdade, meu nego, eu vim da encruza lhe dizer
Que essa rosa vermelha é meu presente, a luz da vela é pra você.

Eu vi a Rosa Vermelha na encruza fazendo feitiço de macumba
Filho de fé vem proteger
Eu vi a Rosa Vermelha na encruza que me deu a sua rosa
E disse: a vela é pra você! 2x.

Encontrei uma rosa vermelha... acompanham por todo caminho.
Eu sou Pombagira, filha de Rosa, mãe da Roseira
Coroada na encruza no peito eu trago... a luz da vela é pra você.
Encontrei uma rosa vermelha ... acompanham por todo caminho.

Eu sou Pombagira, filha da Rosa, mãe da Roseira
Coroada na encruza no peito eu trago a Rosa Vermelha.
Na verdade, meu nego, eu vim da encruza lhe dizer
Que essa rosa vermelha é meu presente, a luz da vela é pra você.

Eu vi a Rosa Vermelha na encruza fazendo feitiço de macumba
Filho de fé vem proteger
Eu vi a Rosa Vermelha da encruza que me deu a sua rosa
E disse: a vela é pra você! 2x.

ROSA CAVEIRA E EXU CAVEIRA

Rosa Caveira, Exu Caveira. 2x.

Carregaram os quiumbas, acorrentaram na figueira
Na quimbanda e na umbanda trabalharam a noite inteira

O Caveira traz a Rosa, a Rosa traz o Caveira
No feitiço da magia queima egum lá na fogueira
Vela preta pelos cantos, encruza as velas com a vermelha
Cruza umbanda na quimbanda da firmeza dos Caveiras.

Rosa Caveira, Exu Caveira. 2x.
Carregaram os quiumbas, acorrentaram na figueira
Na quimbanda e na umbanda trabalharam a noite inteira.

Rosa Caveira, Exu Caveira. 2x.
Carregaram os quiumbas, acorrentaram na figueira
Na quimbanda e na umbanda trabalharam a noite inteira.

O Caveira traz a Rosa, a Rosa traz o Caveira
No feitiço da magia queima egum lá na fogueira
Vela preta pelos cantos, encruza as velas com a vermelha
Cruza umbanda na quimbanda na firmeza dos Caveiras.

Rosa Caveira, Exu Caveira. 2x.
Carregaram os quiumbas e acenderam na figueira
Na quimbanda e na umbanda trabalharam a noite inteira.

O Caveira traz a Rosa, a Rosa traz o Caveira
No feitiço da magia queima egum lá na figueira
Vela preta pelos cantos, encruza as velas com as vermelhas
Encruza umbanda na quimbanda na firmeza dos Caveiras.

Rosa Caveira, Exu Caveira. 3x.

EXU MEIA-NOITE

Quando der meia-noite ele vai chegar
Olha lá na porteira, um vulto ilumina na luz do luar
Capa preta, cartola, tridente na mão, Exu, Mojubá! (é)
Ele vem meia-noite no chão do terreiro carregar. 2x.
Oh, carrega Exu Meia-Noite a maldade de quem me mandou
Os quiumbas não entram na casa, Meia-Noite a porteira fechou
Salvaguarda o filho de umbanda,
De egum, de demanda, do mal que encostou
Meia-Noite é Motumbá, nesse mundo a porteira fechou.

Quando der meia-noite ele vai chegar
Olha lá na porteira, um vulto ilumina na luz do luar
Capa preta, cartola, tridente na mão, é Exu, Mojubá!
Ele vem meia-noite no chão do terreiro carregar. 2x.

Oh, carrega Exu Meia-Noite a maldade de quem me mandou
Os quiumbas não entram na casa, Meia-Noite a porteira fechou

Salvaguarda o filho de umbanda,
De Egum, de demanda, do mal que encostou
Meia-Noite é Motumbá, do mal desse mundo a porteira fechou.

Quando der meia-noite ele vai chegar
Olha lá na porteira, um vulto ilumina na luz do luar
Capa preta, cartola, tridente na mão, é Exu, Mojubá!
Ele vem meia-noite no chão do terreiro carregar.

Oh, carrega Exu Meia-Noite a maldade de quem me mandou
Os quiumbas não entram na casa, Meia-Noite a porteira fechou
Salvaguarda o filho de umbanda,
De Egum, de demanda, do mal que encostou, (das demandas, de quem encostou)
Meia-Noite é Motumbá, pro mal desse mundo a porteira fechou. 2x.

EXU GIRA-MUNDO

Girou, minha cabeça girou, quando Exu encostou pra levar a demanda.
Girou, minha cabeça girou, quando Exu Gira-Mundo no chão do terreiro pisou. 2x.

Oh, carrega, meu Pai Gira-Mundo, vem teu povo ajudar
Na corrente da linha de umbanda as costas do filho vem cruzar.
Oh, no chão do terreiro tem axé, oh, bota a pólvora pra queimar
Oh, quem chegou foi Gira-Mundo, ele veio trabalhar.

Girou, minha cabeça girou, quando Exu encostou pra levar a demanda.
Girou, minha cabeça girou, quando Exu Gira-Mundo no chão do terreiro pisou.
2x.
Oh, carrega, meu Pai Gira-Mundo, vem teu povo ajudar
Na corrente da linha de umbanda as costas do filho vem cruzar.
Oh, no chão do terreiro tem axé, oh, bota a pólvora pra queimar
Oh, quem chegou foi Gira-Mundo, ele veio trabalhar. 2x.

Girou, minha cabeça girou, quando Exu encostou pra levar a demanda.
Girou, minha cabeça girou, quando Exu Gira Mundo no chão do terreiro pisou. 2x.

EXU, A MÃO ESQUERDA DO CRIADOR

Exu, a Mão Esquerda do Criador, Ele cumpre a regra do Senhor
Não se faz justiça sem Exu, ôooh!
Exu, ele tá no caminho de quem vai, cuida do filho que nem pai
Oh, quem anda na sombra de Exu. 2x.
Exu, oh, escuta meu canto que é de fé, oh, no Reino de Exu onde tiver
Sob a bença de Ogum, Pai Oxalá!
Exu, que cumpre a Lei do meu Senhor e faz justiça nesse mundo
A Mão Esquerda do Criador.

Exu, a Mão Esquerda do Criador, Ele cumpre a regra do Senhor
Não se faz justiça sem Exu, ôooh!
Exu, ele tá no caminho de quem vai, cuida do (dum) filho que nem pai
Oh, quem anda na sombra de Exu. 2x.

Exu, oh, escuta meu canto que é de fé, no Reino de Exu onde tiver
Sob a bença de Ogum, Pai Oxalá!
Exu, que cumpre a Lei do meu Senhor, faz justiça nesse mundo
A Mão Esquerda do Criador.

ROSA VERMELHA

No jardim nasceu um botão de flor lá na roseira,
Que desabrochou no escuro à meia-noite
Formosa, linda flor, rosa vermelha.
A dona da roseira é Pombagira,
No jardim da encruzilhada ela fez sua firmeza. 2x.

Rosa Vermelha, vem me ver, no terreiro de umbanda,
No tambor que se encanta de quem canta pra você! 2x.

No jardim nasceu um botão de flor lá na roseira,
Que desabrochou no escuro à meia-noite
Formosa, linda flor, rosa vermelha.
A dona da roseira é Pombagira,
No jardim da encruzilhada ela fez sua firmeza.
Rosa Vermelha, vem me ver, no terreiro de umbanda,
No tambor que se encanta de quem canta pra você! 2x.

MARIA PADILHA, RAINHA DA ESPANHA

Meia-noite ela vai chegar, quem cantou pra Pombagira (Oh)
Dá firmeza no ponto, meu nego, que é Dona Maria Padilha
Rosa no cabelo, vestido vermelho de cetim, (Oh)
No terreiro perfume de jasmim, é assim que ela gosta de chegar. 2x.

Vem, Pombagira Rainha, no chão da umbanda os filhos proteger.
Vem, Pombagira de umbanda, Rainha da Espanha, teu povo quer ver.

Vem, Pombagira Rainha, no chão da umbanda seu povo quer ver.
Vem, Pombagira de umbanda, Rainha da Espanha, teu povo quer ver.

Meia-noite ela vai chegar, quem cantou pra Pombagira,
Dá firmeza no ponto, meu nego, que é Dona Maria Padilha
Rosa no cabelo, vestido vermelho de cetim, (Oh)
No terreiro perfume de jasmim, é assim que ela gosta de chegar. 2x.

Vem, Pombagira Rainha, no chão da umbanda, os filhos proteger.
Vem, Pombagira de umbanda, Rainha da Espanha, teu povo quer ver. 2x.

Meia-noite ela vai chegar, quem cantou pra Pombagira,
Dá firmeza no ponto, meu nego, que é Dona Maria Padilha
Rosa no cabelo, vestido vermelho de cetim, (Oh)
No terreiro perfume de jasmim, é assim que ela gosta de chegar.

POMBAGIRA ROSA DA NOITE

Chegou, chegou, chegou, uma moça bonita chegou!
Chegou, chegou, na filha de santo uma moça baixou!

Quem chegou no terreiro à meia-noite, tem axé,
Vem dar um abraço em Pombagira, vem com fé.
Oh, põe champanhe pra beber, vem brindar
Oh, vem dançar com Pombagira, vem girar.

Oh, quem chegou à meia-noite foi Rosa da Noite, Pombagira de axé
Oh, quem chegou à meia-noite quem tem fé entra na gira e dá um abraço na mulher. 2x.

Chegou, chegou, chegou, uma moça bonita chegou!
Chegou, chegou, na filha de santo uma moça baixou!

Quem chegou no terreiro à meia-noite, tem axé,
Vem dar um abraço em Pombagira, vem com fé.
Oh, põe champanhe pra beber, vem brindar
Oh, vem dançar com Pombagira, vem girar. 2x.
Oh, quem chegou à meia-noite é Rosa da Noite, Pombagira de axé.
Oh, quem chegou à meia-noite quem tem fé entra na gira e dá um abraço na mulher. 2x.

DEFUMA EU, MEU PAI

(Falado: Salve a defumação! Salve a defumação na nossa casa, no nosso terreiro de umbanda. Que todos os cantos sejam defumados trazendo a força e a luz dos orixás.

Salve, Xangô! Defuma êh!)
Defuma êh, êh, meu Pai! Defuma eu, meu Senhor!
O meu terreiro de umbanda, sob a bença de Xangô!

Defuma eu, êh, meu Pai! Defuma eu, meu Senhor!
O meu terreiro de umbanda, sob a bença de Xangô!

E nos quatro cantos vem defumar, vem benzer
Vem na força de Xangô, defuma êh! 2x.

Defuma eu, êh, meu Pai! Defuma eu, meu Senhor!
O meu terreiro de umbanda, sob a bença de Xangô! 2x.

E nos quatro cantos vem defumar, vem benzer
Vem na força de Xangô, defuma êh! 2x.

Defuma eu, êh meu Pai! Defuma eu, meu Senhor!
O meu terreiro de umbanda, sob a bença de Xangô!

QUEIMA DA FUNDANGA

Oh, põe fogo na gira, meu nego, que a noite é de fundanga. 2x.
Dá firmeza, meu Ogã, que o ponto junta Exu de Ganga
A maldade vira pó, Exu sopra fogo na demanda.

Oh, põe fogo na gira, meu nego, que a noite é de fundanga. 2x.

Dá firmeza, meu Ogã, que o ponto junta Exu de Ganga
A maldade vira pó, Exu sopra fogo na demanda.

Oh, deixa a gira girar, deixa queimar!
Exu vem no fogo soprar, vem soprar,
A maldade que cobre esse mundo, meu nego Exu vem levar.

Oh, quem chama Exu com respeito, oh, meu nego, ele vem trabalhar.
Oh, põe fogo na gira, meu nego, que a noite é de fundanga. 2x.

Dá firmeza, meu Ogã, que o ponto junta Exu de Ganga
A maldade vira pó, Exu sopra fogo na demanda.

Oh, põe fogo na gira, meu nego, que a noite é de fundanga. 2x.

Dá firmeza, meu Ogã, que o ponto junta Exu de Ganga
A maldade vira pó, Exu sopra fogo na demanda.

Oh, deixa a gira girar, deixa queimar!
Exu vem o fogo soprar, vem soprar,
A maldade que cobre esse mundo, oh, meu nego, Exu vem levar.

Oh, quem chama Exu com respeito, meu nego, ele vem trabalhar. 2x.
Oh, põe fogo na gira, meu nego, que a noite é de fundanga. 2x.

Dá firmeza, meu Ogã, que o ponto junta Exu de Ganga
A maldade vira pó, Exu sopra fogo na demanda.

Oh, põe fogo na gira, meu nego, que a noite é de fundanga. 2x.

Dá firmeza, meu Ogã, que o ponto junta Exu de Ganga
A maldade vira pó, Exu sopra fogo na demanda.

EXU MARABÔ VEIO ME VER

Bateu na porta pra entrar, meia-noite ele chegou
Oh, Exu, me guarda agora da maldade que encostou.
Do outro lado alguém me disse: oh, meu nego, tu chamou?
Oh, abre a porta pra entrar Seu Marabô!
Oh, põe cachaça pra beber e charuto pra fumar
Sete Exus deixei lá fora pra guardar seu cazuá.
A maldade vinha hoje, seu destino lhe encontrar
Oh, Marabô, todo mal vai carregar!

Oh, Seu Marabô, sou Tatá de Umbanda,
Eu vim de Ganga, filho meu eu vim te ver.
Sou Seu Marabô, sou Tatá de umbanda, (Oh)
O povo de Ganga filho meu vem proteger. 2x.

(Falado: naquela noite ele teve uma longa conversa com o Mestre Exu Marabô, que se estendeu por toda a madrugada até o amanhecer. Porém, antes de ir embora, Marabô disse: quando acordar não irá se lembrar de mais nada, mas ainda assim lhe deixarei um sinal).

Quando acordar não vai lembrar, vai achar que tu sonhou,
Que Exu teve na porta que falou com Marabô,
Que a maldade que mandou, sete Exus que lhe livrou,
Sob a bença do Mestre Marabô.

Quando acordei, eu quis lembrar que alguém me acordou,
Percebi que foi um sonho, minha mente se apagou.
A janela tava aberta, a porta abriu, vento soprou,
Do lado de fora sete velas que queimou.

Sou Seu Marabô, sou Tatá de umbanda, (Oh)
Eu vim de Ganga, filho meu eu vim te ver.
Sou Seu Marabô, sou Tatá de umbanda, (Oh)
O Povo de Ganga filho meu vem proteger. 2x.